周苏蔚

著

朝霞红满天

吉林人民出版社

图书在版编目（CIP）数据

朝霞红满天／周苏蔚著 . -- 长春：吉林人民出版
社，2023.11
ISBN 978-7-206-20711-2

Ⅰ.①朝… Ⅱ.①周… Ⅲ.①教育工作-中小学-文
集 Ⅳ.①G63-53

中国国家版本馆 CIP 数据核字（2023）第 257654 号

朝霞红满天

ZHAOXIA HONG MANTIAN

著　　者：周苏蔚
责任编辑：衣　兵　　　　　　　装帧设计：书香力扬
出版发行：吉林人民出版社（长春市人民大街 7548 号　邮政编码：130022）
印　　刷：长春市华远印务有限公司
开　　本：787mm×1092mm　1/16
印　　张：17.5　　　　　　　　字　　数：280 千字
标准书号：ISBN 978-7-206-20711-2
版　　次：2024 年 1 月第 1 版　　印　　次：2024 年 1 月第 1 次印刷
定　　价：68.00 元

向老区人民报告

内容简介：

在乡村振兴征程中，茅山老区正以多姿多彩的面貌展示其风采，教育便是一个方面。本书以十八个章节来反映金坛茅山老区中小学近年来教书育人的愿景。脱贫攻坚后，茅山老区重视解决乡镇学校的实际问题，共享优质教育资源，并以博大的胸怀容纳外来务工人员随迁子女，让孩子们幸福健康、快乐成才。而一大批老师流淌着红色血脉，赓续着共产党人的革命精神传统，以赤诚之情不忘初心，刻苦钻研，专注传道授业，在这片土地上继续传扬红色基因、传承革命薪火。

一团火，已经被点燃

（序）

周苏蔚

时间如同一条流淌的河流，热情如同一团辉煌的火球。终于，刻画、描写茅山老区校园情境的长篇报告文学《朝霞红满天》出版了。

有人说，当今中国文学正在发生结构性变化。我想，如果有结构性变化，那也是与中国社会结构性变化相伴随的。确实，一种全新的、我们祖辈们从来没有遇见过的、现代的、科学的社会生活正于不知不觉中，悄悄地改变我们原有的行为方式、思维习惯、情感表达。城市作为社会前沿，已经得到诸多作家的关注与书写。而我认为，中国文学，尤其是直面社会情境的报告文学，必须将触角伸向农村、伸向乡土、伸向那一块曾经的热土——老区。金坛农村由新中国刚成立时的36个乡渐渐撤并为目前的6镇3街道，原先大大小小数百个行政村合并为今天的100多个村（社区街道），但无论乡村如何调整、如何变迁，充盈着的还是乡土文明的血液。

报告文学的力量来自真实性，来自对于现实生活的人和事客观准确的记录与讲述。所以，在创作报告文学《朝霞红满天》的5年时间中，我断断续续围着整个金坛茅山老区（薛埠、朱林、直溪三个镇）行车一千多公里，无数次进入校园，先后采访了近四百名师生（加了其中一部分人的微信），用完6大本厚厚的笔记本。说实话，面对这样体量庞大的采访叙事，我有过彷徨、有过犹豫，甚至有过放弃的念头，特别是接二连三的疫情严重影响和打击了我的创作情绪与继续写下去的勇气。但是，每当我的脚步迈进洋溢着青春气息的校园，每当我与老师们诚恳地交流，每当我询问学生们，每当我向朋友、家人叙述采访写作苦恼时，都会有一股从心底自然产生的责任感，鼓励我勇敢前行。因为，我看到许多期盼的眼神，看到许多立德树人的希望的亮色，看到老区教育温润的土壤，看到坚守乡村的老师们背负时光的辛勤的影子，看到那么多优秀的少年与茅山拥抱的神光。于是，面对站立三尺讲台不负星光的赶路人，面对行走课堂内外的孩子们，我在时间的河流里像一条船在游弋，在写作的时空里遥望着教与学的火花。

应该感谢《洮湖》《翠苑》杂志，有些篇章在它们的支持下得以陆陆续续公开发表，得到了一些好评与建议，其中有一部分还获得奖项；感谢金坛老区建设促进会所有同人，是他们的支持以及提供的各种便捷条件，给了我一直坚持下去的信心；感谢金坛教育系统的几位朋友，为我的整个创作过程提供诸多方便；特别要感谢茅山老区学校的所有老师，他们是良匠之师，没有他们闪光卓越的业绩、丰沛深厚的课研实践，我的文字便无法流畅。是他们的故事汇聚成革命红色老区教育的精神大河，铸就成一座座当今老区建设时代的精神高地。教师是职业，老师是普通人，而正是无数个普通人，肩负育人育才的使命，推动着国家和历史的车轮滚滚前行。当然，千万不能忘了所有老师背后的家庭，这是一个群体，是许多个家庭成员的组合，他们作为乡村教师育人的依托，在默默地付出。很遗憾，我的笔墨虽有触达，但是没能很好地更进一步地对他们进行较有深度地采访和透彻地描绘。不过，这不会是空白，我会将他们作为主角，再创作下一部作品。

以人民为中心，讲述真实可信的故事，展示真实可信的人物，满足人们精神文化生活需要，不断增强人民的精神力量，这就是报告文学充满时代精神的感染力。创作是一件非常辛苦的事，经历这么多年的文学创作，我充分体会到作家有两个人生，一个是真实生活中的人生，一个是创作过程中的人生。这很痛苦，如同演员表演，他必须在舞台或者影视中演绎人物的情绪，而不是展现日常生活中的自己。在创作过程中，我试图沉浸式地、代入式地，用已经发生或正在发生的事实，传递一些新颖的老区校园信息，通过回望赓续红色基因的师生们的精神世界，激发人们的情感共鸣。

从乡村出发，与人民同行，讴歌时代，记录历史，传承文化，这是作家所肩负的职责。

一团热情的火苗，自然便被这个无畏的世界点燃。

2023 年 9 月 1 日
于又一个新学期开学季

目录
CONTENTS

楔　子

地球每一天的日出都是这样，太阳从地平线上腾空而起，渐渐地一片朝霞映红天地，如同有一双手拉开巨大的幕帘。顿时，灿烂的阳光染红山山水水，整个大地披上了浓浓的耀眼的红装。常常有人会因此发出惊叹，噢，好一派霞光万丈的壮美景象！所以，有一位获得过诺贝尔文学奖的作家面对太阳，发出过这样的感慨："太阳总有办法照到我们，不管我们在哪里。"

每逢星期一清晨7点半，准时，418.36平方千米内，金坛茅山老区17所学校的校园里会同时响起雄壮的国歌声，学生、老师庄严地面对冉冉升起的国旗，高亢地唱响中华人民共和国国歌。

特别庄严的仪式、特别动人的情景。江苏省摄影家协会的会员刘智永，有一次在茅山老区采风，清晨偶然路过唐王小学，听到广播声，他无意间踏入校园，看到了这样一个画面：鲜艳的国旗伴随雄壮的国歌升起的那一两分钟，学生升旗手抬起稚嫩的脸蛋，用满是憧憬的眼睛仰望国旗，在国旗鲜红的色彩映衬下露出幸福快乐的表情。他感到惊艳，立即用相机忠实地记录下这个场景，并且取名《阳光下》。之后，这幅立意深刻，具有较高思想内涵的摄影作品在全国大赛中获得了大奖，由此，他也被人尊重地称为乡村摄影家。

茅山老区曾经是常州市乃至金坛脱贫攻坚的主战场，实施了10多年的茅山老区"百千万"工程，以及多轮结对帮扶经济薄弱村，使茅山老区人民真切感受到社会各界精准帮扶、富民强村带来的温暖。同样，已经走上高水平小康路的茅山老区人民，用"包容谦和，敢干敢拼"的"金坛力量"，以博大的胸怀容纳一大批为老区发展建设作出巨大贡献的外来务工人员和他们的孩子。在乡村振兴的道路上，共享老区的优质教育资源，让孩子们幸福地健康快乐成才，便是更好的体现。2019 年 10 月 15 日，时任江苏省委书记的娄勤俭以不打招呼的方式深入茅山老区检查调研。在薛埠中学，娄勤俭察看了教室、学生食堂、校园环境，详细了解了学校的教学情况与面临的实际问题。他说，教育要以人民满意为追求，教师最大的责任就是把孩子教好。要重视并解决好乡镇学校的实际问题，让农村孩子接受更加优质的教育。

其实，茅山老区许多学校都有一代又一代的文脉相传，都蕴涵着历史渊源，饱含红色基因。在抗日战争、解放战争时期，许多学校本身就是中国共产党领导的新四军以及地下党活动的重要场所，更有一部分学校还是由新四军直接创办的，曾经培养了诸多的革命先驱，他们壮怀激烈，奔赴解放全中国的生死之路，为我们立党立国、兴党强国提供过丰厚的滋养。今天，一大批老师们赓续着共产党人的革命精神传统，流淌着红色血脉，以赤诚之情不忘初心，精益求精，刻苦钻研，专注育人，勤于教学，如一团火点燃校园，在这片土地上继续赓续红色基因、传承革命薪火。

第一章　茅山飞出欢乐的歌

江南，碧翠的家园，柔和之水的摇篮。分明的一年四季，随时展示着赤橙黄绿青蓝紫的梦幻姿态。

茅山，俨然已是江南丘陵山区典型的大自然花园。这里阳光明媚，这里植物舒展，当微风轻轻地拂过，人们如同沐浴温泉。

2019 年的初冬，遭遇霜降后，天气应该越来越冷，温度应该越来越低，可直至过了大雪节气，整个天地依旧是暖烘烘的。许多人怀疑，那种刺骨的、冷飕飕的、屋檐下挂满凌锥的冬季还会来吗？

时间一直到 12 月 20 日，最凌厉的寒冷还是降临了。这一天，我在严寒中如约来到茅山老区的茅麓小学。

我知道茅麓小学最早是在 2017 年。那年 5 月，茅麓小学的"茅山新芽合唱团"在常州市中小学合唱比赛中获得了金奖。一个名不见经传的偏远山区小学，凭什么能够在激烈的竞赛中脱颖而出，震惊了常州市各个市、县、区的上上下下？我受邀去采访，并跟随合唱团参加了 6 月底在常州市保利大剧院的一次现场表演，意外地被孩子们精湛的合唱技艺感染。

初夏的茅山，寂静安谧，人们正沉醉于漫山遍野绿色生态带来的凉爽中。今天从表面上看，茅麓小学和往常一样，师生们下课、上课。但孙网清校长的内心却异常兴奋，因为他刚刚得到消息：在第二届常州市合唱大赛上，由本校学生组成的合唱团已通过初赛准备入围决赛，而且在有 50 多个参赛队参加的童声组中，茅麓小学得分最高，有冲击金奖的可能。3天后，5月7日决赛结束。果然，孩子们不负众望，发挥得特别好，现场评委们一致打出了全场最高分，茅麓小学茅山新芽合唱团最终荣获金奖，孙颖超老师获最佳指挥奖和指导教师奖。

时间回到10多年前。2004年，从偏僻的茅山山村走出了一位学音乐的大学生，4年大学毕业后她没有留在城市，依然回到茅山老区、回到自己的母校——茅麓小学任教。她就是孙颖超。小孙从任教的那天起就有一个梦想：培养一支学生合唱队，让他们走上人生大舞台。她的想法得到学校领导的大力支持和赞赏，并鼓励她放手去做。可是真应了那句老话：理想很丰满，现实太骨感。第一次情况摸底就让年轻的孙老师大失所望。当年全校500多名学生有一大半是四川、湖北、安徽等地外来打工家庭的子女，另外一小半是当地农村的孩子，不是五音不全就是不敢发声，再不就是没个站相，立在那里手脚不知怎么摆放。有的孩子甚至说："听到钢琴的声音心跳就加快。"可是孙颖超没有灰心、没有放弃，而是坚定了组建合唱团的信心，坚定了要将这群孩子带出来的决心。她从3年级到6年级挑选了一部分主动报名的学生试着锻炼他们。这些完全没有音乐细胞的孩子能否被培养出来走上舞台，连孙老师自己心里都没底。于是课外时间练半小时，早读时间练半小时。从吸气呼气开始、从扎马步开始、从练声读谱开始。孙老师知道，训练学生的方法不能按照专业化来进行，而是要通过游戏、通过活动，让孩子们理解和懂得唱歌发声的方式和部位。孙颖超结合自己所学的专业，用更通俗简单的动作引导孩子们。她让小朋友仰卧在板凳上，把小手放在肚子上，用鼻子吸气、用嘴吐气，以感觉气声和发声的变化，并建议学生在语文课朗读时注意自己的声腔。一步一步，她终于看到学生在一点一点地进步变化，合唱时也有模有样了。就在孩子们刚刚有点起色时，家长们却有了反对情绪。他们状告学校和孙老师。有的说，扎马步是体罚学生；有的说，唱歌会耽误学业。孙老师得知情况后没有埋怨家长，而是一个一个去和他们解释、一家一家去说明缘由。有位家长极力反对合唱团，但孩子却极力要参加。孙颖超便主动联系，因为那天家长在外地出差，光电话就打了一个多小时，最终孙老师说服了家长。孙颖超经常和家长们说：在合唱团不仅仅是唱歌，我们也不是培养他们成为音乐家，而是通过唱歌这样的形式，使孩子的内心能够充满自信。站在舞台上敢于面对观众，就是一种能力的提高。家长的误解消除了，学生的问题又出现了。学生反映：下午课外活动练歌，肚子饿，唱不动。孙校长和校领导们商量后表态：课外活动练歌前，由学校负责免费提供点心。同时，各科任课老师、班主任也相互支持帮衬，一路绿灯，不拖课、不增加课外多余负担，确保孩子们有充裕的练歌时间。钢琴老师周筠更是时刻伴随左右，毫无怨言。

成果终于在努力中逐渐显现。2014年金坛区有32所小学参加合唱比赛，茅麓小学获得了第一名。2015年在常州市第一届合唱比赛中他们只拿了一个铜奖。孙老师指着主席台上金奖的奖杯问40多名学生："两年后我们来把这只杯子拿回去，你们有信心吗？""有！"孩子们大声地喊出来。看着身高不一、胖瘦不一的孩子们脸上兴奋的表情，孙颖超落下了激动的泪水。

经过许多次参与比赛又许多次获奖后，在全校10多个社团中，合唱团的名声慢慢大了起来，家长们也因此将加入合唱团看作一种荣耀，经常会不由自主地告诉别人：孩子在合唱团练歌呢！到了放学时间，练歌房门口常常挤满了特地来观望的家长。甚至孩子们出去比赛，有些家长还自费跟去助威。确实，经过一段时间的磨炼，孩子们自身也发生了很大变化。学生邓常玮姐妹俩先后成为合唱团成员，姐姐是第一批成员，现在已经读大学，她说："我是在歌声中长大的。"妹妹陈琦很羡慕，到了3年级，在妈妈的鼓励下她也报名参加了合唱团。陈琦刚入学时个性很内向，经过在合唱团的锻炼，现在出落得活泼大方，见人便打招呼，学习成绩年年进步，自信心满满的，上课也敢大胆发言、大胆提问题了。

6月29日，茅麓小学茅山新芽合唱团很荣幸地受到常州市委宣传部等部门的邀请，参加在常州保利大剧院举行的"喜迎党的十九大，种好幸福树，唱响文明歌"合唱音乐会。孩子们第一次登上大舞台表演，很兴奋。孙老师告诉学生：这是一个曾经有许多国家级和世界级艺术家站过的舞台。

今天你们站上去，不仅要唱好歌，更要展示出茅山学生的自信。

如果说革命老区茅山是一块热土，那么合唱团就是从热土里培育出的新芽，老师们像园丁般地呵护，让一茬又一茬的孩子们留下了健康成长的记忆，自小就从心里放飞出欢乐的人生之歌。

深入学校生活后，有了切身体会，惊叹之余，我于2017年7月采写了这篇文章，发表于《常州日报》。

今天，我再一次来到茅麓小学。

孙网清校长由于年龄原因退下来了；孙颖超老师由于工作需要已经调离，去了段玉裁小学。好在熟悉的陈金明校长和周海燕老师还在，在他们的安排下，我接连旁听了语文老师倪秀兰、科学老师邓云、数学老师朱杭琳精心组织的教学课，对学校有关课程整体上有了一个比较感性与理性的认识。

语文老师倪秀兰是土生土长的茅山老区西旸人，有着31年教龄。1989年从常州师范毕业后一直在西旸小学任教，2008年调入茅麓小学，曾获得过"金坛区优秀班主任"荣誉称号。

根据课程安排，今天要进行《读书要有选择》一文的阅读。在学生回答老师提问时，坐在第4排的女同学给我留下了较深的印象，除了她积极主动举手发言外，回答问题的准确度也很高。老师所提出的每个问题她都举手要求发言，由于举手次数很多，我感觉倪老师为了让其他学生都有机会回答问题，常常有意忽略她举起的小手。课后经询问才知道，这是一个随父母从徐州沛县来金坛的孩子，平时学习相当认真，每科的成绩在全班都名列前茅。说心里话，倪老师很喜欢她的聪敏，但过多的发言机会还是应该给予更多的学生，由此常常不得不忽略她举起的小手。

"不过，每次下课后，我都会特地走过去抚摸她的肩，亲密接触一下，传递一点温暖，鼓励她。"倪老师对着我笑了笑。

或许这就是女教师特有的一种细致。而正是这些细心与善解人意的老师，学生才能体会到浓浓的暖意温情。

这里，我不得不说一下邓云老师。邓老师那堂"当气球遇上橙子会爆炸吗"的科学实验课不仅仅吸引了学生，同时也勾起了我的浓厚兴趣。邓老师用实验证明：橙子皮产生的汁，含"芳香烃"，可溶解气球的乳胶，从而造成气球爆炸。通俗、有趣、真切的现场科学小实验使学生们快速了解了科学知识。事后我了解到：邓老师是茅麓人，也是茅麓小学培养出来的师范生。1996年他师范毕业后就一直留在小学，曾在2015年比赛现场上过一堂"虹吸的实验课"，获得了江苏省小学科学评优一等奖。专家评价他：课程能引导小学生用自己理解的语言方式表达、交流、讨论、描述，有创新、有实效。2023年9月，邓老师荣获常州市"龙城十佳乡村教师"称号。

2018年9月19日，刚刚开学，区小学科学课题组就在明珍实验学校开始了本学期的第一次活动。姚爱祥、黄海燕老师记录了当时邓云老师讲课的场景：

来自茅麓小学的邓云老师给大家带来了一堂精彩的"认识小动物"课。邓云老师的课有前知、有互动、有气氛、有思考，他以幽默的口才和丰富的肢体语言，仅仅通过几个小游戏，就牢牢地抓住了学生的注意力，让学生积极主动地参与课堂活动。在一个个小游戏中，观察、认识、交流各种小动物的特征，在和小龙虾的亲密接触中锻炼了胆量，掌握了各种技能。整个课堂探究气氛浓烈，学生受益匪浅。

年轻的数学老师朱杭琳，任教刚满4个年头。用"圣诞节快到了"作为一堂数学课的开场白，让我十分惊讶和好奇。

完全是文学的形态语言啊！

朱老师通过送"圣诞节"礼物，很艺术地、巧妙地一步步引导学生学习"有关乘除法解决实际问题练习"的课程。听着朱老师的讲解，我也默默走进乘法、除法的世界。看着学生们争先恐后抢着发言的热闹场景，我感觉到这一堂数学课很成功，孩子们完全游历于数学的王国。

校园的树枝上最后留存的几片叶子，在寒意里依然绿得欲滴，滴落的却是莹莹的露珠。它们最先接触到阳光，算是有福气。

其实，同样是数学老师的周海燕也很优秀。2006年，她毕业分配到茅麓小学，10多年坚守教坛辛勤耕耘。我与她认识好多年，如果不是偶然从网上发现，还真不知道她是常州市的骨干教师、常州市优秀教育工作者，并且多次在全区教育系统的单项比赛中获得过一等奖，曾参与过省级课题、常州市课题研究，主持过区课题"促进小学数学体验式课例研究"、常州市级课题"促进小学生深度学习的课例研究"。已经是两个孩子的母亲的周海燕老师，每天早出晚归。在家，把爱倾注给孩子。在教育的百花园中，她有一个信念：做一个让百花吐艳的园丁，把爱奉献给学生，让孩子们遨游在数学海洋里。

《PBL视域下促进小学数学深度学习》是周海燕在2020年金坛区教海探航征文中获一等奖的文章。"PBL"是Problem-Based Learning的简称，即基于问题的学习。

与传统以教师为中心的教学模式不同，问题驱动教学法是一种以学生为主体、以各种问题为学习起点、以问题为核心规划学习内容，让学生围绕问题寻求解决方案的学习方法。周老师曾经做过实践调研，认为在PBL模式下，由于学生自身参与到课堂活动中，35%的学生学习积极性极高，55%的学生学习积极性较高，并且这些同学在之后的测验中能灵活运用所学知识。但还有10%的学生将知识运用于新情境的能力较差，还需要进一步引导。可见，利用基于问题学习的原理来促进深度学习，有利于促进学生的相互协调能力、深度沟通能力、主动学习能力、问题解决能力和批判思维能力，有效地促进学生进行深度学习。在教"两位数乘整十数"时，周老师这样设计任务：首先以给养老院配送菜椒为情境，提出问题：一共送给多少个敬老院？列式：$12×10$。接着提出学习任务：1. 想一想：你打算怎样来计算？2. 圈一圈：把自己的想法在情境图中圈一圈。3. 算一算：把你的思考过程记录下来。此类生活情境很简单，学生在日常生活中经常遇见，利于学生调动相关的知识经验。老师对任务进行了具体的有效地指导，想一想、圈一圈、算一算，给了学生进行有效数学活动的抓手，引导学生向"明算理"深入。在以形象、具体思维为主的小学阶段，学生往往理解最透彻、记忆最深刻的是自己亲身经历的数学知识，即使知识的结论已经忘记，但只要回想起学习过程，学生也能再现结论。随着知识越来越抽象，当知识形成过程不可触摸、不可观察时，只能依靠逻辑推理，这就达到了真正的深度学习。由于小学阶段学习的数学知识还比较贴近实际生活，真正的逻辑推理还比较少，所以深度学习背景下的小学数学课堂要基于学生已有的经验，引导学生自主探究、亲身经历问题解决的过程，促进知识的直观理解，感受数学思想方法和积累数学活动经验，为后续运用知识解决问题铺垫思维的跑道。当然，小学数学深度学习的有效推进还要关注学生学习心理的研究、学习方法和策略的指导、教学组织形式等。作为一名数学教师，我们必须紧跟时代教育步伐，促进学生深度学习，扎实有效地提升学生的核心素养。

经周海燕老师的推荐，年轻的、教龄只有3年的史钊骏老师的一篇《关注复习角落，聚焦思维提升》的文章引起了我们的兴趣，此文获得2019年金坛区小学数学年会一等奖。

虽然教学时间不长，但史钊骏善于用心。他按照课型定位与作用，将数学课分为新授课、练习课及复习课。复习受欢迎程度呈线性下降趋势。由于教师缺乏对复习课全面、深刻的认识，复习课教学处理多采用"填鸭式"教学，对单元知识按部就班的讲解和形式多样的练习，致使学生对数学学科的系统性、全面性等特点感触不深，他们消极、被动的学习态度无法激发起对数学的兴趣和爱好。他觉得，数学学习是一个由浅入深、由表及里、不断螺旋上升的过程。复习包含的信息量大、内容繁杂，要提高学习质量就必须理出思路，为下一阶段学习做准备。

通过教学实践，史钊骏老师及时总结出：精致的数学课堂是每位数学老师的不懈追求，教师在梳理关联基础上还有改进复习教学模式的空间，如复习课中串联有趣的情境避免枯燥、乏味，学生能够玩中学、学中玩。在深刻理解和掌握数学知识的同时学会运用数学知识解决实际的数学问题，提高课堂复习效率和学生复习能力。

偶然，我得到一本1986年4月由蔡晓奋校长与副校长符正平主编的《茅麓中心小学校史》，激动之余开始翻阅，知晓了茅麓小学可贵的办校历史。

1946年，茅麓地方绅士钱发祥、钱季甫、钱如林、虞洪森、张洪芳等人考虑"抗战胜利缺乏地方自治人才，欲育人才必奋办学，以备后用"，创议在石马镇（茅麓街镇所在地）办学校。2 月，经县局批准，校名为金坛县石马第一国民学校。校址为一所破庙，后有镇上商人张洪芳自献民房九间作校舍。这就是今日茅麓小学的前身。当年 2 月开学，四个班级，学生一百六十余人。乡人钱郭氏、李小裕捐献树料打课桌七十余副。绅士朱庆泰捐助儿童图书三百本及儿童保健药品若干，资助稻款千元付木工工资，还承担一名教师的一切生活待遇。1950 年茅麓解放，学校组织腰鼓队配合全乡文艺宣传，教师到各村办夜校，投入土改运动。在解放军军管领导下，学校废除了旧的管理体制，删除了教材封建迷信内容，学校成立了少年儿童大队部。1951 年学校全体师生为抗美援朝捐款捐废钢铁，学生纷纷捐献钱物购买"中国儿童号飞机"。1958 年，在大炼钢铁的群众运动期间，学校教师白天上课、晚上参加炼钢铁。

说实话，每次调查翻阅了解各个学校的校史，都如同走进一段尘封的历史过往，踏进一种朦胧期待的氛围。

追本寻源，很多学校的最初地点，不是旧庙就是祠堂，条件之简陋寒酸，今天的孩子们无法想象有多艰难困苦。

2020 年 10 月，秋阳爆烈，即便陆陆续续下了一点小雨，但老天爷丝毫不给面子，全然没有一阵秋雨一阵凉的寒意。12 日下午，我继续茅麓小学的采访，与音乐老师周筠聊合唱团的新话题。

周筠，一个城里长大的女孩子。2009 年从师范大学音乐学专业毕业后被分配到茅麓小学，那年她 25 岁。按照惯例，她必须先去茅麓小学代管的幼儿园教学一年。幼儿园小朋友完全是一张白纸，尤其大部分是外来砖瓦厂窑工的孩子，父母劳动强度大，没时间没精力关照家庭，造成小孩未养成规范的日常生活习惯。因此老师除了上课，还必须负责他们大小便、吃饭、穿衣、午睡等。这一年的幼教过程，在周筠的生活阅历中，留下了难以磨灭的记忆。同时也让她学会了如何和孩子们打交道。

之前一直在学校新芽合唱团担任钢琴伴奏的周筠，2017 年暑假结束，秋学期开学时，遇上教学历程上的新压力。

新上任的陈金明校长 1988 年从常州师范毕业后，一直在茅山老区的学校工作，在直溪小学 26 年、薛埠小学 4 年，是一个对老区有着深厚情感的人。来到茅麓小学，他根据调查发现：学校有来自福建、江西、山东、四川、贵州、云南、河南、安徽等 10 多个省份的学生，虽然他们与本地学生沟通有语言障碍、生活习惯有差异，但这些孩子学习都很认真，父母也指望他们有好成绩。既然孩子们落脚茅山老区，那就需要学校、社会的关注，使他们落地生根。于是针对外来务工人员的子女，陈校长引导组织了"让我来陪伴你"的亲子活动。这项活动于 2019 年 12 月 17 日启动。亲子活动将家庭和谐的理念结成情感纽带，提高孩子们学习和社交的综合能力，促进儿童健康成长。陈金明要求：一学年，班主任必须家访一次，与学生父母见面；学科老师要与家长建微信群，便于沟通。把学校、家庭连成一个整体，让教书育人拧成一股绳。基于这样的理念，2017 年 9 月开学后他就找到周筠，认认真真地和她谈了一次话：茅麓小学新芽合唱团是金坛教育的品牌，更是我们小学教书育人的连心桥，接下来的担子由你来挑。有什么要求，提出来；有什么困难，提出来，我们一起解决。

此后，一向欢乐喜气的周筠，突然感觉肩膀很沉重，内心产生了很大的压力，晚上难以入睡，头发大把大把地脱落。再加上要辅导督促大孩子学习，3 岁的二胎小孩也要投入精力陪伴，每天早出晚归，里里外外不敢稍有闪失。

有人不理解。需要这么忙碌？不就是辅导唱歌，至于吗？

周筠接受任务时这样向陈校长表态：我争取做好，可你不能指望太大。一个人做两个人的事，能行吗？她心里已经是"十五个水桶打水——七上八下"。她大学主修的是钢琴，不是声乐，何况目前合唱团的知名度与影响力相当大，无论是教育系统内部还是社会上都对它满怀很高的期望。

今天当我面对已经是常州市优秀辅导员、金坛区优秀教育工作者的周老师，听她回述那段最困难、最有压力的过往时，我感觉出当年她心中暗暗立下的志愿确实需要毅力：只能成功不能失败。

孩子们、家长们、同事们，许许多多的目光在注视着周筠。

既然接下任务就必须认真做好。

虽然说音和乐有相通之处，但是从专业角度讲，声乐与器乐还是存在诸多不同之处。原先熟悉钢琴的周筠开始摸索声乐的知识。先看相关的文章介绍找找理性感觉，又主动加入常州市音乐协会的合唱联盟，通过团体之间定期与不定期的相互交流，提升合唱指挥的艺术技巧。利用业余时间，大量地翻看视频，学习"中国春天少年合唱团""北京天使合唱团""小荧星合唱团"等一流团体的演唱技巧、指挥艺术、队形排列。然后按照老传统，选苗子，把那些音准相对好一点的学生集中起来排练。教学生利用喉部、咽腔、口腔、肺部每一个器官构造的伸缩性以及机能变化，使声音更完美。

3 年级学生徐同学是父母 40 岁时生下的"老来子"。可能由于家庭娇惯，学习习惯不是太好，自信心不足，但她唱歌时的音准还可以。于是周老师建议任课老师上课时尽量给她发言机会，合唱团排练时也让她站前排。过了一段时间，大家渐渐发现，徐同学的个性、习惯有了很大的改变。教育系统举办十八届艺术节，周老师鼓励她参加，并帮助她准备节目，帮助她排练提高。虽然最终没能获得理想的名次，但通过参与这一系列的活动，她的胆量大了，任性随意的毛病少了，上课也有勇气不断地举手，要求回答问题了。

有一次，细心的周筠老师正在上课，当她走过学生课桌边时，发现付同学唱歌的音准非常好，便动员她进入合唱团。付同学告诉老师，自己的姐姐就在合唱团。周筠好奇地做了调查了解。原来，付同学全家来自贵州毕节，家中姐弟六个，二姐也在茅麓小学，付同学是老三。虽然付同学加入了合唱团，但是在排练中周老师感觉她音色很好，就是表情出不来，从头到尾都板着脸，该笑时也不笑。周老师便和她聊天长谈，减轻她的心理压力，及时鼓励她提高自信心。2018 年春天有个艺术节舞蹈比赛，周老师适时把她们姐妹俩都安排进去，和 20 多个孩子一起跳那支《山间雀灵》，还让付同学站第一排。

演出的服装由学校统一提供，舞鞋需要个人准备。她们的母亲知道后很高兴地加了周老师的微信，表示积极支持。她激动地对老师说：两个小孩都参加，我在同乡的眼里很有面子。

渐渐地，合唱团暴露出了问题。

由于合唱团需要钢琴伴奏与指挥同时进行，平时训练没问题，周老师可以以一代二，但是正式比赛不允许，也不方便。怎么办？参加小合唱表演比赛可以临时用伴奏带，而大合唱不行，比赛规则也不允许。如果缺乏指挥、缺乏伴奏，条件不具备，便没有参加大合唱的资格。2019年6月，一个初夏的清晨。茅麓小学新芽合唱团参加常州市的活动，早上5点，天刚刚蒙蒙亮，他们便出发了，一直到中午12点活动才结束。从70多千米外的常州市区赶回学校，老师、学生都很疲惫。最让人痛心的是，因为没有伴奏和指挥，效果不是特别令人满意。

行内老师们有些疑惑，茅麓小学新芽合唱团怎么了？

那天活动结束，周老师没有把酸楚无奈的心情露在脸上。孩子们在车上喊累。周老师笑着说："到了茅麓镇上，老师请客，每人一支棒冰。"但她内心清楚地知道，参加这次活动的16名小朋友中有一半的孩子即将告别茅麓小学，毕业了。本次比赛可能是他们最后一次以茅麓小学学生的身份代表新芽合唱团，千万不能因自己沮丧的心情挂在脸上，而让幼小的孩子受到委屈。

有时实在没办法，周老师只得委托教体育的大高个孙老师代为指挥，自己弹钢琴。即便这样，还在一次区里举办的活动中取得第一名，算是蒙混过关一次。可专业的东西毕竟还是要有专业的形态，如果是较为复杂的曲调，指挥容易露馅。陈校长为此常常不好意思，其实他私底下不停地在向区教育局要求调配音乐老师，也几次打算聘请社会上的音乐人来帮忙救救场。请社会人员，有好几次周老师开口邀请后，对方不是不愿意，就是嫌报酬太低，再不就是婉言谢绝，回答没时间，或者以最近太忙为借口。

到了2019年上半年，常州市教育系统将举办优秀作品展示活动，明确规定不许使用伴奏带。周老师准备了一首《放飞少年》歌曲，很好听，排练效果也非常好。大家观摩后都很满意，可就是没有指挥老师。那个着急啊，校领导团团转，周老师团团转。最终周筠找到了闺蜜——罗村学校的音乐老师申怡，请她来友情协助钢琴伴奏。这件事被教育局主要领导知道了，总算引起了重视，将调配音乐老师给茅麓小学提上议事日程。当年8月份，从外地调入金坛两名音乐老师，教育局便将其中一名大学学过钢琴的李彬老师调入茅麓小学。这才解决了困扰学校好久的问题，不再捉襟见肘。

茅麓小学的茅山新芽合唱团如虎添翼，彰显出勃勃生机。

听到合唱团排练的歌声在校园上空回荡，许多人都快乐地笑了。

这一年的年底（2020 年 12 月 21 日），有两条新闻让我发出惊叹：一条是茅麓小学为四年级陈智涛同学举办了个人国画展。陈智涛同学家境虽不富裕，学习成绩也不是特别突出，平时言语不多，甚至有点小调皮，但其对美术十分有兴趣，自主选择儿童社团课程后，在家长支持下又参加了校外国画培训班。学校在近期家访中，得知这一信息，感觉应该为孩子创造一个被"看见"的机会。于是专门举办了这个画展。在全校师生中引起了强烈反响，毕竟这种活动在学校中尚属首次。这也是学校坚守"悦纳守真"文化主张，尊重每一个、发现每一个、成全每一个，积极开发各类课程，为孩子的未来提供多种可能的具体体现。

另一条是 2021 年 5 月 25 日我在西旸小学采访时，得知当天常州市教科院潘小福副院长一行去了茅麓小学开展"市区联合送教下乡"活动，活动旨在进一步了解乡村小规模学校教育教学工作，提升乡村教师业务素养，促进教育优质均衡发展。区教育局副局长张五芳、基础教育科及教师发展中心相关负责人、薛埠中心小学、西阳小学、花山小学、罗村小学等学校相关学科教师参加了本次活动。陈金明校长做了《寻真致远，让每一个人的内心充满希望》的工作汇报。茅麓小学三年来立志以全面提升教育质量为核心，积极培育"悦纳守真"的校园文化，让师生沉浸于共生的校园生活，努力建设一所小而精、小而美、小而特的乡村小学。该校老师向专家们呈现了七节汇报课，涵盖语文、数学、英语、科学、综合实践、音乐、体育等课程。精心的设计、灵动的教学、有序的课堂，给专家们留下了深刻的印象。值得一提的是，汇报课中有学科整合的英语课，用项目的形式介绍茅麓的茶叶，用英语讲述中国文化；还有自主开发的 STEM 课程"搬砖"，在想一想、动一动中，学生的动手能力、实操能力以及解决问题的能力得到了提升。随后，常州市教科院三位专家——特级教师后备人才蒋欣、常州市骨干教师周彤和常州市学科带头人王芳带来了三节示范课。独特的设计、巧妙的方法、崭新的理念、有趣的互动给大家留下了深刻的印象。山乡教师近距离感受专家的魅力课堂，纷纷表示受益匪浅。潘小福副院长在总结中，对茅麓小学学生、教师、课程三方面发展给予极高的评价。一是以热播剧《小舍得》为例，分享了"教育到底是为了什么"以及"教育应该是让人幸福的事"两个话题，肯定了学校"让每个孩子都能被看到"的学生观；二是赞许学校提供不同的方式支持教师发展，努力打造有品质的教师团队，肯定了学校"让每一个教师成为有思想的行动者"的教师观；三是赞扬了学校以合唱项目，通过艺术的熏陶为孩子的发展提供无限的可能性，肯定了学校推进国家课程高质量实施的举措。小微学校，小在规模，但并不小在格局。本次活动让乡村小微学校明确了发展方向，看到了发展潜力，开阔了发展视野。

两则新闻让我看到了茅麓小学除合唱团之外，教学理念的又一面：从开展学业评价内容和方法微变革行动，"为每位师生筑起心中的梦想"。

这不正是茅麓小学唱出的又一首动人而欢乐的歌吗？

突然我想起一句话：乡村教育的路上需要各种各样的风景。

（补记：2022年11月11日下午，我与张根水同志代表金坛老区促进会参加茅麓小学"红色故事进校园"活动，陈金明校长向我们介绍了阚荣萍副校长。整个活动由阚校长主持。2020年9月阚荣萍从金坛段玉裁实验小学调入茅麓小学，担任副校长。我问阚荣萍："从城里调进乡村小学，你是怎么想的？"她回答我："我是原涑渎乡黄庄人，地地道道的农村孩子。现在来到茅山老区，也算是一种回归。"阚荣萍曾被评为常州市学科带头人、常州市首届青年英才培养对象、常州市师德模范、常州市优秀教育工作者、金坛区十佳青年教师、江苏省乡村培育站优秀导师，获得过常州市基本功大赛一等奖、常州市首届教师教育技术竞赛一等奖。先后有数十篇论文发表于《中小学外语教学》《小学教学设计》等核心期刊。）

第二章　舞动的龙精灵

登冠，原登冠乡政府所在地。

可为什么学校名称，不用地名而用"明珍"？

看到金坛教育局提供给我的茅山老区 17 所中小学名单时，我心里有过一瞬间的不解。学校名称一般都是以地名冠校名，为什么登冠小学没有以地名冠名？

终于，2020 年 11 月 20 日下午，明珍实验学校邓忠俊校长，帮我解开了这个疑问。

江苏（南京）瑞华投资控股集团有限公司董事长张建斌的父亲张明是从登冠走出去的新四军老战士，参加过抗日战争、解放战争（淮海战役），解放南京后转业到地方工作。张明夫妇晚年一直有个愿望，想为家乡的教育事业尽一点绵薄之力。张建斌作为曾获得过"中国红十字勋章""第七届中华慈善奖最具爱心捐赠企业""中华慈善突出贡献单位"等荣誉的慈善家，管理资产规模达 500 亿元。他知道父亲这个想法后，便于 2007 年主动拿出 100 万元，对地处偏僻乡村的登冠小学进行前期升级改造，还与学校签订协议，设立"张明教育发展基金"，每年拿出 10 万元作为奖教助学金，奖励优秀师生、扶助家庭贫困学生。为此，登冠小学经金坛区人民政府批准，改名"金坛明珍实验学校"（张明、王喜珍夫妇的姓名各取一字），并由江苏省原副省长、时任江苏省慈善总会会长俞兴德题写校名。10 多年来，张建斌前前后后对学校合计投入了 300 多万元。

面色微黑、身壮精干的邓校长很自豪地告诉我：登冠的明珍实验学校正由于得到这些支持，是全区第一个使用塑胶跑道、新的篮球场，享有了和大城市学校一样设施的农村学校。同时学校的教学特色也得到了认可，连续 10 年获得艺术考核一等奖，成立了教师书法工作室、美术工作室。丁飞老师被评为全国优秀教师。2017 年两位年轻的英语老师为学校教学取得非常多的荣誉：吴丹老师获得金坛区小学英语评优课一等奖；万瑶瑶老师由于参加江苏省雏雁计划成绩突出，获准 5 月赴美国学习培训 56 天，同时她指导的三年级学生英语整班诵读和口语交际又荣获常州市一等奖。2023 年 9 月，万瑶瑶获评江苏省优秀乡村教师奖励人选，同时还获"常州市道德模范"荣誉。这两位老师较高的教学水平，一下子将一个偏远农村学校的弱势学科——英语变成如今的强势学科，引起了同行们的关注。

不经意间，一段关于明珍实验学校推进"登冠龙文化"校本课程建设的信息引起了我的兴趣。本学期，该校开展了"龙文化"校本课程建设。开展了校本课程中"说龙"模块的教学展示活动。

"说龙"模块的教学展示活动由 7 位青年语文教师承担。前期，这 7 位语文老师进行了深入的探讨和研究，并形成了相应的校本课程和教学设计，此次课堂展示的内容也丰富多彩，有"龙的传说故事"，有"龙的成语故事"，有"龙的习俗"，有"龙的起源"，有"龙文化的发展"，还有"十二生肖"，学生在课堂上兴趣盎然。随后，该校全体语文教师围绕"龙文化"校本课程的教学展示，就教材内容的修改，课程如何进行有效的教学等方面进行了进一步地完善和探讨，并对今后进一步实施"说龙"模块的教学提出了一些设想。

这次"说龙"模块的课堂教学活动为该校"登冠龙文化"校本课程的实施开了个好头，今后还将进行"唱龙""画龙""舞龙""写龙"等其他模块的课堂教学活动。

据悉，《"登冠龙文化"校本课程基地方案》早在 2016 年 1 月答辩时已顺利通过常州市级初评。

说起登冠舞龙，那可是当地乡村流传很久的传统民俗文化活动，领头人就是今年近 80 岁的欧阳洪福。

登冠以及附近地区逢年过节就有舞龙祝福喜庆的传统习俗，这个习俗自明朝流传至今，已有 669 年历史。土生土长的登冠巨村人欧阳洪福自小便喜欢舞龙，一直是当地舞龙的热心人和爱好者。舞龙从乡间的田埂渐渐舞到大城市、舞到北京天安门广场，参加了全国舞龙大赛、江苏省喜迎新世纪舞龙大赛、庆祝澳门回归庆典表演、迎世博长三角传统龙狮邀请赛，先后获得了江苏省"金龙奖"、全国"山花奖"等荣誉。2010 年登冠舞龙入选第三批国家级非物质文化遗产，欧阳洪福也成为国家级非遗传承人。

明珍实验学校的舞龙历史可以追溯至 1994 年，那一年时任校长的陈明华在思考，如何让一个有着 90 多年建校史的沧桑学校焕发出青春气息，让师生的业余生活更丰富。于是从培养大家对传统民俗的兴趣入手，依托乡土文化，组织了一支舞龙队，又名登冠小龙人。

邓忠俊 2014 年 8 月从建昌小学调入登冠实验学校任校长后，学校的生源有了变化。原先以当地学生为主，如今随着社会经济快速发展，登冠陆陆续续来了许多外地务工人员，学校外来学生的比例逐渐接近半数。邓校长适应了这一变化，与副校长戴俊华等一班人将外来务工人员入学的孩子共同纳入培训计划，一视同仁，继续进行关于舞龙的特色课程，将民俗文化发扬光大。

邓忠俊觉得，这些外来的孩子即便今后离开登冠、离开金坛，也可以将"龙文化"精神传播出去。

因为学校创建了"小龙人"特色项目，这一年，常州市乡村少年宫青苗计划启动仪式放在明珍学校举行。至今，老师们回忆起现场的气氛，还是很有荣誉感。那天，虽说已经进入暑季，可老天帮忙撑场面，天气凉爽。五颜六色的彩旗、欢庆响震的锣鼓把校园搞得热热闹闹。领导、嘉宾将有 150 个座位的活动室坐得满满当当，在整个常州教育系统产生了很大的轰动。许多来宾根本没想到，一个小小的、不起眼的农村小学居然会有如此大的影响力。

这次活动促进了明珍学校进一步地修改和完善"龙文化"课程的实施方案，试图利用现有的教学特色以及丰富的资源优势，给学校的发展、给教师专业的发展、给学生个性的发展提供了新的舞台，全面落实素质教育，让师生与课程同成长。

邓校长调入学校的第二年，也就是2015年9月24日下午，正是江南暑热的尾声。

金坛区教育局教育科科长秦小方，教师发展中心主任、省特级教师曹少华等专家，来到学校，对"明珍龙文化"课程实施方案进行了论证指导。论证会上，校领导从课程实施的具体目标、原则和措施等方面详细汇报了学校"龙文化"特色文化建设实施方案。拟通过打造"龙文化"为学校特色建设品牌，利用"登冠舞龙"这一地域资源，充分传承和融合学校优秀元素，建设校园环境文化，初步形成具有时代特色、地方特色和学校特色的"明珍龙文化"校本课程体系，并融入各学科教学，开发特色德育活动与综合实践活动，逐步建立科学合理的课程开发机制、运行机制、管理机制和评价机制，最终实现"亮丽每一个，精彩每一天"的课程目标。专家和学校老师们一起针对"明珍龙文化"的课程实施方案进行了全面而具体的研讨，既肯定了课程实施方案的可行性和特色，也提出了建议和意见。作为小班化特色学校，可以将小班化建设和课程建设相结合，构建一个整合型的课程形态；课程目标与育人目标相结合，建立符合时代发展需求、保护学生身心健康、符合本校学生特色的课程；评价是课程的关键，要注重过程性评价和明确的量化性评价；倡导活动化的小班化学习策略，让学生在活动中认知、体验、实践和探究。

由此，明珍实验学校"龙文化"进入一个良性科学的发展时期。

2002年欧阳洪福担当登冠舞龙队的领队后，受邀出任学校舞龙队的顾问，明珍学校更是如虎添翼。

初冬的江南，天气渐渐转凉。不是一般的凉，用"阴冷"来形容可能更准确。南方的阴冷与北方相比较，有着较大的区别。那年冬季我去黑龙江、去吉林，充分理解了关于"冷"的深切含义，或者说寒意。北方的阴冷透心凉，南方的阴冷冻手脚。2020 年 12 月 4 日，温度从 15 摄氏度一下子降至最低温度 2 摄氏度，是金坛区入冬以来最冷的一天。之前，我请邓校长预约了黄海云老师，今天在明珍学校见面。因为专注做舞龙民俗文化普及，黄老师被段玉裁小学的吴良辉老师戏称为黄教头。

赶巧的是，这天常州电视台文化活动中心的许洪伟老师，正带着团队来学校拍摄国家级非遗项目抢救资料片，欧阳洪福老先生也应约到校。

趁空闲，我对黄海云老师做了采访。

黄海云 1997 年意气风发地从武进师范学校毕业，被分配到登冠老家的中心小学做语文老师。学校提倡建立学生兴趣班，以活跃校园的氛围。当年整个学校有 1000 多名学生，组成了 15 个兴趣班。学校领导动员黄老师参与组织舞龙活动。从小就耳濡目染父辈们舞龙的场景，他心里也跃跃欲试，欣然接受了任务。可是真到排练的时候，年轻的黄老师发现问题来了。一是道具从哪里来？二是动作怎么编排？

学生不解地问："舞龙就是跳舞吗？"

黄海云挠挠头，看着舞龙兴趣班 40 多名学生疑惑的眼神，一瞬间舒展开眉头，淡淡一笑说："没事，我们从头开始。"

龙，自古以来就是中华民族祖祖辈辈的吉祥物和图腾，数千年来炎黄子孙都把自己称为"龙的传人"。舞龙俗称玩龙灯，是一种起源于汉族传统的民俗文化活动。登冠一带，尤其是登冠巨村，一直就传说有条"巨龙"，所以每逢喜庆节日，祭神庙会期间，当地的乡里乡亲都会以舞龙作为贺喜、祝福、驱邪的盛事。一般从春节开始，串乡走村入户，一直要舞到二月"龙抬头"。舞龙时，龙跟着绣球（龙珠）穿插，人们不断用扭、挥、仰、跪、跳、摇、戏、缠等动作技巧充分展示龙的精气神。老百姓世世代代试图通过舞龙的方式来祈求平安丰收、消灾降福、宣泄欢快的情绪。

经过一段时间的拜访和了解，黄老师渐渐掌握了相关知识。

他得知做龙骨架要用竹片，做龙头要用竹篾，龙衣要专业制作，普通的裁缝做不了。可市场上没有现成的"龙"卖。于是，黄老师请来本地的老篾匠，一根竹子一根竹子地削、刮、磨，模仿传统方式制作龙骨架。考虑到学生年龄小、手臂力量弱、身高矮，龙骨架不能与成人的相似，节数要少、尺寸要小。接着寻访做龙衣的专业裁缝。忙了几个月，一条九节的小龙才算有点眉目。

有了龙，怎么舞起来？

那时，巨村的舞龙仅限于老百姓私下自娱自乐，还没有形成规范的体系，没有专门的动作指导老师和现成教材。那些年信息闭塞，加上学校在农村偏远地区，各方之间很少有交流。黄海云自身也缺乏实际经验，只是很小的时候看过父辈们嬉闹玩耍的舞龙场面，至于每个环节到底怎么走，印象模糊。想从影像资料中寻找，可是家里没有录像机、没有碟片。黄老师就悄悄地去镇上的录像厅，专门看港片里的龙狮争霸场景，回来后凭记忆编排动作步伐。后来经过陈明华校长的努力，学校弄到一台录像机。黄老师便通过各种渠道找来相关的碟片，住在学校的每天晚上一遍又一遍地翻看，细细琢磨各种动作以及其中的关联、节奏、程序，而后让几个学生舞着试试。慢慢地，黄老师在实践中发现了一个问题，成人的舞龙与学生的舞龙有很大的区别，许多动作其实不适合小学生。于是他参考成人舞龙动作，依据小学生的体质特征自己创造、编排了一套舞龙动作。

试了试。

学校老师们说："还行。"

附近的老百姓点评："像那么回事。"

信心在黄海云的心里顿时树立起来，问题不再成为问题，事情敲实了。

舞龙兴趣一般从一二年级学生开始培养，真正舞龙需要到五六年级。作为第一梯队的小孩子懵懵懂懂，不可能马上就参与舞龙。黄老师便自创，教他们舞"彩带龙"。一个学生手拿一个纸扎的彩带，训练跑路、走步、扭腰、旋转等简单轻松的动作。偶然一次训练被老师们看到，他们建议彩带龙可以作为舞龙场景的补充陪衬，改变传统单一的表演形式，可以增加观赏性。

那就试试吧。哎，效果真的蛮好。

接着，黄老师索性把第一梯队与第二梯队三四年级的单人龙（双手抓龙头，龙尾系腰上）以及五六年级的"九节龙"结合起来，形成群体表演。场面一下子热闹了，孩子们愈加兴奋。欧阳洪福老先生观赏后，眼前一亮，连声夸赞："好，好，有创意。"

虽然生龙活虎的舞龙兴趣班在校内校外产生了较大的影响，但有些家长不是很理解，甚至还有人极力反对。有的找到学校，有的打电话联系老师，有的家长不好意思直接面对老师，便托人带信称不赞成孩子去舞龙，或者提出各种各样的疑问。比如外出比赛耽误学习怎么办？运动量大，小孩容易饥饿怎么办？训练时受伤怎么办？那一段时间，黄老师的手机白天黑夜不敢关机，就担心家长来电接不到造成误解。特别是外地来务工的学生父母，他们直截了当地提出："我们辛辛苦苦奔波，送孩子到学校，就是为了学文化。现在你们搞这些，纯粹是不务正业。"

用"苦口婆心"这个成语来形容当时的情况，一点都不过分。做过六年级语文老师，担任过10多年班主任的黄海云，今天与我聊起当初面对的窘境，无奈地笑笑，说："完全理解孩子父母的焦虑。面对他们的异议，当时我也解释。学校开兴趣班是利用课外时间，不会耽误孩子们学业。况且学校根据教学进程，为外出参加比赛的学生'一对一'安排老师辅导；每次训练结束都会免费发放食品点心，补充体能；所有动作，都有科学依据，考虑到孩子们的身体状况和能力，不强求、不过度，一般不会受伤。当然，结合舞龙恰当的位置，选什么条件的学生站什么位置很重要。有时选对了，还能改变学生的不良习惯，发挥他们的特长，促进健康成长。"

来自安徽的张文强（姐姐曾是舞龙兴趣班的学员）个头与同龄人相比，算是较矮的。刚开始父母感觉孩子参加运动可以，但不愿意他参加舞龙。可张文强小时候看过姐姐舞龙，一蹦一跳一举，感觉很奇妙，一心想参加舞龙，父母勉强同意。进入培训阶段，黄老师根据他的身高与舞龙的要求，让他学龙珠表演。龙珠要"引"，灵活性要好，走、跑、跨、跃、搭肩。一套动作下来，张文强还能跟上趟。有一次黄老师编排了一套"龙体莲花"动作，当龙体盘成莲花状后，龙珠（张文强）站中间，旋转时他要从底下突然亮相高处，让观众看到龙珠的表情。但是黄老师发现张文强脸部眉宇平淡、手脚僵硬，虽然站稳了，可喜庆的感觉没有表达出来。事后，黄老师专门和他聊天谈心，从科学角度解释男生生长发育的周期变化，消除他个子矮小自卑的心理问题，希望他能够通过舞龙运动增强身体素质。三年级的张文强虽然没有完全听懂老师教导的生理知识，但之后自信心确实有了提高，舞龙的表现力也得到了充分展示。许多天后，父母感觉很奇怪，以前小孩回到家不怎么说话，闷闷的。如今，一到家叽叽喳喳讲个不停。和老师一联系，才知道小孩心里以前一直有个结，因为身高产生了自卑心理。如今，想通了，心情开朗了。

五年级学生钱一扬，178厘米的个头。黄海云在教师中，个子算是比较高的，钱一扬和黄老师一般高。

这是一个喜欢调皮捣蛋、依仗个高欺负同学、常常将看不顺眼的学生弄哭的"淘气包"。父母在厂里务工，很忙，天不亮就出门，天黑透才回来。辛苦一天，到家已经相当劳累，根本就没时间和精力管教孩子。任课老师很是头疼，他们找到黄老师，看他能不能调教调教。

黄海云找到钱一扬，问他："喜不喜欢舞龙？"

钱一扬羞答答地说："喜欢。"

"那你愿意参加舞龙吗？"

"愿意！"

"舞龙需要集体团结，大家拧成一股绳，你能做到？"

钱一扬脸红通通，低着头，羞报地回答道："老师，你看我的表现。"

事后，黄老师根据钱一扬的身高优势，让他担当龙头。这个安排大大地出乎钱一扬的意料。

龙头，是什么？是整个舞龙团队的灵魂，需要举竿来来回回奔跑、上上下下腾挪，应该说龙头最辛苦。尤其在节奏、速度、步伐上，起着非常关键的作用，头不带好，整条龙容易乱，缺乏精气神。

龙头的重要性与其带来的自豪荣誉感，促使小学生钱一扬必须约束自己的散漫行为，遵守团队纪律，一举一动都要有秩序。黄老师在舞龙队找了一个自律性很强的学生做他的伙伴和榜样，方便随时提醒他。时间久了，老师们渐渐发现孩子的个性有了变化，不再欺负别人，还主动照顾其他同学，上课时能够安静听讲。许多老师好奇了，便问："怎么'钱大个'换了一个人啦？"

父母听说了，很高兴，人前人后提到儿子的表现，都显露出喜滋滋的笑容。甚至主动告诉别人："学校那个舞龙头的高个子学生，你们知道是谁吗？是我儿子啊！"

舞龙的协调性很重要，一条九节龙需要学生训练三个多月才能相互磨合成功舞动。黄海云老师常常在琢磨怎么解决这件事。今年的舞龙兴趣班上恰逢有两对外地的双胞胎学生：陈诗莹、陈诗轩、凌雯熏、凌雯芯。黄老师刚开始选他们是因为身高差不多。今年学校兴趣班的训练停了近半年，他们学得时间不长，却已经很有模样了。黄老师特意用《四小天鹅》的音乐做舞龙背景。音乐一响，那种天真活泼的神态立即挂在他们脸上，特别是穿龙门的过程，行云流水，自然稳健，很好地表达出小龙人的精神面貌与相互间的协调性。

黄老师告诉我："双胞胎或许是天性，似乎比一般人配合得更默契更灵动。"

说实话，明珍实验学校规模不大，但是作为金坛区首批小班化试点学校，一直以来，本着"亮丽每一个，精彩每一天"的小班化教学理念，扎实稳健又勇于创新地行进在实验之路上。学校提出的"三亮课程——亮行、亮智、亮我"的小班化校本课程建设理念以及以此为核心的一系列教育教学实践赢得了业内专家与同行们的高度评价和关注。"三亮课程"是全校教师所追寻的理想，意在打造个性化的小班校本课程，彰显教育的个性化，以此满足和促进学生的个性化发展，进而推进学校的特色发展，创造更加富有个性、更加贴近学生、更加适宜学生和学校发展的教育教学模式。

据介绍，早在前年（2018 年 5 月 8 日），南京地区与金坛两地小班化教育专题活动暨金坛区小学课程推进展示活动就在明珍实验学校举行过。区教育局相关科室、南京同仁小学和各兄弟学校的 70 余位领导专家以及同行共同分享了明珍实验学校近年来在小班化实践中所收获的丰硕成果。此次活动上，明珍实验学校分别从课堂教学、学生素质展示、专题汇报三个维度展示了学校基于"亮丽每一个，精彩每一天"思想引领下的教学思考以及实践成果。

在课堂教学展示环节，与会者们通过走进明珍的小班课堂，感受到明珍的"三亮课程"以其鲜明的特色、生动新颖的形式、丰富的内涵让人耳目一新。"三亮课程"重在以课堂为依托，以小手高举、小脸通红、小口常开为表征，主张学生在体验中获得能动的发展。此外，南京同仁小学也展示了两节小班课堂教学。在学生素质展示环节，展示了以明珍"龙文化"课程为依托的"舞龙""古筝""书法"等项目活动，孩子们精彩纷呈的表演，赢得了在场观众一次又一次的掌声。与会者充分感受到了明珍孩子的多才多艺，也感受到了明珍"让艺术属于每一个农村孩子"这句话的真正内涵。

在专题汇报环节，明珍实验学校作了《亮丽每一个，精彩每一天》的专题介绍。他们生动阐述了学校对于校本课程开发的思考、实践历程以及师生们在这一小班化教育理想追求之路上的成长与收获。南京同仁小学周伟校长对明珍的小班化研究取得的成果表示了由衷的敬意，同时也作了《十项承诺：有爱的小班》专题讲座，分享了同仁小学在小班化研究方面取得的成果及经验。

这是明珍实验学校自从设置"龙文化"课程后，第一次与大城市学校面对面的交流，意义非同小可。

为明珍实验学校舞龙文化付出无数心血的戴俊华、蒋益军、黄海云等老师们，已经走过了20多个年头。随着经济发展，社会形态的变化，学校从2000年左右的2000多名学生缩减至今日不到150人。目前已拿到国家级舞龙舞狮裁判证书，并成为金坛区第五批非物质文化遗产代表性传承人的黄老师很有感慨，说："几年来学校培养了500多名舞龙学生，他们经历了小学、初中、高中，如今年龄最大的已30多岁，有许多外地学生还把舞龙带到自己的家乡贵州、云南、安徽，形成特色。而值得欣慰的是，不负众望，明珍实验学校的舞龙最终还是走上了大舞台。"

2019年6月，在江苏省第十届大学生龙狮精英赛暨江苏省青少年龙狮锦标赛上，明珍实验学校"小龙人"龙灯队在传统舞龙和自选动作两个比赛项目中，分别取得第四名和第八名的优异成绩。

参加比赛的"小龙人"龙灯队，是一支新老交替的队伍，队伍中有刚从四年级补入的新队员，虽然加入的时间不长，但在平时的训练中他们肯吃苦、不怕流汗，充分展现了明珍"龙娃"的干劲与韧劲；队伍中也有六年级的老队员，他们的比赛经验丰富，起到了模范带头作用。在一次次的训练中不断磨合，在一场场的比赛中走向成功。在与来自全省的青少年舞龙队的交流比赛中，小队员们看到了不同形式的舞龙舞法，更有难度超高的躺腿、踩肩，还有创意十足的传统舞龙。让小队员们对中国龙文化、中国传统文化、中国舞龙竞技比赛项目都有了全新的认识。

据说，赛后该校召开了舞龙队教练和领队会议，交流了本次舞龙比赛的成功经验与舞龙队后期的发展规划。为了让明珍"小龙人"龙灯队走得更远、舞得更好，学校对舞龙队训练的体系、时间的安排、训练的方式、音乐的剪辑、服装的选择等方面提出更高的要求，特别是要求学校舞龙队的梯队从低年级开始培养，培养孩子的兴趣，锻炼他们的体魄，真正实现学生全员参与舞龙的课程目标。让每一个学生都能了解、参与明珍的"龙文化"，通过明珍舞龙，感受明珍"龙文化"的精髓，进而落实学校"亮丽每一个，精彩每一天"办学理念。

其实，在之前的2018年，明珍实验学校还取得过全国第三名的好成绩。邓忠俊校长回忆当时的情形，一脸幸福地说："决赛的10支队伍中，我们是唯一来自农村学校的一支。明珍学校的学生演出服装土里土气，高矮不一、胖瘦不一。报名时，旁边有许多人叽叽喳喳，露出讥笑的神色。那些城里学校的孩子，齐刷刷一般高，个个神气活现，服装既精致又漂亮。那些家长们还开了宝马、奔驰去观摩。最后，我们的学生硬是凭着精湛的技艺、娴熟灵巧的配合，以及一些环环相扣的高难度的动作、细节取得了好名次。"

我心潮澎湃地站在教室门口，欣赏着这样几块牌子，牌子上写着如下文字：

金坛区非物质文化传承教学示范基地

江苏省龙狮训练基地

常州市金坛区明珍实验学校明珍小龙人社团荣获"十三五"期间常州市"乡村学校少年宫优秀社团"称号

黄海云荣获"十三五"期间常州市"乡村学校少年宫优秀辅导员"称号……

屋外寒风凛冽，我内心却温暖如春。

驻足用心血与汗水取得的一块块牌子前，我耳边不由得一直响着江苏省龙狮协会会长、南京理工大学教授葛国政 2019 年送"江苏省龙狮训练基地"牌匾来学校时的一段赞叹："这牌子，全省就两块，一块给了南京邮电大学，一块给了你们。真没想到明珍学校又小又偏僻，也没想到你们在这样的环境和条件下能够创造出了不起的业绩。"

仿佛是一面镜子，需用千百日的云朵来擦拭；仿佛是两行泪，足以浇灌初开的花朵。

记忆里，明珍学校"龙文化"的精神永存！

第三章　指尖雕出好时光

冬日真正的意义是什么？

是风萧萧兮，还是雪茫茫兮？

过完 2020 年冬至，在我的设想里，北方吹来凛冽的风，大地应该孤寂彻骨。可并非如我所愿。不仅寒意尚未到达金坛境内，城乡还处处阳光依旧，没有想象中的冰冻三尺、冷若冰霜。不过，天气预报告知，有一场大雪已经从北方奔腾出发。据说，近年来少见的极寒的降温天气将出现在长江以南。

12 月 28 日，山区的温度似乎要比城里低很多，树梢上摇摇欲落的枯黄的叶子，昭示着告别季节的恋恋不舍。一早，顶着丝丝寒风，我开车去茅山脚下的"宝盛园"。上午，"茅山知青陈列馆"将在这里举行开馆仪式。我作为当年金坛林场知青点的代表，受邀参加开馆仪式。

结束了开馆仪式和座谈会，下午我匆匆前往建昌。

在建昌，我怀着崇敬的心情，先拜访了坐落于新河村丁家塘的"中共苏皖区一大会址"。（原址毁于战争。2004 年，为纪念抗日战争胜利 60 周年重建。）

这是一处常州市"爱国主义教育基地"。

迪庄是建昌圩内一个较大的村落，其历史可以上溯到汉唐年间，不过那时仅为一个小渔村，名叫荻庄。荻，芦苇。荻庄，芦苇丛里的村庄。当地的民俗爱好人士李锁连曾经回忆道："那时的村子虽小，但风景优美，西望茅山青峰逶迤，东眺天湖碧波荡漾，片片湖滩蒲荻茂密，条条沟渠渔舟穿行。每到深秋，荻花盛放，随风飘舞，如同白茫茫的瑞雪，纷纷扬扬。夏日的傍晚，牧童牵牛于阡陌，渔夫张网归来，村中炊烟袅袅，鸡犬之声相闻。好一幅世外桃源图。"西晋之年，邓氏一族为避战乱从中原迁至江南。元代末年，邓百一率领一支邓姓族人来到荻庄垦荒耕作。虽然是"锄禾日当午"的农民，但是随着农耕经济的日趋繁荣，族人渐渐非常重孝重德，非常在意读书修行。故而历史传承间，千百年来邓氏家族人才辈出。譬如：元朝，邓百一，官封万户；明朝正统年间，邓伯羔，博学多才，成为一代名士；明朝天顺年间，邓芝兰，官至七省巡按。渐渐荻庄不再是小渔村，而成了远近闻名的大村落，邓氏家族也成了名声显赫的望族，邓氏便将荻庄改为迪庄。"迪"，启迪、遵循，取"前辈引领，日益兴盛"之意。

邓氏族人迁徙迪庄，先后修建了9座祠堂：邓氏宗祠（思言堂）、耕隐公祠（存著堂）、思慎公祠（明言堂）、见苍公祠（孝义堂）、四分头祠、五分头祠、阁楼祠堂、新祠堂、七间屋女祠（家祠）。一个村落建造9座祠堂，据有关专家考证，这在中国古村落的历史上也极为少见。

这里必须特别说一下邓伯羔。

邓伯羔何许人？是标准的一个读书人。据邓氏族谱记载，邓伯羔为迪庄邓氏五世祖，读尽五楼之书，学识广博，精通医学，曾用金盆取鹿胆和药，治好了皇太后的眼疾。皇帝封官赏物他拒收，只恳请皇帝重修建昌圩圩堤。之后见明朝政治日渐腐败，官场风气败坏，不愿同流合污，为保持自己的高风亮节，选择隐逸避世的生活方式。隐居于建昌天荒湖铜马泉墩的邓伯羔去世后，被族人称为耕隐公，并为他修建了三开间三进的耕隐公祠。因为他博学多才，著作等身，故耕隐公祠又被称为存著堂。

1939年正值抗战时期，战火纷飞，时局动荡。村里几位有名望的志士，邓临和、邓金波、邓遗庚、邓焕章等成立了董事会，协商在本村创办私塾，以解决本村孩子外出读书的困难（当时学童要到数里外的谢巷村就读）。大家一致推荐邓金波为董事长，主持工作。邓临和为副董事长，邓遗庚负责筹备资金，解决校舍、师资。董事会决定将原先为邓氏祠堂的思言堂腾出来，改为私塾学堂。当年有 36 名学生入学，这就是今日建昌小学的前身。

邓氏宗祠建于元朝末年，为东迁迪庄始祖邓百一公所建，坐西北朝东南，大门高 3 米 3，宽 2 米 4，粉墙黛瓦，五间三进两明堂，属徽派风格。虽几经战火焚毁，到了光绪年间，邓氏族人还是按原先宗祠的格局，在废墟上重新修建。为了办学堂，族人将这样一座规模宏大的祠堂腾出来，对教育的重视程度可见一斑。1945 年的 10 月，中共建昌区委借用该学校，召开新四军北撤、留守工作的紧急会议。这是关系到新四军的物资能否顺利转移、地下党组织能否继续隐蔽活动的十分重要的会议。这次会议也为学校的光彩历史写下了荣耀的一笔。

这次专程到建昌小学采访，孙保华已经调到河滨小学，吴良俊接任校长。

建昌小学虽然换了几任校主要领导，但坚守"建于润，昌于和"的办学理念没有变，创立"水润文化，孝道课程"的特色没有变，在常州地区甚至江苏省，都享有较高的知名度。学校占地面积 19327 平方米，建筑面积 6934 平方米，绿化面积 10200 平方米。2017 年成功申报江苏省首批中小学品格提升工程，2018 年该项目评比获省二等奖。就学校环境、教室条件、教学设施而言，在江苏省内的农村学校中完全可以名列前茅，实现了多少代人梦寐以求"办一所水乡特色农村学校"的目标。

出身于教育世家的吴校长向我介绍学校师资特色时，很自豪地特别提到两位老师，一位是英语老师朱月波，一位是语文老师沈晓云。

朱月波老师多年来辅导学生参加常州市、金坛区的英语写作、朗读比赛，屡次获奖。2017 年获常州市英语朗读三等奖，2017 年获区小学英语书写团体一等奖、五年级整班朗读比赛一等奖，2020 年获金坛区四年级整班朗读一等奖，多次被评为区"优秀辅导老师"，先后被常州市、金坛区评为"教学能手"。2016 年被评为金坛区"教学常规达标先进个人"。示范课、观摩课、优质课及其他公开教学、专题讲座获评优课一、二等奖，2017 年论文《拓有所得》获江苏省"五四杯"一等奖。同行戏赞她是获奖专业户。

沈晓云老师从教 20 多年，一直扎根建昌小学，奉行"没有爱就没有教育"的信念，理解孩子的世界、尊重孩子的内心。2016 年在金坛区班主任基本功大赛中荣获一等奖，先后多次被评为常州市优秀班主任、金坛区优秀教育工作者、金坛区德育先进工作者。两次受到金坛区人民政府的嘉奖。

好奇心促使我去听朱老师、沈老师的课。因为，知青年代，我也做过公办学校的语文代课老师，为帮助学生分辨"的、地、得"的使用语境而煞费苦心。为了丰富学生作文的遣词造句，每天下午课外活动，我专门抽出一段时间讲成语故事。对于外语老师，学生时期我就有特别强的好奇心，只要外语（俄语）老师手捧书、朗读课文走过我的座位，我感觉耳朵就竖起来了，那腔调、那音色强烈地吸引着我。

后来，学校准备提前放寒假，所以我真正去建昌小学听老师们的课，转眼已经到了第二年的 2 月。

冬季渐渐收起寒冷的翅膀，春日的暖意慢慢透出怡人的舒畅。

2021 年 2 月 22 日，学校新学期第一天。

大清早我开车半个多小时，赶到建昌小学，为了感受学校升旗仪式的氛围。

8 点 10 分，学校升旗仪式正式开始。随着音乐响起，不知不觉间，初升太阳的霞光铺满了整个操场，全体师生身披散落的朝霞，脊背能够感觉到一阵又一阵的热气。面对冉冉升起的国旗高唱国歌。雄壮、威严、热情，一种饱满的精神状态显现在每个人的脸上。

开学第一课。

我和吴良俊校长一起听了朱月波老师、沈晓云老师的课。坐在教室最后一排，我仿佛已经融入小学生群体，瞬间产生了虔诚的心理，特别用心、特别专注地看着讲台上的老师。

评价朱老师的英语课，我要用"惊叹"二字。事后和朱老师交流，我如实说出自己的感受，非常实在地说："真的怀疑是在听小学四年级的英语课，我仿佛是坐在大学的外语课堂里。"

课前 5 分钟微课：通过音素儿歌、话题交流等活动提升学生的学科素养。25 分钟的新授环节：通过听一听、读一读、说一说、演一演互动，激发学生的学习兴趣，让学生全面参与课堂。课后 10 分钟的练习讲评：学生做完后老师当堂批改，并通过希沃白板，直观展示优秀作业和典型错误。课堂练习、点评，促使学生立即巩固课堂所学到的知识。神采飞扬的授课，节奏紧凑的训练，全过程师生英语对话，一切都那么科学、专业。

"让学生读出来、让学生动起来"，这是朱老师对于英语教学的理念。

来自四川巴中的小女孩彭娟，被朱老师点名朗读。或许新学期刚上新课，可能有点不自信，声音很低。老师提醒她可以大声点，让全班同学都能听清。朱老师的鼓励，激励了她。读第二遍时她大声流畅地朗读，博得了全班同学的掌声。

2006 年，朱月波结束了常州师范 5 年的求学生涯，被分配到建昌小学，那年有 25 名英语老师落户金坛。任教不久，学校外来务工人员子女的比例渐渐大了起来。由于来自不同的地方，学习习惯、生活习性与当地学生大不相同，朱老师内心还是有点儿犯愁。有个男孩，是"老来子"，小名旺子。他父亲快 60 岁时才有了这个宝贝疙瘩。朱老师担任这个班的班主任，发现他经常不完成作业，上课不守纪律，许多次鼓励表扬、惩罚训诫都无效。用老师们的话说：是软硬不吃的宝贝硬"疙瘩"。和家长沟通，也没见多大效果。朱月波很头疼，问了几位老师，都说没见过这样的学生。抱着试试看的想法，朱老师改变策略，把几个经常不写作业的学生编成一个小组，委托"旺子"任组长，对这个组的学习采用特殊制度，别的学生需要抄 10 个句子，这个组学生只需要抄 2 个句子。由组长日常负责监督组员的学习进度。不久后，朱老师发现"旺子"并没有降低对自己的要求，和其他学生一样完成学习任务，不仅带头认真写作业，上课开始专心听讲，还时不时地向老师反映有些学生的不良表现。细心的朱月波察觉到了，及时把他的转变告知家长。同时也建议家长平时多与孩子聊天，多过问孩子的学习，让他感受到父母虽然没文化，但内心还是对他抱着好好学习天天向上的期待。新学期开学，朱老师别出心裁，经和学校领导商量，大胆地让"旺子"在国旗下对着全校师生讲话。这一不同寻常的举动，深深地激励和打动了他柔软的心。毕业考试时，"旺子"英语一下子考了80分，和之前跌跌爬爬的30分、60分相比，真的发生了翻天覆地的变化，取得了可喜的好成绩。同样，那个组的学生和平时比，也都前进了一大步。朱老师提着的心，终于快乐地放下了。

下课音乐响起。吴校长从最后一排站起身，对四（一）班的同学做了一个即兴调查："请班上外地来的学生举个手。"

全班20多个学生，只有一个学生没举手。还有一个学生问："我爸爸是建昌人，妈妈是四川人。算当地还是外地？"

吴校长笑笑说："算当地人吧！"

走出教室门，吴校长告诉我，前几天又转来7个来自云南、新疆的外地学生，一年级、四年级都有。

看了学校介绍沈晓云老师的材料，我才知道她已从教20多年，应该算是老教师。可当她走进校长办公室接受采访，我见到她青春洋溢的面容时，怀疑地问："你真的已经做了20年老师？"她笑了笑回答："是啊！"吴校长在一旁打趣，说："沈老师心态好，长得太年轻。"

出生于建昌天湖村的沈晓云，19岁从常州师范幼师班毕业，回了家乡。由于小学缺教师，她便被安排到小学教书。我和她聊起外来务工人员子女读书的事儿，她这样回答："外来的学生自理能力强，父母整天忙于打工挣钱，没时间没精力教育孩子，无形中使老师的责任加重了。"

由沈老师担任班主任的二年级（一）班，一共25名学生，有19名来自外地。

旁听沈老师开学第一堂语文课"村居"，我可以用"精彩"二字来形容。

她把一首描写春天的古诗词，讲述得特别有画面感。无论是物体的形态，还是字形的特征，都能入木三分、精准简洁地品读出知识的味道。课间我回复英语老师张卫发来的微信，张卫老师告诉我，她们的课在建昌小学都是教学精品课。由此看到，沈老师多年来不断探索并逐步形成的独特教学理念——让每一位学生在课堂上都有所收获，确实落在实处。

下课后，沈老师向我讲述了她这么多年来对外来务工人员子女读书的所见所闻。我选择其中一个，和大家分享。

小个子汪运生，来自云南，父亲是一名钢筋工，从小在老家和奶奶相伴，到入学年龄时和弟弟妹妹一起迁居建昌。刚入学时他不会拼音，不善表达，一个星期都不与同学说话交流，上课时也不和老师对视。沈老师私下和他沟通，感觉他表达没有障碍，思维没有问题，判断他可能碍于人际交往陌生以及方言的差异。沈老师便找来几个学生，专门与他结伴，下课、放学，有空就在一起。沈老师自己也抽出课余时间嘘寒问暖。集体活动，比如跳绳、打扫卫生，特意动员他和小伙伴们一起参加。同时加了他父亲的微信，及时交流。有一次沈晓云吃完午饭去洗碗，汪运生悄悄地走过去，帮老师打开了水龙头。孩子一个小小的举动，刹那间，沈晓云感觉到一股热热的暖意涌上心头。顿时发现，孩子胆怯的心理、执着的个性，正在悄悄地变化。之后还偶尔遇见他，发现他课余时在读带拼音的课外书，主动认字，不懂就问其他学生。期末考试时汪运生同学语文终于得到 60 分，数学得到 60 分，和刚入学只有几分相比，有了很大的进步。孩子的父亲感慨道："孩子的 60 分就是我心中的 100 分。"

沈晓云老师参评金坛区第七届"师德标兵"，评委们给她的评语是"让每一个孩子心里都充满阳光"。

看来，名不虚传。

地处水乡的建昌，少不得饲养家禽，各种鸡鸭鹅蛋比比皆是。不知不觉乡风民俗产生了一种蛋雕的传统手艺，吴建中便是当地有名望的蛋雕非遗传承人。之前担任建昌小学校长的邵国锁一直想结合当地民俗特色，在学校众多的社团中再增加一个蛋雕项目，苦于没有适合的辅导老师。2015年吴杨茜从姜堰调入建昌小学，任专职美术老师。见时机成熟，这年 9 月，建昌小学举办民间艺术节，邵校长邀请吴建中到校举办"蛋雕艺术精品展"，同时聘请他担任学校蛋雕社团的校外辅导员。美术老师吴杨茜被学校指定为建昌小学蛋雕社团的辅导员。4 年后邵校长调离，但历任学校领导一如既往支持蛋雕。于是，蛋雕在吴建中、吴杨茜师徒两人的倾心关注下，渐渐发展成建昌小学 10 多个社团中一张亮丽的名片。

乍暖还寒的春风挟裹着乡村里的炊烟袅袅，远远近近的鸡叫声此起彼伏，天刚蒙蒙亮，当晨光叩着半明半暗的窗子，吴建中已经披衣起床，端坐在工作台前，那个有着玻璃天窗的房间里，开始了他一天的蛋壳雕刻。

吴建中爱钻研，对什么产生了兴趣，就会像鱼儿跳进水里，沉浸在水中不上岸。他的痴给了他很大的帮助，蛋雕中的刻字就很得益于当初吴建中的书法功底，捺脚、飞白、虚实，都能运用到蛋雕中。一只蛋拿出来一看，一首诗歌有几句，从头到尾怎么排，怎么衔接，一琢磨，心里面就有了谱。有时候他参加一些有特色的民间活动，现场人多，需求量大的时候来不及画，他就直接用电钻笔刻在蛋壳上，这是其他蛋雕艺人很难做到的……（本文收编于 2019 年出版的《建昌圩》美丽水乡散文集）

这是 2019 年 12 月 14 日常州市作家协会会员潘晶创作的散文《指尖的舞蹈——蛋雕艺人吴建中》。我节选部分片段，用以说明建昌小学蛋雕非遗传承的缘由。

如今回忆起当年学校蛋雕社团初创时捉襟见肘的窘境，吴杨茜老师还是很感慨。小学当时借中学上课，没多余的教室，只好在中学图书馆弄了一张乒乓桌。蛋雕工具也是初级简单的。蛋雕知识培训、蛋雕实践练习全在乒乓桌上进行。但师生们的学习热情很高。直到 2018 年新校舍投入使用，校领导非常重视，才把蛋雕培训室从美术室分出来，特地安排了一间蛋雕室。参加最初培训的学生有七八个（其中 6 个外地学生），之后每一批 20 多人。7 年来前前后后培养了近 100 名学生，有一半的人在省市比赛中获过奖。2019 年 6 月，建昌小学被授予"金坛区非物质文化遗产传承教学示范基地"。

参与蛋雕的人员选拔方式和其他社团不同，必须从三年级开始。我不解地问缘由。

吴老师解释道："蛋是易碎物品，手握轻重、拿捏方法都有讲究。低幼年龄缺乏把控分寸，三年级开始，学生才会对蛋有一定认知。"

蛋雕是在飞禽类蛋壳上刻琢成画的一种民间工艺，融合了绘画与雕刻，以浮雕、阴雕、透雕、镂空等手法呈现出各种精美的图案。蛋雕社团学生一是要有美术兴趣，二是动手能力强。尤其还需要用刀具，辅导老师要特别注意学生的安全。

远在明清时期，民间就有传统喜庆婚娶、祝福庆寿、喜得贵子之时，为图吉祥如意，相互赠送红蛋的习俗。有些地方还有人专门摆摊卖"彩蛋"，商贩又在彩蛋上描些花鸟、鱼虫、脸谱，以增加成交数量。经过多年演变，彩蛋工艺有了逐步提高。如今，艺人将蛋掏空，在蛋壳表面雕刻精美图案，渐渐形成了具有较高欣赏价值的艺术珍品——蛋雕。

吴杨茜老师用比较专业的语言解释说："蛋雕工艺品有好几种。一是用雕刀雕刻出各种人物、山水、花鸟；二是以浅浮雕或镂空的手法雕刻；三是融合上述两种方法完成作品。中国第一个走向世界的蛋雕艺术家刘会群，从1991年起精研蛋雕创作20余年，成绩斐然。小到鹌鹑蛋，大到鸵鸟蛋，皆领先世界蛋雕艺术。陕西工艺美术大师闻福良的蛋雕被称为国之瑰宝，已经作为外交部国宾指定礼品。"

虽然是学美术的，可她最初学习蛋雕也是懵懵懂懂的，对蛋的选择没那么心中有数。可随着时间推移，慢慢地，吴杨茜对蛋雕的选材有了心得。蛋壳应以厚度较均匀、外表比较光滑鲜亮的为好。

"蛋雕是个技术活。"在建昌大河东村长大的吴杨茜认认真真地向我讲述着。首先是用刀。从专业角度说，应该有平刀、半圆刀、角刀、修光刀、掏肉刀等。当初学校经费紧张，学生的蛋雕工具就是简单的一把普通小刀。起初让学生家长购买，弄得社会上议论纷纷。校领导一商量，拨出5万元专项经费，购买蛋雕所有器具，不增加学生负担。于是学生全用上了一百多元的新式雕刻刀。其次是美术天赋。绘画是一张纸，平面构图与在椭圆的蛋上绘图完全不是一个思路。设计图稿时，就必须"胸有成图"，一条线画下去到哪里结束？构图画什么？心中无数肯定会盲目，最终形成不了图案。然后是握蛋的手感。这个特别重要，有些学生画着画着就忘了手中握着的是蛋，稍一用力，蛋就碎了。三年级起步训练阶段，吴老师是网购塑料蛋，让学生在上面绘画，体会手感，然后学会用刀，成熟后才正式蛋雕。

刚开始有些家长不理解，特别是外地学生的父母，感觉学校学什么不好，偏偏选刻蛋，学会了又不能当饭吃。为此，吴老师确实费了许多口舌，一个一个解释，一家一家做工作。借学校开展"家访零距离，师爱育桃李"活动时机，和家长们交流。家长碍于情面勉强同意，之后蛋雕作品有了初步成果，"眼见为实"，终于得到大家的认可。

通过蛋雕非遗的传承项目，培养学生重视中华优秀传统文化。基本的蛋雕技艺和欣赏能力，最终成为学校一门特色课程。为此2020年12月学校还专门制定了详细的三年发展规划，从课程保障、人员保障、经费保障落实规划。确定每学年初，在全校一到六年级的美术课中，每两周一节美术课为蛋雕艺术活动课，让蛋雕技艺惠及所有学生。定期组织师生参观蛋雕艺术作品展览，计划每学期至少1次，以扩大影响力。同时，吴建中老师不定期地带领吴杨茜老师和部分优秀学生参加各地区旅游节活动，展示师生的蛋雕技艺和精美作品。学校组织人员已经编写完成《建昌小学蛋雕课程纲要》。在吴建中老师的协助下，学校又组织人员编写了《指寸间的艺术——非遗"蛋雕"》校本教材，并印制成宣传册。明确长期聘请吴建中为学校校外辅导员，与美术老师签订师徒协议。学校在每个年级选择一位年轻教师加入吴建中大师蛋雕学习的队伍，同时鼓励感兴趣的其他老师也积极参与，做好蛋雕技艺的传承，为更全面地培养师资力量。学校已经划出一部分专项资金并建设了60平方米的"吴建中蛋雕工作室"。工作室分为教学操作区、活动体验区、作品展览区等，是教学、参观、展览等于一体的综合性场所，为师生们更好地了解蛋雕传统文化的内涵和进行蛋雕学习提供了保障。

在我的询问下，获得过江苏省儿童画创作大赛、第二十届六一杯、第三届六一杯等比赛"优秀辅导员"称号的吴杨茜老师讲述了辅导学生学习蛋雕过程中印象比较深的几件事。

梁蒙，壮族女学生，五年级（一）班班长，来自广西。10多年前父母就来到金坛务工，她出生于建昌，姐姐已经从建昌小学毕业。四年级加入蛋雕社团。老师发现梁蒙除了学习好，对画画也很有兴趣，便动员她学习蛋雕，父母也很支持她。她刚接触蛋雕时不知道怎么取蛋清，小小的手捏碎过好几次蛋。

梁蒙坐在我面前接受采访时，我问起是否有这事？小丫头腼腆地一笑，说："刚开始是这样，现在好多了。但偶尔紧张，还是会发生。"经过辅导老师的耐心指导，她慢慢熟练起来，能够细心地、轻轻地取出蛋清，一丝不苟地整理蛋壳，然后集中精力勾线条，绘画。

"梁蒙总能勾勒出一些令人难以想象的画面，特别有创意。"吴老师说。

2020年上半学期，常州市有关部门点名要求建昌小学蛋雕社团参加"十三五"青苗计划成果展示比赛。梁蒙和张欣悦、易天泽三位同学作为学校代表，参加了比赛。他们随机抽到的主题是"我爱中国"。规定的40分钟时间内，梁蒙先画出五星红旗、天安门图案，再用阴阳手法刻出"我爱中国"四个字，最后镂空雕刻五星红旗、天安门。一次成型。结束整理蛋雕作品时，梁蒙手心都是汗水。

当我找到梁蒙同学询问时，小丫头不好意思地一笑，告诉我："现场蛋雕确实有点紧张。"

据吴老师介绍，三个参赛的学生，梁蒙的图案设计得最复杂，得到了评委们的赞誉。

那年，邓可一三年级。有一次很偶然，作业本最后一页，他随随便便的一幅图画被班主任发现并告知了美术老师。吴杨茜有心去查看了。确实这孩子很有绘画的天赋，就把他吸纳入蛋雕社团。可没参加几次活动，小孩子好动浮躁的个性就暴露出来了。绘画线条潦潦草草，上颜色乱涂乱选。手脚很快，但毛毛躁躁，三天两头把蛋捏碎。吴老师批评过几次，感觉效果不佳。老师通过了解，知道他父亲的工作是送快递，整天脚不沾地，很忙，母亲没什么文化，不太会表达。父母很少有空余时间和孩子沟通聊天。老师便找到他父亲，动员家庭成员多陪伴他，多与他闲聊，让孩子的心情渐渐平静下来。吴建中知道这事后主动找到邓可一父亲，告诉他如何建立良好的亲情关系，培养孩子的毅力和恒心。随着一系列的环境变化，以及大家的关注，渐渐邓可一的心境、情绪有了明显变化。吴老师经常能够看到他安安静静地坐着、专注着、琢磨着，常常能发挥想象力雕刻出精彩的作品。在学校定期举办的蛋雕小明星展示活动中，常常可以看到他的闪光作品。

如果说时间有长度，那么嵌入时光里的情感便有厚度。7年了，建昌小学蛋雕社团从无到有，从小规模到逐步扩大影响，已经逐渐成为学校的特色活动项目和常州市少年宫精品社团。他们还将且行且思，让蛋雕非遗文化不仅在建昌小学遍地开花，更要让所有师生通过传承蛋雕这门非遗文化，加倍热爱祖国优秀的传统文化。

（补记：吴杨茜老师已于2021年调入金坛区良常小学。邹梅香老师继续建昌小学的蛋雕辅导。2023年9月李赟老师获常州市"师德模范"称号。）

第四章　让薪火血脉再相连

不算太大的西岗集镇，可我还是经过三次沿路询问，才找到坐落于西南角深处的中学。除了从资料上知道西岗中学是抗日战争时期党组织创办的一所学校，这所学校外来务工人员子女入学率高达 80% 以上，教育局陈文老师曾陪我来过学校，就记忆而言，我对西岗中学的印象不是很深刻。

学校有一个非常好的领导群体。

默默无闻做事的党支部书记丁郁松，校长夏罗俊和副校长吴晗。

夏罗俊 2002 年师范毕业被分配到西岗中学，2011 年调任指前中学，但到了 2019 年，又回到西岗中学。他开玩笑对我说："我是被'自醒'这根线拉回来的。"

吴晗，这个姓名，突然让我想起 20 世纪 60 年代闻名中国大地的"三家村"中，一位同名同姓的中国著名历史学家。吴校长已经在西岗中学坚守了 22 年。

西岗中学占地 30 亩，校舍建筑面积 7301 平方米，操场 6500 平方米，距城区 15 分钟路程，是茅山老区与城区最近的学校。2021 年 3 月 22 日下午，我走进树木扶苏，花草异香，绿化率高达 73% 的西岗中学校园。一座高高的"自醒"大楼面对学校大门，很是醒目、巍峨。

上课时间，一片静悄悄，初春午后的阳光正照着每一间教室。

站在"自醒"楼前，我凝视着它，心中突然涌出一股热流。这股热流仿佛已经流过80个年头，今日依旧在流淌。这所学校，这片热土，经受过血与火的考验和洗礼，从这里走出去的无数的共产主义革命战士，为劳苦大众谋解放、谋幸福，百折不挠，勇往直前。用鲜血、用生命倾注革命事业，谱写了一篇又一篇可歌可泣的光辉华章。

路途不算长，然而"自醒"的精神永流传，血脉更相连。

面对大量的外来务工人员子女，老师们说："我们只有一个答案和一个目标——善待孩子们，不负革命先辈的期望。"

自1999年成功创建省级示范初中起，学校一脉相承，每一任领导班子都不断深化"自醒"的精神主题，赋予"自醒"更深刻的内涵、更丰富的拓展。形成更具时代特征的"自醒、自觉、自强"教学法，让教书育人成为这所农村中学的新希望，成为提升课前、课中、课后教学质量的"生命线"。

自醒——鼓励学生客观评价自我。对自己的行为自我激励、自我控制、自我调节，失败了从头来，胜利了不骄傲，从而建立健康清醒的心理品质。

自觉——鼓励学生发掘学习动力。通过良好的精神状态，不但要有自觉学习的习惯，自觉的行为规范，还要有善于主动进取的内在信心。

自强——鼓励学生建立自信心。不屈不挠是一种人格品质，更是自强不息的精神状态。培养学生克服困难，不畏艰难，勇攀高峰的坚强意志。

如果不是和老师们无意间闲聊，我还真的不知道夏罗俊校长是金坛第一批"金沙名教师"25人之一。

那是2013年6月，江南的黄梅雨季刚刚告一段落，7月炎热的骄阳已经随即而至。金坛区对接常州"龙城英才计划"，正式启动"金沙英才计划"，评选"金沙名教师"。这次名教师的评选除要求公平、公正、公开外，还有一个非常明确的硬性规定：向一线教师和农村教师倾斜，即使享有省特级称号的校长，如果不带班上课，也不予评选。

那一年夏罗俊32岁，刚走上领导岗位，担任副校长，依旧在一线教学。

整个评选过程，用夏罗俊的话说：过五关斩六将。资格审核分初审、复审、评审，要看过往的教学水平。最后一审是专家评比，需要现场上课。

现场上课是评选的关键环节，更是测试、考验老师真实综合水平的最终标尺。

印象里，那天去现场上课，似乎老天也在考验他的能耐。夏罗俊回忆时完全沉浸在思绪中："记得是年底。气温接近零摄氏度，天相当寒冷。轿车外表结满厚厚的冰霜，硬邦邦的。我5点起来，吃完早饭，费了好大的劲才把车身表面的冰霜清扫干净。虽说都是面对同行，虽说自己也是面对学生的老师，可到了现场还是很紧张。为什么？我眼睛的余光扫了一眼名单，好像名师评选候选人中，我的资历最浅。不过，从我2002年教初中数学开始已经10多年，也算有年头了。加上这么多年的教学实践以及拜访名师、认真备课、研究题海，心里还是有点底气。45分钟一堂教学课，自我感觉上得逻辑清晰。

"是怎么走出教室的？真的忘了！"

夏罗俊笑着回答我的提问。

闲下来时，夏罗俊常常会静坐窗前，思考着，把内心对教学的情感付出托出来，把飘浮于校园上空的云朵接过来。潜意识里，他感觉，这颗属于孩子们未来的心，正在燃烧。仿佛时间齿轮不停转动，需要他用一辈子的心血做动力，才能无愧于当初选择的教育事业。

自从结婚成家后，夏罗俊夫妻一直分居。一个在东面（妻子在尧塘小学），一个在西南方，相距20多千米，没有直达两边的公路，相聚必须穿过城区。那些年干老师这一行，经济条件相当差，没有购买轿车的能力，只有骑摩托车，需要骑40分钟。夏天还好，风凉飕飕；冬天穿衣戴帽全副武装，还是受不了，顶风太冷，时间久了膝盖酸痛。

和夏校长聊家常，突然他露出满脸愧疚神色。

"我内心有个结，愧对妻子。"

"那是2005年12月17日，第一个孩子出生。因为学校忙，我没能在妻子身边陪伴。第二天接到电话，婴儿黄疸指数偏高，需要立即送往常州医院。等我上课结束，请假赶到城区医院时，孩子已经被救护车送去常州。虽然心里焦急，可教学课程安排很紧，我根本没时间去常州照顾陪伴妻儿，只得回到学校。听天由命，看孩子的造化了。还好，在医生的全力救护下，新生儿终于很快恢复正常。"

我有一位作家朋友朱华忠，同样也是教育系统的老师，他对普通老师被评为"名师"后会发生的一些变化格外关注。

他叩问道：

你还能坚守教育理想、不忘初心，始终按教育教学规律办事，并且不媚世俗、自觉抵制反教育行为吗？

你还能始终坚守课堂，像普通教师一样承担平行班级教学，不断优化教学方法，并且教学成绩名列前茅吗？

你还能接受别人的批评，坚持静心做事，坚持以学生的发展为衡量自己的标尺吗？

这些问题的提出，其实震动了每一位老师的良心、良知。

确实，让老区的孩子在中国最美的课堂成长学习，引领并带动了乡村一线教师专业上有发展，提升了广大农村学校的教学质量和教育品质。"名师"们应该责无旁贷地活跃在农村的孩子们中间，使孩子们有机会享受最优质的教育资源。

仰望星空，脚踏实地，这是名师应有的气象。课堂是名师成长航道上永远的港湾。

我向夏罗俊提出了同样的问题："你是从课堂走出来的'名师'，现在担任了学校主要领导，会不会渐渐疏离课堂与学生？"

夏罗俊想了想，一笑，认真地回答："身在校园就应该教书、一线上课、经常听课，这样才有做老师的感觉，才有教学的切身感悟，才有教学的话语权。不仅如此，我还要带头进行课堂教学改革，给一线的教师'做样子'，努力探索更好的课堂教学范式。不能挂着名师的招牌。我们需要有教学勇气，这种勇气用帕尔默的话说就是'自身认同'。应该有这样一种自信，要有'向我看齐'的勇气，要有'看我的'的底气，如果没有，自己就要反思。现在有一种怪现象，非常好的老师，评上名师后，就坐上学校官位，远离课堂。这不是名师应有的样子。我仍然坚持一线上课。"

夏校长笑着说："教数学，这可是我的看家饭碗，不能丢啊！"

据老师们介绍，夏校长一直正儿八经地上初二、初三的数学课。

　　我有这样一种感觉，小学生对单纯的计算要擅长一点，初中学生因为逻辑关系，可能会对数学比较挠头。如何解决这个问题？

　　培养学生满怀学习数学的兴趣是第一步，有了对数学的兴趣才能够用具体的技巧由浅入深处理题目。老师再从基础相同的问题出发，使学生在不知不觉中提升对数学的认知度，提高分析能力。

　　李小鑫同学是初二时从老家云南转学到西岗中学的，成绩一般，但学习很努力。好几次夏罗俊批改作业时发现，遇上单纯的计算题他还行，极少有错误。可是遇上需要运用数理逻辑思维的综合题目，他往往会产生误判。这事引起了夏校长的关切。再仔细深入了解，他发现这是初中年级一个比较普遍的现象。于是除了加上所有学生家长的微信，鼓励学生课后不懂随时提问外，他还认真地对这类题目做了点研究。如何教？如何引导？如何分析？

　　一天放假，夏校长和家人在外面有事，收到李小鑫发来的微信，求助解题。恰巧手机没电，夏校长立即赶回家，一边充电一边录视频帮助李小鑫分析解题步骤、方法，并且举一反三辅导他综合题的解题思路。

　　耐心、真诚、细致。夏罗俊把自己放在与学生坐一条凳子的角度来当老师，从来没有想过会得到怎样的回报。可是一个突如其来的场景，让夏罗俊体会到什么是回报！

　　学期中，夏校长外出培训两个星期。来上课那天，他和往常一样推开教室门。突然，班级40多名同学全体起立，一起敲响课桌并高声道："欢迎老师回来。"

　　一瞬间，夏校长心潮涌动，激动地向大家鞠躬："谢谢同学们！"

　　或许这就是老师教好学生，能获得的最高荣誉。

　　"这件事告诉了我，评定老师的标准，不是论文，不是发表文章，而是应该看他是否真实践、真思考、真总结、真教学，是否坚持站在课堂一线，直面现实问题，找到解决问题的办法。"夏罗俊若有所思地说。

　　一张西岗中学近两年的中考成绩汇报单摆在我的面前。2019年中考，西岗中学参加中考人数为65人，被省华罗庚中学录取8人，区一中录取7

人，600 分以上有 15 人，占比 23.1%，列全区第三，前 30% 占比 29.23%，列全区第四，其中唐莉同学中考成绩位列全区第 35 名，进入省华中创新班。

2020 年中考，学校参加中考人数为 60 人，被省华罗庚中学录取 6 人，市一中录取 9 人，重点中学录取占比 25%，列全区第三。学生均总分位列全区前列，其中化学均总分位列全区第一。（金坛区有 20 多所初中）

我们不是片面追求升学率，但学校的教学需要对得起孩子们。

据吴晗副校长介绍，每年初三最后一个学期都有 5 到 6 名外地学生回贵州、云南等老家参加中考，每次反馈的信息都是高分录取进入当地重点中学。

不得不说不同地域的教学质量还是有一定的差异性。

面对 58 岁的化学老师陈和祥，我有太多的问题要询问。因为西岗中学的化学课多年来所取得的成绩与他密不可分。而陈老师对我所有的提问只是淡淡一笑。

喝上一口茶，陈和祥娓娓道来："我 1985 年从东岗初中毕业，1988 年到西岗中学任教。初中文化，学历低，所以当老师后，我一直在提升学历、一直在进修学习，想方设法提升教学水平。从中专起步，先后去了教师进修学校、常州教育学院、常州师范学校，最终于 2009 年拿到苏州大学化学专业本科毕业证。那一年我非常荣幸，还在常州市农村初中化学实验操作技能大赛中获得一等奖。"

轻叹一口气，陈老师感慨道："几十年来，教学之余，论文、课题弄了一大堆，还是那句老话，功夫不负有心人。值得庆幸的是，2010 年我被评为高级教师（化学专业）。"

至今，陈和祥从事乡村教育已满三十年。2016 年陈老师获得了教育部、国家人力资源和社会保障部颁发的荣誉证书。

我好奇地问陈老师："再有几年你就要退休了，学校的化学课有接班人了吗？"

他笑了一笑，回答说："早几年前就已经开始带徒了。2009 年参加工作的居云老师已在教学中初露锋芒，2019 年获得常州市初中化学实验教学技能大赛一等奖。和 10 年前我获得的名次一样，也算是师徒传承吧！另外一位化学老师在城里一所学校交流学习。"

师资是学校的教育脊梁，师资队伍建设是办学永恒的主题。听说西岗中学为了加速青年教师的成长，在"青蓝工程"中组织了一个"教学沙龙"，有计划地安排教育行家、优秀教师参加"新课程理念""如何写课例""教育行动优秀方案展示""试卷的编制与课堂教学评估"等系列讲座。积极开展校际合作、学科研讨，还引导青年教师制定"个人成长行动计划"。很可惜，由于时间原因，我没来得及参加他们的活动。幸运的是，在调查采访中，我还是了解到李粉云等 11 位老师在市级评优课、教师基本功大奖赛中取得过优异成绩。近年学校共有 180 多篇论文获市级以上的奖项。

我和李粉云老师聊起她获奖的课程。

年轻的李老师快人快语地说："那是 2007 年 4 月的一天。学校选拔我参加金坛区初中语文评优课。我上的课是初二的《蓝蓝的威尼斯》。由于准备充分，加上长期担任语文老师，久经沙场，平时积累比较多，有点优势。结局还算不错，拿了一等奖。"

或许因为担任过班主任，所以说起外来务工人员子女的教育，李老师很有体会。她感觉，外来新市民经济状况大都不是特别好，而且这些孩子的学习态度也还需要进一步端正。许多孩子回乡参加中考，都凭成绩考上了当地的高中。

她举了一个事例说明。

她记得任初二一个班的班主任时，班上有个男学生叫戴文进，是父母四个子女中的老四。前三个都做过李老师的学生。这孩子与前三个相比，脑子不笨，但特别调皮，回家就一个劲儿玩手机。父母在工厂三班倒，没时间管他。学习成绩不稳定，时好时差。李粉云加了他父母的微信，加强家庭联系，耐心地询问他的课外生活，并督促他放下手机。接着鼓励他关心班级事务，推选他做班级生活委员，动员班级团支部成员主动和他交朋友。戴文进渐渐放下了手机，下学期他的成绩突然变好了，而且稳定。戴文进由于学习进步，关心集体，初二学期结束前被批准加入共青团。初三学业结束前，他回到老家中考，考上了贵州六盘水市最好的高中，拿到录取通知书后第一时间联系李老师，报告这一好消息。

听着听着，我渐渐感觉李老师对外来务工人员子女情有独钟。她又向我介绍一个叫喻素微的女学生。来自贵州的喻素微，家中兄妹三人，她是老二，学习状态特别好，一直是班级的学习委员、历史课代表。喻素微好学好深究，弄不懂的题目，就跑到教师办公室询问。李粉云特别喜欢这样的学生，总是不厌其烦地指导解答。有次秋学期期末考试，她的语文、英语成绩拿了金坛区第八名。那段时间，李老师心中特得意，感觉特有面子。是的，遇上这么好的学生，谁不打心眼儿里高兴呢？

和李粉云老师一样，许小玲、姚燕老师接受采访时，她们都能够如数家珍地讲述外来务工人员孩子们的学习。

湖北的王鄂群，是班主任许小玲从初一跟班到初三的学生，这个女孩子个子不高，学习能力特强，而且善于自学。不料，初三时突然患上一种非常严重的过敏性疾病，皮肤外面光滑，里面出血，面临生命危险。她被紧急送往常州治疗了整整一个月。老师们一方面担心她的身体是否能恢复，另一方面担心孩子的学业会受影响。王鄂群在治疗期间没有停下学习，拿到老师提供的讲题、考卷，和在校生一样完成。中考时，她如愿考上省华罗庚中学，之后又在金坛考上大学本科。

贵州男孩石昊立，是英语老师姚燕任初三（一）班班主任时的学生。他的父母在西岗附近的唐王街上租房住。父亲身体不好，家里全靠母亲的一点收入生活。石昊立个子高，身体瘦。姚老师通过家访了解到他家庭的情况。父母虽然没什么文化，教育孩子却很严格，从小就督促他练书法。石昊立的学习能力很强，每次考试都是班级第一。姚老师很自豪地告诉我："我带的石昊立这个班，有一次总成绩考了全区初三第一。"石昊立同学也是西岗中学第一个经自主招生进了省华罗庚中学的人。这份荣誉载入了学校的校史。

姚燕老师说："家贫出孝子，清贫出高才。这句至理名言，多年来在外来务工人员的子女身上得到了充分体现。"

老师们心花怒放地提起学生，却很少讲自己为教学所付出的许多精力、时间，大多介绍孩子们的天赋。可从他们讲述的眉宇间、神态中、表情里，我还是清清楚楚地感受到他们对学生的那份责任与关爱，甚至一个动作、一个手势无不显现出师道的无私奉献。

是的，即便我了解到体育老师欧阳鹏于 2016 年获得金坛区全民终身学习活动"学习之星"、常州市红领巾读书征文比赛"优秀指导老师"、2018年"学习型家庭"荣誉称号时，他依然很谦虚地对我说："别写我。学生们比我优秀。"

接着他递给我一纸证书。这是 2016 年初三学生梅欣玥撰写的《书籍伴我成长》一文，在常州市文广局、教育局、江苏省文化厅开展的全省红领巾读书征文评奖活动中荣获一等奖的证书。

我关注到校园走廊里的另一道风景。

这是校园走廊墙上张贴的"中流砥柱星光璀耀——班主任风采"介绍：

——七（2）班班主任韩妍。曾获得江苏省"五四杯"初中青年教师微课评选二等奖、金坛区初中地理基本功竞赛二等奖。她的座右铭：爱与尊重是教育的出发点。

——八（2）班班主任陆华。多篇教育教学论文发表于国家级、省级报刊。多次在校级及片区范围上交流课、评优课，获得好评。她的座右铭：每一个不曾起舞的日子，都是对生命的辜负。

——九（2）班班主任王欢。参加基本功大赛、评优课竞赛荣获二等奖、素养比赛一等奖。2018 年获江苏省微课评比一等奖。她的座右铭：越努力越幸运。努力，让梦想成为可能。

——九（1）班班主任李粉云。中小学语文高级教师、常州市优秀班主任、金坛区优秀教育工作者。工作 26 年担任了 20 年班主任，培养了一届又一届优秀的毕业生，所带的班级多次被评为常州市、金坛区优秀班集体。她的座右铭：一滴水就是一个海洋，一个孩子就是一个世界。

——八（1）班班主任王丽丽。中小学一级教师，任教物理学科，教学风格活泼、亲切、深情、细腻。用"爱满天下"的教育理念，用心呵护每一个孩子。她的座右铭：对学生少一点指责，多一点鼓励；少一点叹息，多一点关心；少一点抱怨，多一点苦干；少一点随意，多一点认真。给学生多了一分可爱，生活便多一分阳光。

——七（1）班班主任姚燕。从教18年，担任班主任15年。所带班级三次被评为常州市先进集体、多次被评为金坛区先进班级集体。个人先后获得常州市优秀共产党员、金坛区优秀教育工作者、金坛区优秀班主任等荣誉称号。

……

还有很多这样让人交口称赞的老师，局限于篇幅，我无法一一列举。

然而，每一朵鲜花盛开的背后，必然有一个辛勤的园丁。浇灌、施肥、修枝、松土，每时每刻老师们都牵挂着自己的学生。他们为学校和区域教育已经或者还在作出贡献。老师的教学永远在路上，永远有方向。对学生，始终微笑着，态度很温和；对成绩，努力加机遇，始终不满足。向着前方，向着未来，永无止境，止于至善。面对当今世间的种种浮躁，面对社会方方面面的质疑诱惑，老师们也在不断地反省，但是"传道授业、学为人师"是必须守住的底线，必须记住的常识，不懈前行，不断完善，才能无愧于教师这一职业，无愧于"自醒"的红色基因。

校园内的歌声随风响起，一片丹心沉静如水，不动声色地凝聚成万千色彩和无穷魅力。

从西岗中学"学生风采"墙上，我看到一群活泼可爱的学生，他们是每学期的"三好学生"和优秀学生干部，不妨听听他们发自内心的快乐的话语。

我叫李佳赟。我的性格比较开朗，喜欢广交朋友。我的兴趣爱好是听相声和京剧，也喜欢读书。

我叫刘毅衡。我平时喜欢通过读课外书、看电影来增长自己的知识面。通过去公园打篮球、踢足球来增强体魄，通过欣赏美景来陶冶我的情操。

我是舒芸。阅读和听歌可以帮助我在闲余时间放松、休息。我很喜欢旅游，在田埂上、平原上、山丘上漫步或者在人群中默默欣赏各类风景是十分有趣的。我也有自己独特的一套学习方式，上课认真听，该玩就玩，考试时用心即可。我的座右铭是"冲刺吧，少年"。

我叫涂正杰。空余的时间，我喜欢独自骑车在林间穿梭。有时我会在家里静静地看书，这也是我的一大乐趣。我会给自己制定学习计划和目标，鼓励自己，会让我更有动力。我将用手中的笔，书写明天的辉煌。

我是八年级（1）班的张苗苗。我是一个乐于学习、积极向上的女孩。诗朗诵、写作、看书是我课后最喜欢的事情。我现在的目标是努力学习，考取自己理想的学校。

我是周顺丹。我是一个乐观、积极的女孩。我兴趣广泛，如读书、听音乐等。其中，我最爱书法，书法可以陶冶我的情操，丰富我的精神世界，更能锻炼我的耐心与毅力。

我叫陈锦轩。一直担任班上的班干部，爱钻研，求知欲强烈，各门功课都努力学好，连续几年来我的学习成绩一直保持在年级前列。我每年都被评为三好学生。我需要一个更广阔的空间来展示自己的能力，所以我很乐于为大家服务，我知道，一花独放不是春，万紫千红春满园。

我是陈晓艺。作为一名班长，我处处严格要求自己，以身作则，积极协助老师做好班级工作，是老师得力的小助手。我热爱集体、关心同学，只要同学有困难，我都会主动地伸出援助之手。在学习上，我勤奋刻苦。我把学习当作一件快乐的事，做事有始有终，精益求精。

我的名字叫程梦，是八年级（2）班的英语、政治课代表。对待学习，我一丝不苟，严谨认真，是老师们心目中的好学生。我想说，给我一个支点，我可以撬起一个地球！

我叫单晓磊，是一名幽默阳光的男孩。我喜欢打篮球、下象棋。在学校里，我是一个让老师既头疼又喜爱的学生。我特别喜欢数学，在课堂上，我积极思考，在课后，我与同学激烈地讨论。我始终不懈怠，我们要担负起祖国赋予我们的重担，从小培养过硬本领。

我是刘乐，是西岗中学八年级（2）班的学生。无论学生会还是班级里，每天都洋溢着我开心、愉快的笑声，我用笑容去感染我身边的每一个同学。

我是马昌裕。在老师的教育和父母的关心下，我养成了良好的学习习惯。学习专心，勤学善思，不懂就问，常主动与老师、同学交流学习心得，从中获得了很大的进步。

我叫喻阳。我喜欢与同学相处，喜欢交朋友，所以当我遇到困难时，常常有许多人帮我。我尤其喜欢打篮球和看关于地理、历史的书。活泼开朗是我的本性。无论遇到什么事，我都会以乐观的平常心去对待，我想这是我最大的优点。进入初中，我逐渐明白了什么是责任。对自己的言行负责任，对班级、对老师和对父母负责任，逐步成长为一名富有责任心的初中生。

……我是程英乐、我是邵俊湘、我是杨千雅、我叫汪雅婷、我是涂方涛、我是曹洁、我是冯璐……聂海海、周春、喻徽、王欣怡、殷婷婷、顾子豪……太多太多的优秀学生，我感觉用文字来记述已经略显累赘。

无数次享受阳光沐浴成长起来的孩子们，少年鲜活的彩色生命，仿佛刚刚张开翅膀准备腾飞，将奇迹般的青春的梦想活力融入理想。

最后一次采访告一段落，我拿着从吴校长那里借来的西岗中学 2006 年 2 月编写的一本《西岗 唐王人民革命斗争故事选》校本教材，漫步走出"自醒"教学大楼，再回过身注视，强力的光线照耀大楼，我感觉这幢楼已不仅仅是一座建筑，似乎更像是浸润了厚重气息的丰碑，承载着跨越了千山万水而至的历史。

一抹浓浓的、美好的色彩正从地平线下冒出来，渐渐铺满大地。

第五章　桃李芬芳在西旸

有人这样总结金坛乡村的春景：三月看长荡湖水，四月赏上阮樱花，五月观茅山艳阳。

那么春天的校园景色在哪里？

西旸小学的老师们自豪地说："在我们这里啊！"

我相信，校园一定是一片桃李芬芳。

2021 年的 5 月，我一次又一次地来到西旸小学。这是茅山老区距离金坛城区最远的学校，也是乡镇西北角最偏远的农村学校，开车需要近一个小时才能到达。

我们生活中最重要的人除了亲人就是老师。在成长的路上，老师的影响无处不在，老师的人格魅力无处不在。是老师们用青春年华培育了学生，年复一年地操劳关爱，头发苍白了也不求回报。

"桃李满天下"这句话最早应该出自武则天。当年一代名相狄仁杰门下弟子颇多，武则天用"天下桃李，悉在公门矣"来称赞他。但真正让这句话耳熟能详的还是唐朝诗人白居易。白先生在《奉和令公绿野堂种花》一诗中这样表达："绿野堂开占物华，路人指道令公家。令公桃李满天下，何用堂前更种花。"特别是后一句"令公桃李满天下，何用堂前更种花"指出对方桃李满天下，品德高尚，芳名远播，又怎么需要外在的饰物来装扮呢？与上一句组合，有虚有实的双关语，正与教师的美德相呼应。

话题是从丁网青校长的介绍开始的："别看我们是偏远的小学，教育系统的有些领导还是从这里走出去的。"

不愧为江苏省"绿色学校"。

碧苑、长廊、荷池景观与竹、莲、桃等植物相映成趣，一花一草、一亭一阁，占地面积 16141 平方米的西旸小学校园确实很美。这也充分体现了一花一世界、一草一精神，无形中应合了学校"苔花如米小，也学牡丹开"的办学理念。

丁校长掰着手指如数家珍地告诉我："这几年学校陆陆续续培养出数学老师王瑾（全国优秀教师、金坛区'王瑾名师工作室'领衔人物，获得过江苏省教师基本功大赛一等奖）、语文老师史艳萍（在常州市语文课优质课现场评比、常州市学科基本功大赛中两次荣获一等奖）、语文老师倪云志（在'一师一优课'评选中获省级优质奖）、体育老师王骏（常州市骨干教师、常州市优秀教师跟岗锻炼成员，获中国足协 D 级教练员资格）、数学老师纪佩桦（获 2021 年常州市小学数学基本功一等奖、'常州市学科带头人'称号）、数学老师程风（获区小学数学新教师教材解读单项比赛一等奖、区数学学科基本功大赛获二等奖）、综合实践老师吴平（获得过区综合实践课一等奖、常州市二等奖）、英语老师潘宏伟（获区英语青年教师四项技能竞赛二等奖）……客观上乡村学校不断萎缩，生源逐渐减少，小班化成为新趋势；城区规模扩大，新学校建设需要，以及开展学科需要，近几年西旸小学先后有 11 位老师被选拔调入西城小学、良常小学、实验学校、华城小学。"

我接过话头，笑着说："恐怕这就是对西旸小学桃李芬芳最有力的注解。"

"是这个道理。"已经有着 30 多年教龄的丁校长，点头同意我的说法。

接着，他嘴角一扬，乐呵呵地说："其实，我也是从朱林小学、西岗小学一路调动过来的。"

是的，丁网青 1991 年 8 月从武进师范毕业，分配到朱林中心小学，28 岁那年担任副校长。36 岁时在西岗小学任副校长，一学期后转正。10 年后，也就是 2018 年调至西旸小学任校长，这一年他 46 岁。

党组织在 2020 年 11 月 11 日对他的评价是：先后在茅山革命老区三所学校任教，爱岗敬业、坚守农村教育，为党育人、为国育才。

他自 2005 年被评为"金坛第三批小学语文学科带头人"到 2013 年、2014 年连续两次获金坛人民政府嘉奖。用丁网青自己的话说："我把整个青春都献给老区教育事业了。"2020 年年底，因为丁网青的学历学位、思想素质、道德品质、办学思想、学校管理、教育教学、师资建设、办学实绩、社会影响等条件符合要求，被评为"常州市中小学骨干校长"。一个荣誉的取得，自然流淌过汗水，有过一定的付出。并且，作为一校之长，其办学理念会深深地影响着整个学校。

纵观西旸小学一百多年薪火传承的校史历程，我发现"有教无类"的办学理念一以贯之。这也是身为校长的丁网青与我交流时话语间多次提及的。

他觉得一所学校不可没有精神。清华之所以扬名中外，得益于它的"自强不息、厚德载物"，得益于它深厚的文化积淀。精神可以使人执着，引领人到达胜利的彼岸；文化可以给人以养分，影响人一生的成长。北京大兴小学校长的成功源于他的"自信与不断探究"。

丁网青初到西旸小学就开始自省：学校的核心精神是什么？先进与传统文化的碰撞是否能够在继承中发扬光大？作为学校的带头人，他静心思考过许多个日日夜夜，与老师们交心的同时，也在审视学校的精神文化、审视学校的出路。

西旸小学 170 多名学生，有一半是来自全国各地务工人员的子女。学校秉承"有教无类"的经典理念，不管学生从哪里来，"来之不拒""爱无差别"，共同点燃"给童年着色，为幸福奠基"的火花。

同样是 5 月，2019 年的 5 月，西旸小学开展了"五月的西小，数学梦开始的地方"活动。

程风老师向我描述了当时的场景：

为了让学生充分感受数学的魅力，享受数学学习的乐趣，西旸小学开展了数学文化月活动，搭建数学文化平台，展示数学文化魅力，渲染学校的数学氛围，激发学生学习数学的兴趣。数学文化节开始后，全校便积极投入开展了各项数学活动，活动围绕"我是小小设计师""'百题无错'计算比赛""数学游戏我会玩""'西旸杯'数学竞赛""珠心算大作战""思维世无双"六大活动板块展开，覆盖了全校学生，做到了让每一个孩子都参与其中，让每一个孩子都乐在其中！在数学文化节接近尾声的时候，西旸小学的孩子们用那一个月的感悟和收获，给大家呈现了一出美好的汇报展演。他们展示了不一样的数学思维，从低年级的数学画到中高年级的数学小报、思维导图，最后自己设计了不一样的数学图标，这展现了孩子们数学思维发散的过程。在各项数学竞赛中，看到孩子们努力向上的模样，那一刻大家坚信，这样的活动是值得的，学生也乐于参与、乐于拼搏！除了传统的数学学习，可爱的孩子们还告诉我们，数学可以不一样！

西旸小学虽小，学生虽少，但他们用自己对数学的热爱丰富了数学文化节的每一项活动，也让大家感受到了学校对数学的重视，就像雏鹰对飞翔的执着！所以，学校领导与同事都建议我采访一下数学老师纪佩桦。

端庄文弱的纪老师一开口，我便好奇地问："听口音，你不是山里人？"

她腼腆一笑，回答："我家是南面原来的岸头乡小坵村。"

"那过来可要穿过整个金坛区啦！"

"是的。"

"这么远，你怎么会选择到西旸小学？"

纪老师解释道："2012年，我从南京晓庄师范小学教育专业毕业回到金坛。当年金坛有6个小学需要数学老师，共7个人待分配。前面一个人选号后放弃，我变成第6个，也就是最后一个选号。主持人告知我，没得选了，最后还剩下西旸小学。我就这样来到西旸。之前我从没来过茅山老区，初次到这里还觉得很陌生。虽然都是农村，但是山区和圩区还是有许多不一样。还好，我和学校的同事们都很合得来。特别是2017年与全国优秀教师王瑾结对师徒后，以她为榜样，学到了许多难能可贵的经验。"

学校为了引领青年教师健康成长，近年来成立了"导师团"。骨干老师与新教师"一对一"牵手，从学习、思考、研究、实践的角度，力求新教师一年站稳讲台、二年初露头角、三年成为新秀。另外组织"青年教师成长团"，吸纳12名青年教师，开展"八个一"专项研训活动。

纪佩桦老师便在雨露滋润下，初露尖芽。2021年10月26日，江苏省青年教师基本功比赛（小学数学）在苏州举行，纪佩桦不负众望，经过"即兴演讲、粉笔字、学科常识、教育理念、教学设计、课堂教学"几个环节，从39位参赛的优秀小学数学青年教师中，凭借扎实的功底、良好的心理素质和出色的发挥，勇拔头筹，荣获一等奖。

进入西旸集镇有三条路，西旸小学位于集镇东头。去西旸小学次数多了，我已经很熟悉路，知道从东头国道进入是一条捷径。5月25日，为了赶时间，按时到达学校旁听纪佩桦老师上午第二节数学课，我很机智地走了捷径。

这是一年级的数学课"认识大于1元的人民币"。纪老师从1元开始讲演，进而一直讲到100元，辅导学生看面值、看单位，认识数字的大小、多少。进而还给学生讲了人民币背面的各种图案知识，比如（伍圆）五岳之一的泰山、（拾圆）长江三峡、（贰拾元）桂林山水、（伍拾元）布达拉宫。通过触摸、观察，了解人民币的防伪标识；通过认识人民币，使学生学会人民币的换算，更好地掌握币值关系。课堂气氛被纪老师调动得非常活跃，学生争先恐后举手发言。当然也有发言错误的学生，纪老师便再一次讲解，并让其他学生来纠正错误。40分钟后，一堂课结束，我与孩子们做了简短的交流。

我问一个小个子的男孩："你听懂了吗?"

孩子点点头。

"回家后会用钱吗?"

孩子笑着说："家里打酱油、买盐，都是我去。"

"现在不都是用手机支付了吗?"

"我们没有手机。爸爸妈妈还是给人民币。"

"是金坛人吗?"

孩子摇摇头："老家在云南昭通。"

负责学校人事考核的徐金华老师曾向我介绍过：纪佩桦 2020 年被评为常州市优秀教育工作者。

课后，我和纪老师聊起了小学数学的教学方法。

纪老师说："小学阶段必须使学生掌握数量关系。我们从一年级就注重提高学生解决简单实际问题的能力，有意识地培养他们分析问题的能力。"

停顿思考了一下，接着她举例说："比如用'原来有 10 根木头，大象搬走了 3 根，还剩多少根？'引导学生思考，怎么求还剩多少根呢？为了更好地让学生理解它们的关系，我常常会将问题背景转化成他们熟悉的生活情境。比如这一题我会这样引导有分析困难的学生思考：'你原来有一包糖，吃掉了一些，怎么知道你还剩多少呢？'学生对这样的生活情境能很快反应过来。借助这样的经验再回到题目中进行分析解答，学生就更好理解了。这个过程也不知不觉培养了学生分析数量关系的能力，逐步提高了学生解决问题的能力。"

一条河流无论多长，终究有水之源头；一粒种子的生长，终究需要充足的养分。

纪老师不断地成长，少不得自身刻苦的努力。但她还是很谦虚，建议我采访她师父王瑾。同样，学校领导也向我提出这样的想法。

经过徐金华老师的预约，5 月 28 日下午我和王瑾老师进行了面聊。

没见面前，我猜想王瑾老师应该很严谨、不苟言笑。可见到王老师本人，我立刻打消了之前的想法。因为我发现她是一个很爽快、开朗的女教师。

"西旸小学丁校长是我在朱林读小学时的老师。"王瑾的第一句话，曝出一个我不知道的秘密。在西旸小学采访了那么多人，包括丁网青本人，没有谁和我提到这事。

我惊讶地追问了一句："多好的缘分，真的吗？"

"是的。1992 年我读小学一年级，四年级时学校开写字课，丁校长那时教我们书法。当时朱林小学应该是全金坛最早开写字课的学校，丁老师是最早的写字辅导老师。"事后，我查了有关资料，1998 年 5 月，全国书法联合会、华东协作组考察写字实验区，丁网青作为当时唯一的乡村教师，代表金坛上了一堂书法公开课。因为之前他获得过书法选拔课一等奖。

2006 年王瑾从常州师范毕业（后升入福建师范大学本科），第一站就是茅麓小学，与同事周海燕一起教数学。10 年后，2015 年 9 月调任西旸小学副校长，仍然教数学。

王瑾老师深情地说："我是老区的孩子，喝老区的水、吃老区的饭长大。从踏上讲台的第一天起，我就下了决心，要用一颗博爱之心去温暖一个又一个、一批又一批的孩子。无论是外来的孩子还是本土的孩子，我一视同仁，给他们更多的关爱。"

最初几年她比较看重怎么提高自身的教学能力，但随着时间的推移以及个人教学意识的改变，特别是经过几次家访，她感觉农村学校老师应该把视角更多地放到孩子们身上，要让孩子们有更好的学习状态、更好的学习方式。至此，她在心里立下目标，要通过不断开拓阅读面，积极参加各类市级培训班、远程培训班，在实际提升自己专业素养的同时，利用课堂有限的教学时间教书育人。并时时告诫自己，教学必须付出千百倍的努力，靠自身的真本事、真实力，不可以"半桶水晃荡""没有金刚钻难揽瓷器活"。有一次和薛埠中心学校领导聊天，领导无意间提出："王老师，你一直在研究数学教学，能不能把你的体会通过师徒方式进行传播啊？"

王瑾想了一下，回答道："好啊，多几个同事交流最好，大家可以共同提高。"

"一个人可以走得很快，但一群人可以走得更远。"于是，王瑾老师2016 年正式带徒，与薛埠镇罗村、薛埠、茅麓、花山等 5 所小学的 13 名数学老师结成师徒关系，之后这一模式又扩展到其他乡镇学校，参与人员增加到 23 名。

不久，她结合山区孩子们的学习现状，提出"基于儿童视角实施数学过程教学"的理念。2016 年 6 月由王瑾老师领头，核心成员王平、张丽、纪佩桦、程风、李伟、张扬、周海燕、陈琳、印琴芳等一批 40 周岁以下的年轻教师组成课题组，开始这一理念的课例研究，并申报常州市"十三五"立项。核心成员均在农村学校教学，分布于6所不同的学校。其中2人是学科主任、2人是数学教研组长。经过三年的课题研究，核心成员中有1名成为常州市学科带头人、2名成为常州市骨干教师、1名成为常州市教坛新秀。课题研究期间，课题组有21篇课题论文或文案发表于省、市级期刊（报刊），30篇课题论文获常州市、金坛区小数年会论文评比、金坛区教育学会论文评比、金坛区教海探航论文评比一、二等奖。课题研究期间，有10人承担了省级展示观摩课；参加市区级基本功、评优课、单项技能等比赛的人中，有多人获得一、二等奖。特别是"儿童+过程"研究团队，在2018年金坛区"草根工作室"评比中，被评为一等奖。

《基于儿童视角实施数学"过程教学"的研究》到了2020年5月，已经从"课例"（于2019年6月结题）研究提升到"策略"研究。整个"策略研究"分三个阶段，到2022年6月结题。为了真实地了解这到底是一项什么内容的研究？我特地请王瑾老师将课例研究结题报告、策略研究中期研究报告发给我，共25000多字，认认真真地拜读了。

课题没那么深奥，很通俗，不妨节选一部分，让我们从比较专业的角度进行深度了解。

有人这样说过："儿童学习数学时面临的最大问题在于，他们感受不到学习数学的快乐。我们常常以成人的眼光审视严谨、系统的数学，并以自己多年来习惯了的方式将数学'成人化'地呈现在孩子们的面前，对孩子的奇思妙想、异想天开并不在意，还忽视了儿童的心理特点和已有的数学活动经验。"因此，我们从儿童视角出发，通过对数学课堂进行过程教学设计，丰富数学教学的过程，增强数学课堂的教学效果，发展学生的数学思维能力，形成实施数学过程教学的一般策略。

通过研究，转变教师、学生的教与学方式，真正理解"儿童视角""过程教学"的核心理念以及内涵价值，形成儿童为本、实施过程教学的教学理念。通过研究，让学生在学习数学的过程中体验数学真谛，从而真正地喜欢数学，在学习中感受成功；培养学生的观察、比较、分析等综合能力，拓宽学生的数学视野，增强学生的数学思维，积累数学活动经验，内化为数学核心素养。通过研究，提升教师深入解读教材的能力，开阔教师的视野，转化教师的教学理念与教学行为，培养一批善于自学，并会独立思考的孩子的同时，造就一批善于学习、勤于研究、敢于创新，有自己教学思想的教师团队。通过研究，形成"过程教学"的评价体系，通过显性与隐性的评价机制，强化教师对"儿童视角""过程教学"的认知与实施，加速学生数学素养的提升。在课题研究过程中，根据不同年龄段及当前数学教材"数与代数""图形与几何""统计与概率""综合与实践"这四大领域内容，对老师们普遍感到重要的或有难点的内容进行集中分析与研究，形成一些较为典型（核心）的教学过程一体化设计，为"过程教学"的教学实践提供一定的范例与操作模式以及指导策略，让本课题研究成果在一定层面上起到辐射作用。

……

此刻，我在电脑前坐着，停止滚动鼠标，一动不动，生怕弄出响声，会惊扰内心的安宁。

我为老师们的敬业精神所惊叹、感叹。要知道，这些课题出自偏僻乡村的老师之手；要知道，这些课题的产生是基于她们日积月累的体会；要知道，从开题到结题需要耗费好几年的业余时间，需要无数的辛勤投入。（注：2021年9月王瑾调任五叶小学副校长，主持工作。）

窗外透入的光线打在布帘上。我与文字对视着。屏住呼吸也难以减小心脏因激动跳跃而发出的"咚咚"声，如鼓点，低沉、密集。

当我面对语文老师倪云志时，这种对小学数学课题研究的心跳感觉依旧没能平静。

采访倪云志，是我在制定采访提纲时，教育系统的朋友提出的建议。大家异口同声地说："他，不容易。"

倪云志老师和我面对面交流时，我暗暗观察，他左右手局促不安地、不停地卷自己衬衣的袖子，看得出来，是个厚道人。1996年倪云志从武进师范毕业，一直在西旸小学兢兢业业教语文，做了14年班主任。2003年，

27 岁的他与同学校的语文老师史艳萍谈恋爱、结婚。不料，爱人 2017 年暑期查出乳腺癌，顿时打乱了原本很有规律的工作生活学习节奏。平常在学校正常上课，利用休息日陪爱人一次又一次地去南京等地的医院治疗、做手术、开处方、换药。说到这个话题，他感叹："好在上初中的孩子有双方父母轮流照看，不然这个家手足无措了。"这一年，倪老师带五年级。班上有个外地转来的学生许一鹏，学习懒散、写字马虎、作业随意，最麻烦的是，他没有自我阅读习惯，而且个性特别敏感。孩子随母亲改嫁到西旸，日常生活与奶奶在一起。发现孩子的问题后，倪老师想了许多办法，和家长沟通、批评教育、同学帮助，效果一直不太理想。有一次，班上语文课代表脚骨折，不能到校。倪老师急中生智，在课堂上征求全班同学意见，谁主动来收语文作业本？顿时有好几个同学举手。倪老师眼睛瞄着许一鹏，他也举手了。于是倪老师大声说："老师同意让许一鹏来负责收语文作业本，大家有意见吗？"孩子们见老师这样说，便一起鼓掌同意。

一个小小的任务，无形中增强了孩子自觉的责任感。许一鹏自从负责收语文作业本后，上课顿时规矩了，作业也认真做，还常常把学生作业情况写在小纸条上，交给老师。但这种热情没有持续多久，许一鹏渐渐感觉没意思，和老师提出来不想再收作业本。倪老师没有立即答复他，而是把班长和许一鹏叫到办公室，说："小许每天收作业本跑来跑去，很辛苦很负责，也很单调，有时还要被其他学生冷言冷语地嘲笑。这些老师都知道，今天我要先表扬许一鹏最近的良好表现。"

接着又转向班长："你说，最近小许的表现是不是比以前进步了许多。"

班长忙点头："确实有进步。以前不怎么做作业，现在天天按时完成作业。上课不再趴课桌上了。我们班干部都看在眼里。大家很高兴。"

倪老师又说："教室在 3 楼，老师办公室在 1 楼，每天捧着练习册上上下下，对男子汉是很好的锻炼。你能坚持下来就是胜利。下一步可以组织几个学生编成一个收作业本的小组，由许一鹏负责安排，每天轮流值日。"

许一鹏听到这里，脸上露出羞涩的笑容。点点头，继续执行任务。

事后，倪老师给了小许一本练习册，专门记录学生每天的作业完成情况。

老师一个温暖的举动，不经意间帮助一个学生实现了转变。

倪老师告诉我，刚刚结束的期中考试（4月29日），小许的语文成绩从原先的勉强及格提高到89分。这是不小的跨越。

我与丁网青、徐金华、王瑾、纪佩桦、吴平、康振等老师们交谈时，感觉他们都有一个共同的心愿："传道授业解惑"。

许多学生甚至家长常常会为老师不经意间的暖心举动而感动。王瑾老师和我说过这样一件事。有一年，她突然收到做老师时的第一届（2006年）学生李小庭（外来务工人员子女）发来的微信。他告诉老师，他大学毕业后分配到上海工作。这几天辗转反侧，思来想去，要对王老师说说心里话。当年小学老师的严格教学，为他打下了良好的学习基础，这么多年来时时刻刻都没忘记老师的教诲。虽然他是外地人，可在他心中，金坛就是他的故乡。

学生陶苏怀目前已上初中，他父亲有一天突然发微信给王瑾老师，感谢她小学阶段对儿子的关怀。儿子进入初中不久，突然有一天班上老师问："你的数学是谁教的？基本功很扎实啊！"

没几天，学生自己发来微信，表达对老师的敬意。

王瑾老师说："这个学生语文英语一般，对数学特别有灵性，特别有天赋。平时我就有意识地进行一些引导。如果，单论他的数学成绩，不仅在西旸小学年级中名列前茅，即便在茅山老区几所学校中也是佼佼者。"

此刻，上午课间操的音乐响起。

我站在校园看着孩子们纷纷走出教室，每人夹着一只足球，盘球、滚球、颠球……一年级到六年级，每个学生都非常娴熟地玩足球。

其实，对西旸小学最初的印象就是有人向我介绍过，它是常州市著名的乡村足球学校。学校自2011年尝试开展足球项目以来，踏踏实实，一步一个脚印，经过多年的摸索和努力，逐渐形成了具有一定影响力的"阳光足球"新特色。学校办学规模虽小，但各项工作均能扎实有效地开展，校足球队每年参加金坛区级比赛都能获得优异成绩，并多次代表金坛区参加常州市级足球比赛。2014年男女队双双获常州市中小学足球比赛冠军。2015年女子队获区冠军、男子队获亚军。2016年金坛小学生足球比赛男女队均获冠军。2017年男子队蝉联冠军，2018年男女队再次获得区冠军。学校先后被评为"常州市校园足球试点校""常州市校园足球布点校""全国青少年校园足球特色学校"。

学校师生对"阳光足球"的开展态度如何；校园足球氛围是否浓厚；学生参与足球运动有什么收获；校园足球文化建设如何进一步开展……针对这一系列问题，2016年2月，吴平老师以综合实践课的形式，以"踢球的孩子更阳光"为主题对学校足球发展现状展开了问卷调查。

西旸小学当年有学生200余人，那次问卷调查随机抽取了50%的学生填写问卷，虽非全面调查，但在一定程度上也能反映总体情况。通过对回收的100份调查问卷进行统计分析，发现"阳光足球"已逐步成为学校的特色项目，总体上正健康蓬勃地向上发展，当然也不可避免地存在一些小问题。结合理论知识，联系调查结果，得出了以下分析结果：

1. 关于学校师生对开展"阳光足球"的态度。绝大多数学生是喜欢足球并愿意参加足球运动的，而少部分其他学科老师或家长之所以有顾虑，就在于担心足球训练会影响学生文化课的学习，而统计结果表明80%以上的学生认为只要合理安排时间，不会造成什么负面影响。

2. 关于足球运动在我校实施的普及率。在调查中发现，88%的学生都能在自己班上发现"足球小明星"，一半以上的班级已经有自己的足球队，还有几个班正在组建。考虑到一、二年级组建足球队的难度，这个比例已经非常高了。同时，学生们在清晨、早操、大课间、放学后、体育课上等多个时间段都可以看到或参与学校的足球队训练，可见"阳光足球"运动在学校正风风火火地开展着。

3. 关于足球运动对学生的影响。统计数据表明90%以上的学生对学校足球队取得的一系列成绩感到自豪，93%的学生喜欢校园里的足球文化布置，对学校开展的各项足球活动85%的学生表示喜欢。可见"阳光足球"正潜移默化影响着学生，就算有些学生不是足球运动员，但是学校依然能给他带来幸福感和归属感，参与调查的 91% 的学生希望学校的足球运动继续发展下去。

4. 关于发现的问题。学校围绕足球开展的各项活动，有 14% 的学生表示有的喜欢有的不喜欢，因此在活动的多样性和趣味性上还应有所丰富和提高；在"学校的足球训练在哪些方面还要继续改善"这一问题上竟然有 58% 的学生选择"无须改善"，这一方面肯定了学校足球训练取得的成绩，另一方面也表明了很多学生对足球参与、了解得还不够。我校是一所地处偏远的农村小学，在场地器材、运动装备、专业足球教练等很多方面其实都还要进一步改善。

对于规模小的农村小学而言，能够多次取得常州市、金坛区的男、女足冠军是一件不容易的事，这是孩子们用辛勤的汗水，刻苦训练，团结拼搏，互帮互助换来的成绩，学校在未来会一如既往地坚持发展足球特色。

除了足球，西旸小学的乡村少年宫还结合乡土资源，给孩子们开设了泥塑、钻石画等十个活动项目，让孩子们乐在其中，让山区孩子健康地生活，快乐地学习，让教育之花精彩绽放。

比如，由美术老师康振主导的乡村少年宫活动。

我趁康振老师课间空隙，采访了他。

康振老师："我是金坛东面的汤庄人。2009 年从江苏教育学院美术学院毕业，分配到西旸小学。听学校老师们说，我是学校有史以来第一个正宗美术师范专业生。当年学校曹国强校长建议我，能不能把西旸当地的泥土用起来？我便天天打听，偶然有次听学生家长说，西旸西面山里的本达村挖泥做砖，那个土好，黏性大。2011 年 4 月，虽然开春，但山区还是天寒地冻。我便寻过去。感觉泥土黏性确实大，含铁成分高，是做泥塑的好材料。我装了 3 袋土，拿到学校晒干，敲碎，再用水浸润，然后用手搅拌、摔打、砸块。"

我打断他，问："没有搅拌机器？"

"没有，只有用手搅拌。"

"你的手吃得消？"

"还好，男子汉嘛，手臂有力。就是会因此有裂口，痛得直咬牙。"

他继续说："我不是泥塑专业的，如何给孩子们上课，如何准备教材，这个还得拜师学习。我找到河滨小学的薛冬平老师，拜他为师。结合美术课程教学。第一次教学生做了乌篷船，大家很高兴。之后学校投入了一些资金，买了圆桌、锤子、刀、滚子、拉坯机、电窑，还网购了彩泥。陆陆续续有 3 万多元。"

"有多少学生参与这项活动？"我好奇地问。

2011 年至今，有 300 多名学生参与了。有些男孩平时很调皮，可到了泥塑班变安静了。五年级的贡献平来自湖北，任课老师反映他上课不认真、捣乱，比较难管。来泥塑班前有人提醒过康老师。康老师一开始真的有点提心吊胆，因为泥塑要用到刀、锤子，期盼千万别出事。可上了一次泥塑课，这孩子开始变安静了，动手能力特别强，尤其对立体的东西感兴趣，往往不按照老师的布置完成，而是自己创新。康振老师发现这孩子做出来的东西有特点，允许他自由发挥。

我不解地问道："这样能够符合你的教学内容？"

"没事，小学阶段就应该提倡'玩中学、学中玩'。孩子们有点艺术爱好是好事。"

2018 年，西旸小学泥塑课程校本教材《泥塑纵情》在金坛区综合实践活动校本化实施教材评比中荣获二等奖。2020 年 12 月，在常州市乡村学校少年宫优秀校本课程展示中，西旸小学的泥塑获得好评，康老师获得优秀辅导员荣誉。

又一次在校园行走，仿佛行走就能产生幻美，产生对事物的敏感。真实的生活不是猜度、不是对垒，真实的生活是在明月朗照下的清清白白。

行走间，我遇见了 2021 年第一批"新时代常州好少年"之一、六年级学生吴思语。她来自安徽铜陵，四岁随父母到西旸，父亲常年在外打工，母亲患有精神疾病，从小和姑姑一起生活，缺乏同龄孩子该有的家庭温暖，但她没有消沉，而是积极向上，助人为乐，乐观学习，严格要求自己。我问她的同学："吴思语平时表现怎么样？"孩子们回答我："她很乐于帮助人。有一回，有同学忘了戴红领巾，她从书包里拿出一根送给同学。"又有学生说："星期天她常常去敬老院陪伴老人，为他们扫地、抹桌子。"旁边一个同学抢着说："她还用节省下的零花钱买水果送去。"班主任告诉我："这个孩子心怀朝阳。她常说，她爱她的父母。为了不辜负父母的养育，她一定要努力学习。"吴思语各科成绩均名列前茅，连续多年被学校评为"阳光少年"。

行走间，我看见了"江苏好少年"王琴、"龙城好少年"周玲粤，我还看见常州市"劳动实践优秀学生"蒋宗天以及冉波、戴彦成，他们是西旸小学培养出来的一代骄子。不久，他们将告别小学，跨入初中门槛。即便走得再远，孩子们也很难忘记老师多年来的谆谆寄语。

行走间，我发现西旸小学在岁月砥砺中，老师们闪闪发光的精神风骨。

班主任徐桂花："用无尽的爱工作，追求最博大的爱，一定能收获学生无价的爱。"

班主任葛平："孩子们，现在起，让我牵着你们的手，从知识的山脚出发，去感受温暖的阳光、甘甜的雨露。望你们能一路攀登，在学习中体会知识的神奇和世界的奇妙。"

班主任谈露："亲爱的孩子，请让我牵住你的小手。记住，别害怕学习生活中遇上的挫折，老师的鼓励和安慰将一直伴随你。"

……

第六章　花山的山花烂漫

花山。多美的地名，但一定是山花烂漫吗？

回答：是的。

"花"具有风姿素雅、华容端庄、幽香清远的柔性之美。"山"具有爽朗豪放、包容宽厚、坚毅刚强的刚性之美。

走进校园宽敞的花山小学，我能感觉出它自有乡村一份天明地静。清澈的东窑河蜿蜒于校区，水声淙淙，伴着书声琅琅，细说着孩子们昨天、今天以及明天的故事。特别是走进园东河畔那片小菜园和果园，我很快便感受到碧郁葱茏、生机盎然的气氛。校园占地面积 18294.8 平方米（约 27.4 亩），绿化面积达 10800 平方米。3 亩地的果园有一百多棵桃树、梨树、枣树、柚树、枇杷树，还有一大片菜地，栽有鲜嫩的番茄、豇豆、四季豆、茄子、丝瓜、青椒。泥土的芬芳间，摇曳多姿的植物，绿的翠、红的艳、黄的嫩，分明是桃花源中的风景线，似乎寓意着少年儿童作为祖国的花朵，正在茁壮成长。

这就是花山小学享誉常州地区教育系统的"萤火虫·农事"校本课程基地。杨美华老师曾经发表在国家级期刊《教书育人》上的《开展乡村农事培训　完善劳育师资建设》一文有过这样的描写：有一种景致，对于山村的孩子来说一点儿也不陌生，那就是乡村的夜晚，萤火虫提着它那盏小小的灯笼在草丛间、在池塘畔、在田野里飞行，虽然它们没有宽大的翅膀，可它们仍然努力地发出光亮，乘着风轻盈地大胆地释放自己，即使没有一名观众，它们仍然带着自己的梦想自我陶醉，成为黑夜里闪烁的一点星火。

说起花山小学，金坛教育界的人都知道，那是茅山老区最小的学校。88名学生，有65名是外来务工人员子女，还有一些少数民族孩子。可是学校为什么要设计"萤火虫·农事"校本课程呢？

赵锁庆校长与他的同事们这样认为：学生中一部分是土生土长的农家子弟，另一部分则是跟随父母来这里就读的外地学生，他们的家境较为清贫。师生们心性质朴、率直，师生关系融洽、和谐。相较于寸土寸金的城区学校而言，花山小学校园颇为宽敞。校园内树木葱茏，流水潺潺，鸟儿在林间自在啼啭，鹅鸭在水面率性嬉戏，学生们则更为欢愉，课间休息时，香樟树下、蘑菇亭里到处都是他们跃动的身影。校园外，阡陌纵横，大片大片的农田，随着四季变换，麦子、油菜、稻子交替生长，随处可见农人们忙碌的身影。到农忙季节，孩子们也会加入其中，给大人们打打下手，帮点儿小忙，自得一番乐趣。彼时的一个个小小的人儿，真像一只只快乐飞行的萤火虫，不知疲倦。这里还是清代文字训诂学家、经学家段玉裁先生的故里。先生作古后长眠于此，青山绿水与其相伴，那种"铁骨支贫耕砚田"的高洁精神更是一代又一代地在乡民中流传。

或许是这片土地的滋养，再加上先贤遗风的润泽，花山小学的学生对每个季节大地上发生的事情并不陌生，他们似乎天然就有一种对土地的亲近。学校秉承"尊重每一个生命，培育花儿般的山乡娃"的办学理念，通过对学生细致地观察、充分地访谈，以及对学校已有乡土资源的珍视，便有了开发与实施"萤火虫·农事"校本课程的规划。旨在通过此项校本课程的开发与实施，引领师生更深情地投入大地的怀抱并细致地观察自然本身的丰富宝藏，体验农事的辛劳，了解家乡绵延至今的农耕文化，培养他们对土地、家乡、亲人深沉的爱意。

我问赵校长："是不是可以这样理解？让师生了解家乡厚重的文化积淀，了解悠远、绵延的农耕文化，提高师生的文化品位和审美情趣，提升人文素养，开阔师生的心胸与视野，增加师生的知识储备。从而开发学生学习潜能，让学生在主题阅读与活动体验中陶冶情操，学会学习，强健体魄，做到心灵手巧，乐学上进。"

"是的。借校本课程的开发与实施，提升教师专业素养，形成一支优良的教师团队，建构我校校本课程开发与实施的科学管理队伍及评价体系。"赵锁庆接过我的问题回答道。

自2010年以来一直担任学校专职综合实践辅导的徐卫香老师，2015年策划和实施了校本课程"萤火虫·农事"，项目涵盖"开心农场""萤火虫小菜园""萤火虫书吧"，"开心农场"里种植红薯、玉米、土豆等常见农作物。每临种植前夕，徐老师都会利用综合实践课，事先对学生进行分工，然后组织学生除草、翻地、起垄、栽种、浇水。学生分工明确，各行其事。比如种植红薯，选地、选苗、翻地、起垄、栽种等都由学生自己完成。苗由学生自己从家中带来，有些学生还特意记住了自家的苗，在栽种地做了记号，经常主动去看看自己栽种的苗的生长情况，主动去除草、浇水。通过红薯种植活动，学生的积极性、主观能动性充分发挥。在农作物生长期间，学生还就红薯种植开展了研究活动，比如参观红薯粉作坊的制作过程等，完成了专题手抄报以及栽种心得小论文。收获季节到了，学校会组织学生们挖出红薯，搭起野外炉灶烤制红薯。学生们兴奋地吃着又甜又香的红薯，乐开了花。还有一些学生将烤熟的红薯小心用袋子装好，说要带回家给爸爸妈妈尝尝。

徐老师依据实践及学生们的劳动体验撰写的《红薯种植与营养价值的研究》文章，在2016年区教育局组织的综合实践课程成果评比中获得二等奖。

花山小学"萤火虫·农事"校本课程至今已进行了7年，并没有就劳动而劳动，并没有就"农事"而"农事"。恰恰更有效地将语文、数学、英语学科与综合实践、科学、美术等学科有机融合，根据各学科的特点渗透劳动教育，广泛开展社团活动，加强乡村少年宫建设，取得了丰硕的成果。2020年成功创建"常州市劳动教育示范校（首批）"，"萤火虫·农事"校本课程荣获"常州市劳动教育校本课程"一等奖，徐卫香、姚斌两位老师

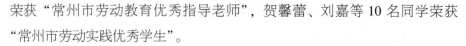

荣获"常州市劳动教育优秀指导老师",贺馨蕾、刘嘉等 10 名同学荣获"常州市劳动实践优秀学生"。

二(1)班的陈雨辰在作文《我是生活小能手》中写道:通过参加学校组织的各项劳动活动后,我平时在家也习惯帮助父母干活。晚上吃饭时,帮父母摆好碗筷,给父母盛饭,饭后帮助父母擦桌子、倒垃圾。到周六、周日,帮助爸爸妈妈洗衣、洗碗、扫地、擦窗台等,妈妈夸我是个小能手!

来自湖北利川的孩子,五(1)班的王敏,在《在劳动伴我幸福长大》一文中这样写:每到值日的时候,我总是努力瞪大眼睛,恨不得把眼珠子瞪出眼眶,不放过任何一个角落,看到远处有一张纸巾,就会用"百米冲刺"的速度,"嗖"的一声冲到那里,拾起纸团,丢进垃圾桶。看到地上有落叶,我会把它们扫在一堆,倒在树下,让它们"落叶归根"。我在校内积极参加劳动实践活动与兴趣小组,在这里我学到了更多的生活小知识!

四(1)班的曾思睿在《劳动实践——幸福的源泉》中讲述道:每天,我都比较早的来到学校,很快交完作业就去打扫卫生:擦擦黑板,扫扫地,拖拖地。吃午饭时,我是小组长。有些同学饭量不大,但每次吃饭时就像在比赛谁分到的菜多,又经常吃不完。所以,我每次给他们分得不多不少,比较适当。现在因为疫情,我们需要用洗手液洗手,有的同学把洗手液当玩具,随意将洗手液涂在墙上,这时,我会及时阻止他们。在家,爸爸妈妈忙的时候,我就会主动帮他们做一些力所能及的家务活,如叠衣服、扫地、拖地。在家我很自觉,规定自己每天必须写一篇日记,还要看一个小时的书。外出时我尽量帮父母拿东西,买东西时也为父母着想,尽量不乱花钱。开学后的第一个星期五,老师让我们回来制作书签。我告诉了妈妈,妈妈答应星期天下午陪我一起做。到了星期天下午,我拿来几块不用的纸板、几支水彩笔、一支铅笔、一把剪刀。我问妈妈:"做什么形状的好呢?"妈妈说:"随便什么形状的都可以呀!"于是,我拿起铅笔,在纸板上画了一朵小花,然后拿起剪刀按照轮廓剪下小花,接着,给书签涂上颜色,花瓣是粉色的,花蕊是黄色的。妈妈拿来打孔机,在我的小花上打个孔,串上一根旧毛线,打个结。一个惟妙惟肖的小花书签就完成了。我觉得,自己动手做的小书签非常好看。

我采访四（1）班的陈卓同学。她站在我面前像个小大人似的说："学校的劳动教育让我懂得珍惜生活，关心集体。每天早上，我都是第一个来到学校，先把作业交完，再带上几个同学去包干区打扫卫生。我看到有很多同学吃午饭时，明明吃不完，却打很多饭菜，剩下的全部倒掉。这时我会对他们说'一粥一饭当思来之不易'。数学老师说过，如果每人每天浪费一粒米，全国就要浪费14亿粒米，这能供一个人吃好几年呢。这不仅糟蹋了粮食，还浪费了农民伯伯的心血。下课我去上厕所时，看见个别同学把水龙头打开却不洗手，打起了水仗，把地面搞得一塌糊涂；或者洗完手不把水龙头关紧，让水一滴滴地白白流走。我会跟同学们说'请大家节约用水'。放学了，我每次都是最后一个走，要把教室里的电源都关掉，再和值日的同学一起把地扫干净，桌子排整齐，然后再收拾书包回家。在家里，我把作业写完，就去帮妈妈收拾碗筷，准备吃饭。吃过晚饭，我会主动把锅碗刷洗干净。我们花山有个敬老院，有时周末我会约上几个同学去和老人聊聊天，给他们剪剪指甲。看到老人们的笑容，我们也很高兴。"

最后她腼腆地表达："我希望能尽自己的能力为家庭、学校、社会多做点事，用双手创造生活。"

看来，学校劳动实践教育已经潜移默化地在孩子们心间润物细无声，悄悄地冒新芽。

2021年6月8日，一个初夏的午后，我又来到花山小学，突然被校园里一种热烈的氛围感染。阳光热辣辣地从空中投下，照着大地。与气温一样高涨的气氛，是学校的师生们还沉浸在刚刚过去的儿童节的快乐当中。

六月的阳光　红似火

六月的花儿　艳如阳

六月的歌声　在微风里荡漾

六月的笑容　洋溢在每个人的脸上。

今天，我们迈着喜悦的步伐走进了六月，走进了属于我们自己的节日——"六一"国际儿童节！

看，今天的蓝天、阳光、鲜花都在为我们祝福！

红领巾是我们胸前最亮丽的色彩，少先队是我们温馨的精神家园，正是因为中国少年先锋队的存在，为将我们培养成社会主义事业的合格建设者和接班人，提供了成长的摇篮。今年，恰逢中国共产党建党100周年，国家重要领导人发表了关于少年儿童和少先队工作的重要论述，我们要肩负起培养少年儿童共产主义远大理想和中国特色社会主义共同理想的责任，引导全体少先队员共同庆祝建党100周年，让我们豪情满怀、纵情歌唱，向党的生日致以最热情、最真挚的祝福！

6月1日，花山小学为弘扬时代主旋律，传承红色革命精神，培养学生爱国情操，展示学生奋发向上、朝气蓬勃的精神面貌，隆重举行了庆祝中国共产党成立100周年暨庆"六一"系列主题活动。这是活动主持人刘嘉（少先队大队长）满含激情的主持词。

为树立引领少年儿童健康成长的榜样，充分发挥少先队组织在立德树人方面的独特作用，努力构建少先队员阶梯式成长激励体系，培养少年儿童朴素的政治情感和共产主义道德，花山小学有14名同学在这次活动中获得"优秀少先队员"荣誉称号。我们不妨记住他们：

一年级：任梓萱　杜宇菡菲

二年级：周　磊　李佳城

三年级：王民翔　刘冠岩

四年级：李瑞雪　许史帅

五年级：刘　舸　徐婧涵　陈　卓

六年级：刘　嘉　王　敏　陈牧瑶

其实，儿童节前，花山小学就已经捷报频传：六年级的王敏刚刚入选"常州市新时代好少年"（第三季）；四年级的贺馨蕾、王欣在金坛区第九届"迎六一小小数学家"评比中分别获二等奖、三等奖（指导老师：李爱平）；杨美华老师制作的《梦想照亮中国》诵读视频，在金坛区2021年"迎六一"小学生素质展示活动视频评比中获一等奖，也是茅山老区学校唯一一个获奖者。纸浆画在创意设计中获全区二等奖。

怀揣着心灵的净土，与乡村越走越近。清晨，披上满身希望的霞光；傍晚，余霞卸下疲惫的劳累。许多次月光照着他，就如同照着石头旁的树木，注视着一棵棵幼苗的每一滴露珠。

土生土长的花山人赵锁庆就是这样怀揣理想，由一名普通的乡村老师逐渐成长起来的。1992 年他从常州师范毕业，2007 年又去上海师范大学深造了 3 年。2020 年 11 月被评为常州市骨干校长，获得"常州市师德模范"称号。扎根花山小学近 30 个年头，赵锁庆没挪过"窝"。他亲身经历了学校从近一千名学生慢慢减少到如今不足百人的转变过程。

花山小学的生源结构，一部分是留守儿童，一部分是外来务工人员子女，还有一部分是本地爸爸与外地妈妈结合生养的孩子，这些学生的家庭生长环境大多不尽如人意，家庭结构不完整，来自家庭的关爱不充分，许多学生的个性发展失衡。腼腆、自我封闭、偏激、情绪起伏大……这些个性特殊的学生在每个班级中都有。这些学生对良好师生关系的构建形成了阻力，而师生关系是提高教育效能和质量的切入点、核心和杠杆。建立和谐的师生关系既是新课程实施与教学改革的前提和条件，又是内容和目标，也是构建和谐校园，促进师生共同成长、共同发展的基本要求。师生关系是教育过程的核心问题，无论是教育思想、教育理念的转变，还是教育内容、教学方法的改革，最终都要依靠师生互动与交往来达到教育目的。尤其是在农村小学小班化的背景下，和谐的师生关系对于学生身心的健康发展，构建和谐校园，推进素质教育，都具有深远的意义。同时，构建和谐师生关系更是我校今后实现可持续发展和跨越式发展的客观要求。

随着教育竞争的日益激烈和农村出生人口的减少，以及花山附近 5 个砖瓦厂的消亡而导致外来务工人员的减少，学校生源近年来骤减，自然而然地被小班化了，每个班级的学生都不足 30 人。而小班化教育是实施素质教育的一种有效教育模式，它符合国际教育发展趋势和我们实施素质教育的要求。小班化教育是小学阶段推进素质教育的重要载体，它不但为学生的发展创造了条件，而且也为教师的发展、学校的发展创造了良好的契机。因此，有必要利用好"自然小班"的优势，构建和谐的师生关系，以满足

"自然小班"学生的个体特征，满足学生个体发展的需要。

赵锁庆、杨美华认为：农村小学自然小班化的现象将在很长一段时间内存在。基于这样的背景，杨美华老师作为"均衡发展背景下的农村学校小班化教育研究"子课题的主持人，与赵锁庆、李明、徐烨、张磊、徐卫香、姚斌、王月、许云霞等核心成员共同研究师生关系的现状、特点、变化和发展，力图找到构建和谐师生关系的方法和途径。

他们以阅读教学为重点，改革传统的、封闭型的阅读课堂教学结构，初步构建了一个开放的、对话型的教学模式。

6月22日，临近学校放暑假，我再次来到花山小学采访时，得知杨美华目前担任班主任的班级就是典型的小班。全班18名学生，有17名来自外地。我问杨老师："你们经过三年多的实践，小班化这项课题研究到底取得了哪些成果？"

她兴奋地对我说："用具体事例来解释吧！有一名五年级的学生在日记中这样写道：一次体育课测试跑400米，跑得满头大汗的我喝了一袋冰水，顿时觉得肚子疼痛。语文课上，我无精打采。杨老师悄悄地走到我身旁，关切地问我，不舒服吗？我说肚子疼。老师在同学们读书的时候，到办公室给我倒了一杯热水，微笑着递到我的手上，就像我的母亲一样。一股暖流涌上心头，我觉得肚子似乎也不疼了。这使我想起了写字课上，杨老师拿出纸巾轻轻地擦着我的脸，原来我不慎将墨汁涂到了脸上，我还没注意到呢！我想我永远也不会忘记母亲般爱着我的老师！"

有一次，学校老师在学生的作文中看到这样一段：一节写字课上，老师讲完字的结构在黑板上做示范练习。一位平时不爱练字的学生在下面模仿老师的动作，引得一些同学哄笑起来。老师对此假装毫无觉察。快下课时，大部分同学都完成了作业，老师让刚才那位同学到讲台上模仿老师的几个动作，把大家逗得哈哈大笑。老师对同学们说："模仿是一门艺术。这位同学模仿老师的动作这么像，表明他还是有模仿天赋的。我相信他一定能把字帖上的字临摹得很不错，说不定将来还会成为一名书法家呢！"这名同学非常感动，以后上写字课居然能够专心听讲并认真练习了。

享受着窗外刮进教室的阵阵凉风。杨老师痛快地说："这些事例都说明自从课题研究后，教师的教育智慧，伴随着从容、安详、风趣，营造着一种安宁、宽松、有序的气氛。教师在课堂教学中从讲台上走下来，以饱满的热情、真诚的微笑面对每一个学生，用赞赏的眼光看待每一个学生。在课堂中经常能听到这样的话语：'你真善于观察''你听得真仔细''你说得很好，声音再大点会更好''你再思考一下，相信你能行'等。教师的这种称赞有助于学生自觉克服缺点，学生会尽力和教师的评价保持一致，久而久之，教师的赞赏和肯定就具有真实意义，它既缩短了师生的心灵距离，使情感共融、心灵相通，又很自然地在课堂上形成一种民主、平等、融洽的氛围。在这种氛围下，学生的自主性得到了充分的尊重、个性得到充分的张扬。"

姚斌老师教"争论的故事"一课时，为了帮助学生透彻理解"争辩不休"这个词，他没有停留在学生"争论个不停"的答案上，而是通过朗读兄弟俩的对话，去掉提示语读，去掉提示语分角色读，在教师的引导下创造性地读，让"争辩不休"的含义深深地留在了学生们的耳中、眼中、心中。

《谈谈小班化科学探究的优势》是李明老师获得全国科学课程竞赛一等奖的文章。

为此，我特地与他聊了聊关于"小班化"的话题。

小班化课堂由于人数少，教师在实验器材准备上快捷轻松，教师在课堂中能够关注到每组甚至每个学生，师生之间更加了解，能更尊重学生的个体差异，强调学生在探究活动中的主体地位。李老师认为，丰富多彩的探究实验是科学课程的一大特色，也是吸引学生学习的一个重要因素。但是由于距离的原因，在以前的课堂上容易出现演示实验学生无法看到细节，甚至有些实验老师就用语言或者图片替代的情况。而小班化的课堂教学空间构成灵活多变，可以任意改变学生的听课形式，让每一个孩子都能近距离地接触老师，接触探究实验。演示实验时，教师能够从容地为学生演示，学生也能多角度、全方位地观察实验过程。这样有利于师生、学生之间的人际互动，适应多向交往的需求，对于培养学生实事求是的科学品质起着至关重要的作用。

记录下李老师告诉我的一个事例。

一次，李老师在演示实验"铜球的热胀冷缩"时，他把全班18个学生的课桌围成一个圆，老师在中间进行演示实验。首先让学生猜测，铜球加热后能否再次穿过铁环。学生意见并不相同，第一次加热了1分钟，当铜球再次穿过铁环时，赞成可以穿过的同学欢呼雀跃，而不赞成的同学则低头思索。第二次加热了3分钟，铜球无法穿过铁环。学生观察得很仔细，在两种观念的碰撞中得到了铜球热胀冷缩的原理，并且知道了温度达到一定程度，物体的热胀冷缩现象更加明显。在课后探究活动——修复瘪了的乒乓球中，有的学生成功了，有的失败了。但是他们根据老师的演示实验，知道了失败的原因，并且再次尝试不断加热水保持高温，终于获得了成功。在此过程中，每个学生获得的不仅仅是一些科学知识，还有通过不屈不挠的反复实验铸就的坚持不懈的科学品质。

在兴奋的气氛里，李老师笑着告诉我："在金坛区科技节比赛中，我校有两位在老师眼中默默无闻的学生取得金坛区一等奖的好成绩，就是很好的例证。"

暑期到了，学校该放假了。校园里的花已经完全怒放，植物开始结上小小的果实。

杨美华老师恋恋不舍地说："六年级的孩子们将升入初中，下学期我又要接任新的一年级班。18个孩子，更像是18棵青松，愿他们郁郁葱葱。"

我和美术老师张磊聊起学生的情况，他的语气略带复杂情绪："自从2015年我把儿童纸浆画作为学校社团活动的项目后，已经有20多名学生在校外数次获奖，纸浆画如今成了我们花山小学的特色课程。这批孩子即将毕业，告别我们，是有点遗憾。但是，我还要继续培养下一批再下一批，让众多的学生享受到多彩生动的教育。"

这一天，我在采访日记中写下：教育的生命如同一条长长的海岸线，没有尽头，只有痕迹。

（注：2021年9月赵锁庆调任社头小学校长。吴荣强任花山小学副校长，主持工作。）

第七章　蓝图描绘在蓝天

"种瓜得瓜，种豆得豆。"

这句话，或者说这句成语，从我读小学时，老师们就常常于课前课后念叨不停，不知道影响着多少代人。

2021 年 9 月，秋学期开学前，我在准备采访薛埠中学的提纲时，突然又想起这句话。种什么，收什么。原为比喻因果报应关系。后来延伸为比喻做了什么事，得到什么样的结果。《涅槃经》："种瓜得瓜，种李得李。"《吕语集粹·存养》："种豆，其苗必豆；种瓜，其苗必瓜。"从学校师生的角度讲，老师们就是种瓜人。乡村教育，老师是关键，其教学付出，用心良苦，必定会让学生有所得、有所获。

秋学期开学的第二天。2021 年的 9 月 2 日下午，我迫不及待地奔赴茅山老区薛埠中学。

这个暑期我们遇上了太多的烦心事，河南郑州突如其来的一场大水以及台风"烟花""尼伯特"。一时间大家都在担心，学校还能正常开学吗？好在事情渐渐平稳，靠着党和政府坚强有力的领导，广大群众的紧密配合，担心终于转为放心。

当我走进占地面积 55102 平方米，绿化面积达 35567 平方米的薛埠中学，感受到的是祥和气氛中浓浓的书卷味。校长蔡根林告诉我："全校 448 名学生，有 221 名是外地务工人员的子女。"

校园中一块介绍 20 多名教师"教师风采"的展板吸引了我的视线。

这是经过全校学生投票选出的 2019—2020 年度"最美教师",再由学校党政联席会议公开评议,选出来的有教学成果、有关爱学生行为、遵守规章制度的"优秀教师"。

有"尽最大努力,使自己成为一名让学生喜欢、家长满意、领导放心的人民教师"的物理老师冯伟华;

有"教育是一种情怀,作为一个优秀教育人,要让最美的姿态永远在路上,让知识的清泉叮咚作响"的数学老师王丹丹;

有"让老师在孩子成长过程中成长,让孩子在老师成长过程中成才"的综合实践老师盛杰。

有"用细心、耐心、知心、爱心,搭建师生心灵通途"的历史老师王凌。

有"用美丽跳跃的音符,串联起学生内心多彩的世界。让音乐无限的灵感,点亮学生精彩人生"的音乐老师孙凌洁。

有"援疆是上苍对我最美的赐予,援疆是我生命中最美的遇见"的物理老师周明强。

有"历日经年,水滴石穿。持之以恒,功果自显"的生物老师殷玉仙。

有"用欣赏的眼光看学生,用宽容的心态待学生。做学生心灵与智慧引路人"的政治老师(副校长)李学东。

有"学高为师,身正为范。用爱心、细心、恒心服务于教育教学"的英语老师高新辉。

有"老牛自知夕阳短,不用扬鞭自奋蹄!生为人师自当担责,学生的脚步和成功是我最大快乐"的语文老师徐玉梅。

有"用责任呵护花朵,使之成为栋梁,任由粉笔飞舞;用诚信为学生护航,使之收获成功,任由岁月沧桑"的英语教研组长徐腊梅。

有"用脊梁支撑祖国的未来,用双手托举明天的太阳"的语文老师程颖。

当然还有……

我站立于校园中央，仰望即将被秋意覆盖的天空，望着那纯净的蓝。似乎正是由乡村的老师们，用教书育人的责任，为孩子们未来的天空描绘出一幅生动的蓝图。

蔡根林就是抱着描绘蓝图的想法于 1988 年 8 月加入教师队伍。从罗村中学起步，时间没有停止，脚步没有停留，在西岗中学 7 年、朱林中学 3 年，2017 年来到薛埠中学。他 33 年一直坚守在茅山老区。对于这么多年来的工作体会，他这样表述："30 多年我品尝过不同阶段不同岗位的教学的酸甜苦辣，从一名普通的语文老师，经历了做教导副主任、主任、副校长、校长的过程。以前茅山老区的农村中学，条件相对艰苦，但也让我从中得到了很好的锻炼。生长在农村家庭，兄弟姐妹多，自小我就养成勤俭节约、吃苦耐劳的习惯。这种习惯对我干教育工作起到了很好的激励作用。教师是人类灵魂的工程师，而真善美是良好人格修养的核心，作为教师必须有这样的人格修养，要有吃苦奉献的精神。教育工作者是光荣的。我把教育看作我个人的第二生命。目前党和政府非常重视农村学校，办学条件越来越好，农村孩子已经能享受到优质的教育资源。"

或许已经形成职业习惯，蔡根林常常提醒自己："我是一名语文老师，为了给学生一碗水，就必须让自己拥有知识的河流。""种瓜得瓜，种豆得豆"体现出师生之间教学相长的历程。为此他确实很努力。他所带班级里的学生成绩总是名列年级前茅，个人在公开课比赛中屡获佳绩。先后撰写并发表了《学校管理创新与校长观念创新》《农村中学校本教研的思考》《咀嚼语文教学之滋味》等论文。曾多次被评为江苏省教育系统先进个人、区"优秀教育工作者""常州市优秀共产党员"，并且荣立三等功。在他任职薛埠中学校长的这几年中，2017 年学校获得了机器人大赛常州市一等奖一个、三等奖一个、江苏省三等奖一个。2018 年学校获区改革开放 40 周年中学生征文大赛优秀组织奖、江苏省青少年科技教育协会承办的第二十五届青少年科技模型（常州赛区）"3D 创意模型 * 麒麟"项目团体二等奖、常州市青少年益智模型比赛仿生机器人团体二等奖、常州市科学教育综合示范学校称号。2019 年教海探航论文比赛中有 9 位老师获各奖次、5 名同学在常州市中小学举重锦标赛中获得好名次，学校在金坛区科学节获优秀组织奖。

听说蔡校长 2020 年被评为常州市高级校长。

我问："据说评高级校长需要一定的硬性条件？"

"是的。至少要在 3 所学校任过校长，任职年限 5 年以上。"

"还记得评选的过程吗？你当时紧张吗？"

蔡校长笑了笑，说："还好吧，毕竟我也是老教师了。"

我开玩笑说："没出冷汗吧？"

"没有。自我感觉，整体表达、逻辑关系、事例运用还可以。"

一边回想一边叙述，蔡根林的眼睛闪烁着。他的目光之外，正有一种希望在奔涌。

午后，金色的阳光静静地照在墙壁上、校园内，一群刚刚结束体育课的初一学生与我擦肩而过，充满着青春的朝气。我向他们投去目光，很重、很柔和。他们是明天沉甸甸的果实，或许现在会有点酸，但未来一定甘甜。

薛埠镇形成于清代之前，因为薛姓族人兴建码头而得名。虽说地理优势明显，但在旧社会竟然是文化教育十分落后的穷山沟。1958 年，社会经济文化快速发展，当地十分需要有一所中学，来满足当地人对教育知识的需求。当年 8 月，因陋就简在薛埠镇南面的凤凰山上建起金坛区薛埠初级中学，招收两个初一班（124 名学生），教师 5 人，初步解决了山区农民子女的入学问题。

63 年过去了，第一任校长段锁庆（后任江苏省华罗庚中学党支部书记）已经作古。今天我和当年的一部分学生交谈，他们非常感慨："现在孩子们读书太幸福了。那时办学校，说是建在凤凰山上，其实凤凰不栖，分明是人迹罕至的乱坟岗。硬是靠着独轮车、扁担、畚箕、洋镐、钉耙、锄头，披荆斩棘造出来的。（1977 年国家恢复高考，我当年作为下放金坛林场的知识青年参加考试的地点就在这里。1987 年我任职金坛县委宣传部，有一次调研薛埠中学，还是在这个地点）。之后经济条件好转，1992 年薛埠中学搬迁至镇街中央。1998 年学校规模扩大，镇政府空出镇北一块准备建政府办公大楼的地皮，建造了今天的薛埠中学。"

"蒹葭苍苍，白露为霜。所谓伊人，在水一方。溯洄从之，道阻且长。溯游从之，宛在水中央。"9月8日，2021年白露节气的第二天，我带着这样一种诗意的情感，再次奔赴薛埠中学。

徐玉梅是常州市最美教师、茅山老区优秀教师。早先预约今天要听她的语文课，一大早我就开车从茅山旅游大道赶到学校。

8点整，我进入教室，和九（二）班38名同学一起听徐老师的语文课"你是人间的四月天"。这是继上一课"乡愁"后，又一篇描写情感的文章。不同的是，《乡愁》的作者是余光中，《你是人间的四月天》的作者是林徽因（1904—1955），一位中国著名建筑师、诗人、作家。这首诗发表于1934年的《学文》。按照徐老师的授课意图，是想通过反复诵读，让学生从中体会诗人为表现浓郁的"爱的赞颂"，而选取的清新、富有情意的意象。让学生初步领会诗歌特有的内在美感，学习新诗的鉴赏方法，揣摩词语和重点语句的表现力，赏析作者奇特的艺术手法，感受语言魅力。

徐老师问："这首诗以'四月天'为喻，人间四月天是春天中的盛季，突出了'你'的哪些特点？"

有的学生回答："阳光明媚。"

有的说："绿草如茵。"

有名学生这样说："人间所有的甜美、情思和梦幻尽在这奇妙的四月天呈现无遗。"

徐老师用很欣赏的眼神鼓励了学生。接着说："诗人从不同的感官角度来描写'四月'所独有的景物。比如视觉的'黄昏''星''云烟''花'；听觉的'笑响''四面风''燕子呢喃'；触觉的'风的软''暖'。多角度展开描写，表现了诗人的'爱之深，情之切'。能引导读者调动多种感官去感受诗人心中的'爱'，给读者以感染。"

很快，四十分钟过去了。

徐老师做课堂小结："诗人将心中的爱以一幅幅四月天丰美的画面作比，以抽象的爱、暖、希望来比喻心中的'你'，表达对儿子真挚的爱。"

最后五分钟，徐老师说："《你是人间的四月天》用美的意象寄托情感，表达对儿子真挚的爱。接下来我们随堂练习，请同学模仿诗作中对爱的描写，选择一种或几种景物，仿写一首小诗，表现对母亲的爱。要求运用比喻或拟人的修辞方法。"

课后，我特地查看了得到老师表扬的几名同学的练习。

颜依如：炎阳下那片树荫凉。你像寒冬中那缕暖阳；你是初晨旭日，照耀你的爱。

周启鸣（广西）：我说，你是人间的太阳，温暖着我的心灵；我说，你是路边灯光，指引着前进的方向。

李诗洁（安徽）：你是避风的港湾，在暴风雨来临时为我遮挡；你是回家的路灯，在黑暗中给我带来光亮。

翁宇涵：我说你是冬天里的篝火，为我隔绝天寒地冻，跳动的火焰安抚着我的心灵。

看来，课堂效果还不错。

徐玉梅出生在距薛埠镇 20 多里路的罗村，那是茅山老区的"穷乡僻壤"。1994 年她从镇江师范专科学校毕业，在第一站唐王中学待了 2 年，第二站罗村中学待了 5 年，乡镇学校合并后来到薛埠中学。与我交谈时，她感叹："我担任过 20 年班主任。最艰苦的时候已经过去了。2000 年正是担任毕业班班主任的关键时候，同在学校教数学的爱人患乙肝，儿子在常州读书，家中没有多余人手帮忙，夫妇俩里里外外忙得像陀螺打转。班级有寄宿生，晚上我不能离开学校，每天放学后丈夫开车去常州陪儿子，第二天一大清早再赶回学校。当年金坛、常州之间没有高速路，来回需要 4 个小时。直到 3 年后，儿子考上大学。那个累、那个苦，至今回想起来，依旧苦不堪言。"

洁白的灵魂被一道道阳光清洗。

2007 年 12 月徐老师被常州市教育局评为"优秀班主任"，2013 年被评为高级教师，2015 年 9 月被金坛区人民政府评为首届"十大最美教师"之一。之后她担任班主任的班级多次被评为常州市、金坛区先进班集体、先进学生集体。

徐玉梅认为，班主任是最小的主任，管着一群长不大的孩子。但班主任又是最棒的园丁，守望着孩子成长的年轮。所以说，班主任无小节，处处是楷模，教育无小事，处处是大事。

徐老师举了这样一个事例。

上届刚毕业的一个女同学路某某，长得比同龄人胖，可是零食又吃个不停，还喜欢抄同学的作业，一有空闲就玩手机，课间活动跑800米没一次能坚持到底。

"怎么办？她是我学生呀！嫌弃不能解决问题，那就尝试着找她的闪光点。别说，还真找着了。我便和她交谈，首先肯定她有优点，为人耿直，可以做管理者。建议让她当室长。开始她不太乐意。我说：'你可以试试，天下没什么难事，只要专心做。'其实我当时这样想：她要管别人，要让同学服她，自己就得带头呀。慢慢地，路同学的坏习惯少了。宿管说，纪律和卫生管得还不错！六月毕业季时她还送了一小盆带刺的多肉类植物给我，说要感谢我对她的关心。一刹那，曾经那些辛苦和烦恼都显得那么微不足道了。"

作为一名语文老师，徐玉梅有太多的教学体会。她用这样八个字评价自己的教学——"语文课堂 智慧飞扬"。

她认为，灵感是智慧的闪现，它厚积薄发，看似昙花一现，却很值得人玩味。它可以产生在语文课堂的各个阶段，它可以是教师个体的一种潜能激发，也可以是师生之间的双向交流——相互交流而撞击出灵感的火花。生动的语文课堂，我们总能看到智慧在闪现。

我觉得徐老师说得有点道理。一名普通的山区老师，无论是敬业精神，还是对教学的认真专业，难道不正是在悄然描绘出了一幅爱心蓝图吗？

同样是语文老师，但程颖的身份比较特殊。她是2015年9月以研究生的学历来到薛埠中学的。程颖从小生活在茅山老区位于薛埠集镇的北面的西旸。从江苏省华罗庚中学考入南京财经大学工商管理专业，在扬州大学读完对外汉语研究生。

"回到茅山老区的薛埠中学，有特别的含义吗？是自愿还是分配？"我认真地问道。

推了推眼镜，程颖的回答很直率："没有特别含义，现在的教学条件都很好，到任何学校都可以。我做老师是有思想准备的，所以读研究生的最后一年考了教师从业资格证。2015年5月我考编时确定选初中。那年金坛教育系统有两名研究生，在华罗庚实验学校随机抽签，我中签薛埠中学。"

说到这里程颖笑了一笑，说："另外一位留在城区学校。"

"你现在既是语文老师，又是学校团委书记。对教学研究，你是否有更深的体会？"

想了一想，程老师回答说："这几年学校为提高我的教学能力，提供了很好的锻炼舞台。我已经从初一、初二、初三轮了几遍。通过几年来的教学实践，我感觉，对于很多初中生而言，在学习语文课程的过程中，作文是一个难度较大的模块，由于写作具有开放性，对学生的文学素养以及语文知识储备的要求较高。从初中语文作文教学的情况来看，在较长一段时间里都存在同质化和模式化的现象，难以体现出学生的个性。针对这样的学情，我尝试着对'初中语文个性化作文的教学'做了一点探析。"

我如同一位求知的学生，很认真地边听边做记录。

程老师继续她的阐述："对于个性化作文的认知，建议教师摒弃落后的教学观念和方法，避免出现作文教学的单一和封闭现象，应该鼓励与引导学生说真话，抒发真实情感，进行写作创新，并对于学生的个性化表达给予尊重。通过开展个性化作文教学，对于学生的情感体验以及思想品格给予关注，从而促进学生语文核心素养的形成。从概念性的角度来看，个性化作文主要指的是在学生天赋的作用下最大化发挥其主观能动性，激发学生的写作欲望以及热情。通俗来说，为学生提供自由的写作空间，解放思维，拓展写作思路，使学生能够完全按照自己的想法进行文字表达，从而展示出其个性。学生的个性一般体现在思想、信念、情感、情绪、动机等方面。教师应该引导学生展现其自身的写作风格，即其在日常生活中的所见所闻、所思所想。"

顿了一顿，程颖老师有点犹豫地说："关于初中语文个性化作文教学中存在的问题，不知道是否方便说？"

　　"没事，学术探讨无妨。"我说，"既然我采写关于教育、教学的内容，有些问题不妨提出来大家讨论。"

　　"好吧。我认为，学生的凑字意识较强导致作文立意不清。一般情况下，对于初中生的语文作文字数要求为800字，而一些学生平时阅读量小、积累的语文知识少，掌握的写作素材不足，语言组织能力较弱，难以支撑其完成一篇800字的作文。而对于硬性的800字写作要求，只能以'流水账'的形式进行凑字。"

　　在实际的写作教学中，程老师为了纠正学生们的毛病，便按照循序渐进的原则，让学生由字数从少到多的过程进行写作练习，逐渐达到规定的作文字数。程颖老师觉得，学生要想完成个性化写作，应该以积累素材为基础，并作为学生的写作依据。教师应该为学生推荐适合其阅读的书籍。例如，教师可为学生推荐"新概念作文"作为阅读参考，其中有一些有争议的高分作文，创作这些作文的学生并没有受到约束，只是以简单且丰富的语言对事件和情境进行描写，素材也较为新颖，值得初中生阅读和思考。对于一些掌握语文知识较少的学生，教师可以引导其阅读一些"满分作文"，摘抄一些优美词句，并学习作者的写作结构、思想表达方式以及写作手法等。

　　从学校推荐的材料中得知，有一位2020年获得过常州市骨干教师、金坛区十佳青年教师荣誉的王丹丹。之后，我发现学校教师风采榜上有她的名字。

　　当36岁的王丹丹老师坐在我面前时，我感觉到了年轻人的青春活力。王老师的老家在薛埠连山，离集镇不远。她所成长的生活环境已不再"贫困落后"，而驶入了社会经济发展现代化快车道。从她2010年以来所获得的20多项各式各样、各个等级的成果、荣誉，我由衷地表示敬佩。自2010年获得江苏省初中数学青年教师基本功一等奖、论文《浅谈数学过程教学的优化》获常州中学数学年会论文一等奖后，王丹丹的教学成果一发不可收拾。2020 年她担任七（3）班班主任，班级共 39 名学生，于 2021 年获金坛区先进集体。蔡校长告诉我，这个荣誉有名额限制，要经过许多考核，量化得分，比如学生常规管理、班级文化成绩、班级学生获奖情况、班主任个人素质等。看来王丹丹作为班主任，这一年的付出还是很有成效。

教书育人，种瓜如何得瓜？我还是很关注王丹丹老师对数学教学的体会。

她告诉我，在当前的数学新课程改革教学活动中，过程教学强调的是思维过程的科学性和思维过程的深刻性，对思维能力提出了更高的要求，这种高要求不仅要在表层上显示思维过程，做到循循善诱，更要注重思维能力的培养。因为数学教学是教师的教和学生的学的双边统一的活动过程，是教师通过数学教学活动促使学生顺利地进行数学学习活动的过程，是学生的数学认知结构的形成和发展的过程。《课程标准》明确指出："数学教学是数学活动的教学，既要重视数学活动的结果，更要重视数学活动的过程。"要求教学中有充分的时间安排学生活动，给学生探究和发现的机会。

一边说，王老师如同上课，一边做着手势。例如对"三角形内角和定理"的推导，我们可以设计先让每个学生亲手画一个三角形，用量角器量一量三个角的度数，看看其和。再安排全班同学分小组活动，通过几个学生合作，动手把角撕下来拼一拼，看三个角能拼成一个怎样的角，或利用几何画板演示一下，给学生看一看，然后再议一议，分析一下规律，接着归纳出命题，最后在命题的证明过程中通过添加平行线——再现活动的过程（实际上与"把三角形三个内角拼在一起"原理相同），这不是一件难事，若此时再组织全班学生活动，探究添加平行线证明定理的方法，就会使课堂气氛很快进入高潮，相信丰富多彩的证明方法一定会给本节课带来意想不到的教与学的收获。

拿出一张纸，王老师画着说着。我也被她专注的神态吸引，跟随她走进曾经的初中数学天地。

在数学教学中，老师应经常将一些常规性题目改造为开放题。如教材中有这样一个平面几何题：证明顺次连接四边形四条边的中点，所得的四边形是平行四边形。这是一个常规性题目，我们可以把它改为"画出一个四边形，顺次连接四边形四条边的中点，观察所得的四边形是什么样的特殊四边形，并加以证明"。我们还可用计算机来演示一个形状不断变化的四边形，如平行四边形、矩形、菱形、对角线相等的四边形、对角线互相垂直的四边形、正方形、等腰梯形等，让学生观察它们四条边中点的连线组成一个什么样的特殊四边形，在学生完成猜想和证明过程后，我们进而可提出如下问题："要使顺次连接四条边的中点所得的四边形是菱形，那么对原来的四边形应有哪些新的要求？如果要使所得的四边形是正方形，还需要有什么新的要求？"通过这些改变，常规性题目便具有了"开放题"的形式，例题的功能也可更充分地发挥。

听完王老师这段数学教学的感悟，我仿佛回到当年的学生时代。耐心、细致，恐怕是女性老师们特有的优势。而王丹丹对数学的教学能够做到如此精准、贴切，恐怕不能够仅仅用女性优势来形容，更多的是其教师责任担当的体现。

课间活动的音乐响起，我和同学们一起走出教室，来到运动场地。初三的同学准备去跑道跑步，初二、初一的同学每人一根绳子，准备跳绳。

我转到校园的橱窗前，发现一张 2021 年 7 月江苏省华罗庚中学跟薛埠中学的喜报。原来今年中考，薛埠中学有 13 名学生（其中 7 人来自重庆、河南、安徽）被江苏省华罗庚中学录取。

我问蔡校长，其中有没有新市民子女？

"有啊。有一个女孩子，叶慧琳，来自安徽巢湖庐江县。中考成绩全区第一，665 分。这个分数在整个常州市也算是名列前茅。"于是，他急忙找来两位徐老师。

徐晓霞老师 17 年教龄，是叶慧琳初一、初三的班主任。徐腊梅老师 19 年教龄，是叶慧琳初二的班主任。

提起她们的学生叶慧琳，她们异口同声，"真是一个读书的好孩子"。没见她有多少灵气，甚至小学升入初中时成绩也一般，并不突出。父母从安徽到薛埠镇，打过工，做过小生意，最终选择窗帘安装买卖，已经有 14

个年头了。她一个弟弟也在薛埠中学读书，成绩不错。叶慧琳善于学习，接受能力强，特别会把老师讲过的知识举一反三。家里经济条件不是很富裕，没钱参加社会教育培训、辅导。课余时间需要照顾父母的店，许多作业、阅读课文大多是在店堂里完成。初一时她考了全区前 50 名，初二考了全区前 12 名，初三成绩一直保持在全区前 20 名至前 10 名之间。

说到现在社会上流行刷题训练。

两位老师笑了，说："这孩子的做题量，可能只有名校学生的四分之一。她并不是靠题海战术冲出来的。"

2019 年、2020 年，叶慧琳两次获得金坛区英语口语竞赛一等奖。还曾获江苏省初中生世界语文作文比赛二等奖。

两位徐老师深有感触地叹息："教了这么多年书，每次遇上这样的好学生，都是我们教师生涯中的一个兴奋点。"

我点点头，很认真地对两位老师说："你们是学生的引路人，一举一动都会对孩子们今后的生活学习产生较大的影响。"

当写完这段文字时，正是 2021 年的教师节。突然，我微信朋友圈收到金坛作家高兰华的一段话。高老师做了 37 年教师，现已退休。9 月 10 日他感慨地说："我一直把教师这个行业认作'太阳底下最光辉的职业'。走入这个圈子，我才深深体会到教育的意义：你要捧着一颗心来，不带半根草去。你要以完美的人格去影响你面对的孩子。原来这光辉不是职业带来的，而是师者伟大的奉献。在教师节这个特殊的日子里，我心中无比欣慰，此生无愧于人类灵魂工程师的称号！"

那天中午在薛埠中学食堂用餐，蔡校长向我介绍了一位援疆教师——周明强，物理老师。我第一眼就看出周老师敦实厚道。周老师说："教了 32 年书。2018 年主动报名参加援疆一年半。去了才知道那里紧缺教师。"周老师正常教 3 个班，一个班一个星期有 4 节课。突然，有位老师生病，周老师向学校申请，由他来带班。这样有整整半年时间，周老师一个人教 5 个班。

我问："你这样累不累？"

"累是累点，但熬熬就过去了。援疆就是要为当地学校多做事，不然心不安。"

援疆回来，周老师内心最有体会的是"最美的遇见"。

他这样叙述道："是的，援疆，是我人生的一次攀登和航行，是我这一生中最美的遇见，这将是我一生中最珍视的东西。"

2018年5月，教育部"援藏援疆万名教师支教计划"启动，51岁的周明强主动报名，成了首批4000名援藏援疆教师队伍中的一员。怀着为边疆教育事业奉献微薄之力的坚定信念，他来到了神秘、宁静的西北小城尼勒克，开始了并不短暂又异常宝贵的援教生活。

尼勒克县位于祖国的西北边陲，县城环境舒适宜人，街道干净整齐，民风朴实，但因地处偏远，气候条件差，交通不便，是国家级贫困县。刚到新疆尼勒克县，似乎一切都不太顺利，日照强烈、气候干燥，他的身体首先开始发出警报：皮肤瘙痒，流鼻血，连续重度失眠需靠药物才能入睡。为了尽快投入工作，他主动适应气候，白天拼命喝水，晚上在宿舍里放上几盆清水，后来工作组为每位老师购置了一台加湿器，解决了生活上的一个困难。很快投入工作后，周老师发现，困难远远超出预估。

首先是学校里维吾尔族学生占了多数，语言交流不畅，教学难度急剧增加；其次是学校优质生源大量流失，学生的知识底子薄，理解消化知识的能力较差；再次是教育资源匮乏、教育理念陈旧落后；最后是周老师任教九年级两个班的物理，还兼任八年级的物理教学，工作量大。他任教的三个班级，有近200名学生，而且水平不一。为了让学生们都能"吃得饱、吃得好"，他想方设法开展分层教学，针对不同学生的情况进行教学设计，坚持对部分学生的作业进行面批面改，平均一天批改作业超过了三小时。认真地准备每一堂课，自己动手制作实验教具，试做实验，一有时间就开展试讲，不厌其烦地为学生解答难题……天天都被充实和忙碌包围着。

一旦全身心投入工作，必然辛苦。每天晚上躺在床上，周老师总会感到腰酸背痛，但孩子们每次下课都会对周老师说"老师休息"。孩子们的礼貌，让他如沐春风，心生力量，每天感受着孩子们浓浓的热情，再苦再累都是甜啊。

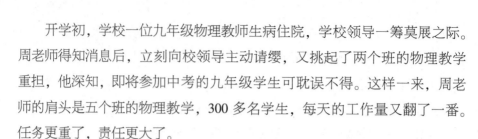

开学初，学校一位九年级物理教师生病住院，学校领导一筹莫展之际。周老师得知消息后，立刻向校领导主动请缨，又挑起了两个班的物理教学重担，他深知，即将参加中考的九年级学生可耽误不得。这样一来，周老师的肩头是五个班的物理教学，300多名学生，每天的工作量又翻了一番。任务更重了，责任更大了。

一分耕耘，一分收获，在上学期期末全州统一考试中，周明强任教的班级平均分从之前的四十多分提升到了六十多分，学生努尔暑瓦克、韩宇航的物理成绩更是挤进了全校前十。面对孩子们取得满意成绩后灿烂的笑容，他忽然感到，自己付出再多也值得。他深知，新疆的孩子，提高他们学业成绩的同时，更要用适切的课程来培养他们的核心素养。一年来，周老师坚持每天工作至深夜，努力基于学校校情和学生学情，帮助学校和学生构建课程体系，终于完成了相关的课程研究，为当地的学生量身定制好教学设计。尽可能多的和学生们在一起用普通话交流，与他们谈理想、谈学习，以心交心，真诚相待，充分尊重他们的民族习惯，真正融入他们。日子一天天过去，生活和工作都渐入佳境。每天走在路上，学生清脆的"老师好"会让人内心暖流涌动，援疆的脚步更踏实、更坚定了。

为了按照要求把老师们的教学经验留在当地，培养出高水平的老师。当年8月，周老师主动提出带两个徒弟（张惠琴、马海荣），并签订师徒结对协议，由尼勒克县第二中学见证。为传播先进的教学理念，一年的时间里，他几乎走遍了尼勒克县大部分的乡村初中学校，上观摩课、公开课、示范课。那年11月，为了到偏远牧区上课，在天寒路滑的环境中，周明强不慎摔伤，但还是忍住疼痛，坚持来到离县城一百多里外的木斯乡乌图学校，为该校上完了一节示范课，受到了学校领导和老师的一致好评。

2019年尼勒克县人民政府授予周老师"荣誉市民"称号，他还多次获得伊犁哈萨克自治州教育局、江苏省对口支援伊犁州前方指挥部，以及尼勒克县委县政府授予的"优秀援疆教师"光荣称号。

周明强满含深情地说："虽然援疆结束了，但是如今回想起来，援疆生活很充实、很忙碌，因而也充满了幸福！"

我对周老师说："无论在哪里，只要幸福，生活一样多彩，天空一样辽阔。尽管有无边的苍茫，会有忧伤，坚定却扎在一个人的内心深处。"

他握住我的手，点点头。

与盛杰老师相识好多年了，因为她是我们金坛作家协会里比较活跃的一个人。这次到了薛埠中学才知道，盛老师不仅是金坛区 25 个融合资源教师之一（启智学校公益特殊教师），近年来在综合实践课方面还取得了许多不俗的成绩，数次获得奖项。比如 2021 年《茅山茶的研究实践》、2020 年《如何营销?》、2020 年《当线上教学模式成为常态》等文章先后被省、市、区评为一等奖。她本人于 2020 年被常州市教育局评为"市劳动教育优秀指导教师"。

她很中肯地对我说："都说家长是孩子的镜子，家长什么样的性格，孩子就表现出什么样的个性。其实，父母就是孩子的一面镜子，很多时候孩子的言谈举止反映的正是父母本身的形象。"

抬眼看着窗外静静的蓝天，用手细细地触摸照进屋内、落在办公桌上的阳光，有 18 年教学经历的盛杰老师动情地说："我是一名教师，也是一名家长。在学校和家庭双重教育的角色上，我更有亲身的经历和感触。在我怀孕之前，就看了很多关于孩子教育方面的书与杂志，立志以后要把自己孩子培养成多么多么优秀的样子。儿子如约而至，我在繁忙的教学工作之外还得分身去陪伴他。记得孩子读小学的时候，乖巧听话，也非常开朗，什么都愿意和我说一说、谈一谈，两代人和睦共处，生活在同一个世界里。今年孩子刚刚踏入初中的大门，开始又一成长阶段的学习与生活。孩子紧张我也紧张。因为孩子不再是一名小学生了，我也变成一名初中生的家长。我们作为孩子的第一任老师，并没有经过培训考试，都是直接上岗。我合格吗？平心而论，我也不一定合格。在教育孩子的问题上我也是一边学习一边进步。我也愿意请教一些在家庭教育上做得比较好的家长，愿意向老师讨教教育方法。我们的家庭教育，应该是平等的教育，把孩子真正当作一个实实在在正在成长的人来看。我们在孩子这样的年龄，或许犯的错比他们还多。我们要站在孩子的角度去解决孩子遇到的问题，好的孩子的家庭教育也是好的，叛逆的孩子的家庭教育是肯定存在一定问题的。正所谓孩子就是家长的一面镜子。孩子的教育不仅仅在于学校和老师，更重要的责任在于家长。"

的确，我不能打断盛老师的话，面对她逻辑性很强的表达，我只能做一个倾听的学生。

"作为家长的我们，其实是孩子的第一任老师，我们没有经过专业的培训就'无证上岗'，我们肩上的担子其实比老师更重。因为孩子的好与坏，成长与点滴进步，都是我们的责任。以后我的孩子还要进入高中、走进大学的校门，成长的路上还有更多的问题与挫折，我还需要一直努力学习，争取做一名真正合格的家长！……"

采访结束，即将离开学校前，我接受了盛杰老师的邀请，参加 9 月 17 日下午由她主持的"综合实践展示课"（这也是金坛区教师发展中心、金坛区综合实践活动徐锁平名教师工作室的第 25 次活动）。

她很高兴地告诉我："开学第二周就开名师工作室交流课，我排到第一个主持活动，是一份难得的荣誉与信任。"

快乐，洋溢在盛杰老师的脸上。

第八章　远山茶乡有召唤

虽然，秋分即将来临，树林山岭间咆哮的夜风常常会惊醒幽梦；可是，白天的阳光依旧煞是热辣、耀眼，山村萦绕的炊烟与阳光最终交融，向无尽的山野弥漫飘散。

中秋节假期结束后的第二天，2021 年 9 月 22 日的下午，秋高气爽，微风习习，我来到茅麓中学。

茅麓，位于茅山东麓，这里因为成片的"青锋"绿茶醉眼迷人而享誉大江南北。原先是建制镇，后来与西旸乡合并，再后来茅麓、西旸一起并入薛埠镇。金坛少有的百年老企业，著名的"茅麓茶场"坐落于街镇路西南方。

其实，茅麓这块土地曾经孕育过一段薪火传承的历史。

1912 年，清御职道台宋盈之在茅麓成立"茅麓树艺公司"，种茶树生产"茅茶"，享誉江南。1917 年，著名人士纪振刚（湖北英山人），心怀"实业救国"抱负，在上海工商界名流的资助下来到金坛茅山东麓，通过收购附近的零星茶田、茶场（包括宋盈之"树艺公司"），创办了茅麓农林场（茅麓公司。今天"茅麓茶场"的前身），注册"国农"商标，生产形质双优的绿茶"茅麓旗枪"，畅销全国，出口东南亚。先后投资 40 万元大洋，购置山地 1500 多亩，之后发展至 13000 多亩，雇工达千余人。纪先生根据当地土质、气候状况，选择优良的茶树品种，并从德国进口制茶机械设备（揉茶机等）。

　　"茶乡人"，这是茅麓中学的师生们一直引以为豪的称呼。

　　徐菊华老师曾这样描绘过自己的学校：

　　常州市金坛区茅麓中学地处道教圣地茅山东麓，这里山清水秀，空气清新，环境优美。学校创办于 1959 年，50 多年来为国家培养了大批人才。2005 年，茅麓中学顺利创办省示范初中。2008 年暑期，原西旸中学并入茅麓中学，为茅麓中学注入了新的发展动力。如今，在占地 46 亩的校园内，教学区、运动区、生活区布局合理。一幢幢新楼整齐有序，南北、东西两条大道宽阔平坦。花园里芳草鲜美、四季飘香。教室前后，路边河畔，绿树成荫，百鸟和鸣。池塘里水清如镜，鱼跃鸟飞，涟漪如练。更有一座曲桥横跨池上，回环曲折，人行桥上，心旷神怡。校园文化氛围浓厚，到处充满文化气息。"包容、协进、奉献"的校风，"敬业、常新、争先"的教风，"质朴、文雅、刻苦"的学风正在逐渐形成。学校不仅重视学校人文氛围的建设，还积极调动全校教职员工的工作热情，注重创设和谐的育人环境，充分发扬团队协作精神，体现教师为人师表，以身示教的榜样、模范作用，真正做到既教书又育人，达到"在平凡中吐露芬芳"的目标。近年来，学校先后被评为"江苏省园林式单位""江苏省一级图书馆""常州市依法治校先进单位""常州市德育先进学校""常州市五一巾帼标兵岗""金坛市中小学常规管理一等奖""金坛市安全文明校园""金坛市'四五'普法宣传教育工作先进集体""金坛市校本教研先进单位""江苏省初中课程建设优秀学校""江苏省健康促进学校"等。

　　目前学校有 200 多名学生，外来务工人员子女占 40%。

　　2020 年 8 月的一天，一个土生土长的河头人，从金坛的东面河头中学来到 40 多里外的茅麓中学。由平原到圩区，再到丘陵山区，一路上吹着山风，欣赏着顺山势漫山遍野种植的茶树。汤忠芳内心很好奇，也很不平静。

　　"这是我第一次到山区，虽然都是农村中学，但完全是陌生的，山区学校有其独特个性。"汤忠芳校长满怀深情地回忆道，"正式成为茶乡人后，我通过一次次的深入调查，将茶乡的办学理念更新为'守正笃实　求中立行'。从'立足学生本位、追求教育本真、彰显生命本色'的思路出发，提出了'班级共管、年级共进、全校共育'的管理模式，为每个班级都配备了蹲点行政，协助和指导班主任工作，要求全体任课教师多干实事，少说空话，深入班级，走近学生，善于发现学生的问题。进一步加强学生行为习惯和学习习惯的培养，以养成规范的习惯，使他们进一步端正学习态度，提升学习追求。"

一年过去了，新的办学理念是否能够落地生根？汤忠芳校长这样表述：跨入初中，学习科目增多，学习内容加深，学习任务变重。大部分同学从最初的不适应，到逐渐主动适应，学习习惯有所改变，学习方法有所转变。在上学期的期末考试中，七年级的人均总分居全区第9名，居农村中学第3名。八年级的人均总分居全区第15名，位列农村中学第9名。九年级人均总分位居全区第4名。吴徐乐垚和谢春蓉两位同学中考成绩居全区第16、19名。

汤校长很自信地表示：目前学校盛行乐学善学勤为伴的风气。师生学会学习，学会反思，学会沉淀，从而能收获力量，收获成长。把懒散留在昨天，把勤奋亮在今朝。日常学习稳扎稳打，班级管理落到实处，专业发展夯实内功。把简单的事情坚持做下去就是扎实，一步一个脚印，这样的步伐才能铿锵有力。

不过，他一再解释，如果说今天茅麓中学取得一点成绩的话，应该归功于学校历任领导和所有老师们的辛勤付出，是他们打下了深厚的基础，他只不过是锦上添花。

初到茅麓中学，汤忠芳发现学校留守儿童、单亲家庭、组合家庭、外来务工人员子女、家庭困难学生以及问题学生较多，面对特殊家庭学生比例大、情况复杂的现状，他着手把关爱"特殊群体学生"作为德育工作重点之一来抓，结合"大家访"活动，积极开展"党员教师一对一，关爱留守助成长"活动，发动每一位党员教师与特殊家庭学生结伴成长。做好留守学困生的帮教转化工作，建立帮教档案，并制定了具体的帮教措施，记载好帮教情况，努力做到用爱心去关怀他们，用耐心去感化他们，尽量将一些苗头性问题消灭于萌芽状态。为此，他亲自开设了《慢教育视角下

"问题学生"转化的微关怀》论文讲座（常州市级），从理论层面上指出"问题学生"转化的方法和策略。

他曾经的同学、在区教育局工作的石磊老师曾向我介绍过，说汤忠芳一直很努力。40岁正是一个男人有扎实生活阅历、有生活厚度的黄金时间段，汤忠芳很想好好地干一番事业。因此他以身作则，在各个方面努力争做教师表率。到了茅麓中学一年后，他被评为"常州市第十四批学科带头人"，执教区级公开课"复习课：运动中的相似三角形问题"和"特殊角的三角函数"，2021年参加初中数学青年教师优质课评比获区级一等奖，在金坛区教育科研优秀成果评比中获得一等奖。

他用事实告诉大家，没有做不到的，只有不努力去做。他用实践说明，教师作为学习的促进者，有责任借助多种知识呈现载体，唤醒学生的学习兴趣。立足学生发展，构建适应学生个性成长的教学体系，以全面促进学生学习能力的提升。

茶乡人为了进一步完善学校的德育工作评价体系，培养学生自我教育、自我管理、自我约束的能力，养成良好的行为习惯，形成优良的校风、学风和班风。2021年茅麓中学借著名"青锋"茶品牌之名，通过争创星级学生活动，评选出一批"青锋好少年"。

徐梦暄。开朗、大方、有礼貌的可爱女孩。团结同学，乐于助人，关心班集体。学习刻苦认真、成绩优秀。是同学们学习的榜样。

王子豪。学习目的明确，态度端正，勤勤恳恳，埋头苦读，是懂事的好孩子。上课时认真思考老师的问题；下课后，能耐心解答同学们的困惑。

杨梦琪（重庆奉节）。文静、淳朴之中显示着一股认真、踏实的学风。努力学习，即使遇到困难也毫不气馁，默默地向着确定的目标攀登。

谢琪睿。守纪、肯学、求上进的学生。上课能专心听讲，注意力集中。课堂上，答案在胸，却从不轻易举手；班级里，满腔热情，却从未启齿表白。

陈晨（重庆奉节）。具有农家孩子朴素、勤奋的品质。上课能专心听讲，注意力集中，成绩优秀，是同学们学习的榜样。积极做好老师布置的各项作业。乐于接受老师交给他的任务。

单和祺。开朗、善良的女孩子。是老师的好帮手，是同学心目中的好榜样。她在学习上总有一种锲而不舍的精神，刻苦钻研，不轻言放弃。她热情大方，乐于助人。

陈淑熙（安徽六安）。品学兼优，待人和善，与朋友相处十分融洽。她喜欢画画，常常能创作出动人的图画。她热情开朗，风趣幽默，常常给同学们带来欢笑。

朱俊武（安徽芜湖）。一个待人随和、诚恳、热爱集体、乐于助人的男生。他的爱好广泛，在学习上，他坚持不懈，勤奋刻苦，收获了更多快乐。

吴道琴（贵州毕节）。作为班长，她对工作认真负责，是老师的好帮手。每次作业她都认真完成，娟秀的字迹让人赏心悦目。她一直在不断努力，也一直在进步。

向仪鑫（湖北恩施）。爱好广泛、性格开朗、乐于助人。在学习上，他听课非常专注，思维敏捷，每一门学科都能保质保量地完成作业，严谨、认真是他的作风，成绩优异是他的标签。

郭馨云。阳光女孩。喜欢阅读、画画，尤其擅长素描。她学习极度认真，有责任心，做事一丝不苟。作为数学课代表，她是数学老师的得力助手；作为组长，她热心帮助每一位组员。

王雨桐。是一个积极向上、阳光开朗的女孩。非常有爱心，只要同学有困难，她都能及时伸出援助之手。她对自己有目标、有追求，所以她收获的是不断进步。

方文乐。文静、懂事。淳朴之中显示着一股认真、踏实的学风，锲而不舍地努力学习，使他成绩一直稳定在年级的前列。在学习上主动帮助有困难的学生，在班级里起到了模范带头作用。

徐程诺。上进心强、聪明且心地善良的女孩。学习上勤勤恳恳，严格要求自己。学习成绩优秀，堪为同学的表率。与同学关系融洽，积极帮助学习上有困难的学生，是同学们学习的榜样。

李启念（云南昭通）。是一个守纪、肯学、求上进的学生。上课能专心听讲，注意力集中。在处事上为人随和，沟通能力强，富有幽默感。

李启义（云南昭通）。对待学习有一种不达目的誓不罢休的韧性，永不服输。以自己乐观向上的心态，去面对学习、生活中的困难。学习成绩稳居全校前列，是同学们的楷模。

吴沛霖。性格开朗、活泼的女孩。学习目的明确，态度端正，作业字迹清秀。积极帮助有困难的学生，有很强的组织能力，是老师的得力小助手，她用实际行动赢得了同学们的掌声。

陈勇（贵州威宁）。有着农家孩子朴素、勤奋的品质。上课专心听讲，积极思考，课后认真完成老师布置的各项任务，成绩名列前茅。乐于助人，他用实际行动赢得了同学们的一致赞扬。

顾雨佳。文静、温柔、多才多艺的她，对待师长总是恭恭敬敬，对待同学总是和和气气，对待学习总是认认真真，淳朴安静之中透着执着踏实！

陈江昊。聪慧敏捷，记忆力好，自学能力也较强，成绩一直保持在前列！他懂事明理，发现问题及时解决，不畏困难，力求上进！

李仁龙（湖北恩施）。上课认真听讲、积极思考，能较快地接受新知识，成绩一直保持在学校前列。目标明确，积极进取；待人和气，乐于助人！

吴徐乐垚。他积极进取、勤奋踏实、勤学好问。做事认真有条理，面对困难，勇于战胜，自信要强，有一种不达目的誓不罢休的韧性！

谢春容（重庆忠县）。一直是个勤奋好学、积极向上的好学生。他是老师的好帮手、同学的好榜样。她稳重认真而又专注，总是不折不扣地完成自己的事情。

事后，我得知，吴徐乐垚、谢春容两位同学中考成绩十分突出，名列茅麓中学第一、第二。

学生进入学校，通过各种课程学习到各类知识，从某种意义上说，课程是师生们通往美好生活的教育旅程。学生都是千差万别的，每一个孩子都有巨大的潜能，如何发现他们身上"沉睡的可能性"？课程就是这样一块有可能激发孩子潜能的试金石。

早年坐绿皮火车，我有过这样的体会。黑夜降临，亮了灯的火车在旷野飞驰，穿过村落，许多窗户在屋内的灯光下呈现出来，突然黑暗褪去，又复归宁静寂寞。虽然仅仅是瞬间，但给茫茫的行程无意间增加了一个情结。从出发到终点，两点间的距离，一半有黑暗，一半有明亮。其实，老师们就是学生旅途上的引路人，将学生从迷茫的黑暗带入敞亮的光明。

今年 43 岁的谭华就是这样的一位老师，一位很普通的乡村中学教师。扎根茅山革命老区十七年，一直负责班主任工作和数学教学工作。2017 年他所带的班级被评为"常州市先进班集体"，2019 年被评为"常州市优秀班主任"，2021 年被评为"金坛区优秀教育工作者"。他把对教育事业的满腔热爱奉献于平凡而细致的教育岗位。

我们面对面。

谭老师很平实地介绍自己说："我是薛埠镇夏桥人。2004 年从徐州教育学院毕业，先在直溪初级中学任教，2010 年调入薛埠中学。后来因为爱人在茅麓中学，为了夫妻不分居，组织上将我调入茅麓中学。我作为一个普通的数学教师，上好课是我义不容辞的责任和义务，因为这是赢得学生尊重的首要条件。只要一进课堂，所有的私心杂念会被全部抛在外面，脑海里只留下课堂、学生。数学课上，我会根据课堂的内容、听课的对象、上课的时间，采用不同的教学方式。如启发式、探讨式、合作研究式、自学式和讲授式。充分调动学生在课堂上的学习热情，学生不仅是争先恐后地展示自己的学习心得、才华，更多的是提出自己的不同见解和疑惑，让课堂气氛活跃，活而不乱。"

交流中，谭老师向我讲述了这样一个故事。

那年谭华担任 7 年级 4 班的数学任课老师。有一个来自重庆奉节的学生叫李立杭。小升初数学只考了 20 多分，很调皮，学习缺乏自觉性。他父亲因为小孩读书，特地将打工地点从花山调整到茅麓。有次得知李立杭不做作业，他父亲便让他跪在学校门口。谭老师知道后立即腾出时间，与学生交流、与孩子父亲交流，并通过学校"阳光加油站"活动，有意组织一些优秀学生和他结对。渐渐地，智力正常，大脑聪明的李立杭开始端正学习态度，躁动的心也稳定了，半年后数学考出 80 分的好成绩。

同事们这样评价谭华：一灯如豆，四壁青辉，身在校园，胸怀天下。社会上有许多人追求金钱名利，有太多繁华浮躁的诱惑，谭华老师却安于三尺讲台，甘愿守住一方净土，在事业追求中体现自我价值。

当李玲老师坐在我对面时，我突然有一种目光正在穿越时空的感觉。

屋外天空那么蔚蓝，风从山谷吹来，仿佛带着绿茶的豆香。

"我是邳州人。徐州邳州知道吗？"李玲开门见山。

我回答："知道啊！邳州有个杨华，诗歌写得很好，是我的朋友。所以我了解邳州。"

李玲老师开头第一句话就引起了我的兴趣。

"2003 年我从徐州教育学院化学教育系毕业。2001 年，与当时的男朋友、现在的老公一起通过人才应聘来到金坛直溪高中。因为当时政策规定户口必须是婚迁，2004 年我们结婚，凭结婚证办了异地调动。2005 年我到了茅麓中学，算是被茶乡召唤而至吧。"

我开玩笑问："邳州面食多、辣味重，刚来时生活习惯吗？"

"还行，毕竟都在江苏省。再说，年纪轻，什么都适应得快。"

我转入采访正题。问："你是化学老师，能不能谈谈这方面的教学体会。"

"曾经针对初中学生化学学科思维的培养策略，我做过一些探索。"李老师捏了捏手指，说，"在初中化学学习中，培养学生的学科思维非常重要，因为这是学生学习本门学科特有的思维方式和学习本门学科所运用的最为精准的方法。对于初中化学来说，学科思维是指通过深入细致的观察和实验，把外部表象和思考实质结合起来，经历实际的加工、分解、组合等思维过程，最终提炼出事物的本质特点。"

我没有打断李老师的话题，试图促使她放开思维，畅所欲言。

"初中化学是一门理性课程，是以实验为基础的自然科学，引导学生学习本门学科，那就需要带领他们通过形形色色的实验，经过反复的观察、思考和探究，把看到的表象和学习到的理论知识紧密结合，最终抓住事物的本质属性。"

李玲老师曾带队参加金坛初中化学实验操作技能大赛，获得一等奖。

我问李老师，她是来自外地的老师，能不能谈谈外地学生在茅麓中学读书的状况？

李玲老师坦率地讲道："说实话，外地学生有聪明的孩子，可是更多的在学习习惯和家庭教育方面还是有缺失。举个事例吧。有年我接任初三（2）班班主任。老师们就向我介绍，班上有个也是来自徐州的男学生，从初一起上课就喜欢睡觉。一天下课，我问他在家是不是玩手机。孩子点点头。我就找他父亲，问孩子在家是不是玩手机？他父亲护短，回答没有的事。我说，那孩子身上的手机哪里来的？他父亲尴尬地说，哦，那是查作业用的。我立即说，老师多次说过，不会做的作业不要用手机查，可以随时问老师。手机查作业，只能解决答案对错，解决不了题目的来龙去脉、前因后果，最终问题还是没有弄懂。你儿子不是笨孩子，只是睡眠不足，玩心重。我把孩子和他父亲叫到一起，作了严肃交代，所有家庭作业必须半小时完成，晚上9点半前必须睡觉。后来成绩果然上去了。"

临结束，我笑笑，对李玲老师说："虽然你长得很像江南女子，普通话还行，但你语调中的徐州味儿还保留着。一般人听不出来。因为我和徐州朋友常联系，所以还是能听出一点口音。"

同样来自徐州的邳州，同样是教化学。惠祥彦老师无论外形还是语调，显然是徐州男人的硬朗风采。

与惠老师见面，开头我就问，当年到金坛还习惯吗？

惠老师笑着说："我读大学在南通师范学院，一直就没有南北差异。江南还是很好的，特别是茅麓这个地方，山清水秀的福地，那绿茶特别香。"

2001年惠老师的女朋友、现在的老婆作为人才被金坛招聘到直溪中学，2003年惠祥彦婚迁到西旸中学，又随西旸中学并入茅麓中学。

说起化学课程，说起一些学化学的困难学生。惠老师说，初中化学是起始学科，有些知识点，该记忆背诵就得死记硬背。

我笑笑说："看来你和徐州老乡李玲老师的观点有一些差异啊！"

惠老师很认真实在地解释："万丈高楼平地起。在初中阶段，化学是学生必须学习的一门学科，是起点，也是基础，所以初中化学的重要性不言而喻。然而由于多方面的原因,例如学生的学习动力不足,对化学缺乏兴趣,以及没有认识到学科的重要性等原因,导致了在学习过程中出现了一部分学困生。可以说,化学学习中的学困现象,既是学校的困惑,也是家长的担忧,更是我们教师的责任。所以,如何帮助这些学生改变学习现状,引导他们热爱化学,培养化学的基本学习技能和学科素养,便成为摆在我们每一位化学从教者面前的义不容辞的责任。"

我问:"听说,你曾经专门开展课题研究试图转化化学学困生?"

惠祥彦老师调整了一下坐姿,慢言慢语地说道:"提到转化化学学习困难生,我们必须对产生学困生的原因进行细致的剖析,然后才能够因材施教,提出具体的转化措施。化学学科中,概念、定义、性质,必须要通过学生的理解、记忆和背诵才能够牢记心中。所以学生如果在理解和记忆方面能力不足,甚至说理解了没记住,或者是能够死记硬背,但是对实际的应用并不理解,最终导致学生不能很好的学以致用。同时化学知识的连贯性非常强,可谓环环紧扣。那么,学生如果中间环节有薄弱的知识点夹生的话,就会直接影响到后面的学习效果。有的学生在家里深受父母的溺爱,家人对他们的学习期待感不足,父母没有给其树立必要的学习目标,导致他们在学习上非常茫然,找不到发展的方向,所以对待所有的学科,都是无所谓的态度。大部分的学困生也存在着这样一种现象。刚开始对于化学学科的重要性认识不足,没有打牢基础知识,后来即使想学习,也心有余而力不足了。

"素质教育的最终目标是关注每一个学生的发展,让每一个学生都能够有所进步,要面向全体学生。所以我们在初中化学的教学过程中,要找准学困生的形成原因,并且采取因材施教的方案,积极转化学困生。"

惠老师用手摸了一下头,停下说话节奏,顿了顿。

"对于积极转化学困生,我的观点一是引导学生形成互助小组。请小老师引导他们学习。在学习过程中,学生之间互帮互助、合作探究是我们新课程所探讨的科学的学习方式。比如在学习一些化学概念、定义和原理等知识点的时候,我们便可以引导小老师检查学困生的理解、背诵,或者是默写情况,在化学方程式的书写上,要求他们做到规范整洁,不出现任何的小错误。二是小组合作展示，激发学困生的积极性。学困生的形成有多种多样的原因，很多同学在课堂上，因为怕丢面子，一直保持沉默，不敢发言，不敢互动。因此我们在课堂上应该给予这一部分学生充分的展示机会，为他们指定特定的学习小组，在小组学习过程中，让学生之间互相学习讨论，并且积极给予学困生汇报的机会。三是做好化学实验，营造学科专业氛围。初中化学学习不是孤立的行为，我们需要让学生带着问题，进入真实的情境去学习，而真实的化学实验操作可以有效激发学生的好奇心。根据调查发现，现在的很多初中学校化学实验课开设较少，大部分都停留在教师讲实验、学生听实验的阶段，这样他们对实验的操作没有直观的接触和了解，自然印象不深刻，更无法理解其中所蕴含的化学原理。因此化学学习的学困生也会越来越多。"

为了扭转学困生的情况，惠祥彦老师觉得应该重视化学操作实验，力求让学生在实际的操作过程中，去真正地发现化学现象，总结化学问题，从而了解化学原理。例如，他曾经反复给学生强调硫酸铜溶液是蓝色的，但不让学生们亲眼自己去见证一下，记忆并不牢固。所以对于化学知识的获取，尽量要给他们在实验的过程中去发现和记忆的机会。在生动的实验中，见识了化学现象，学习的效果也会事半功倍，学困生对化学的兴趣也会逐步提高。

"有个叫江娜娜的初三学生，化学常常不及格。态度不端正不说，还特别排斥化学课。我便和班主任一起经常与她交流、谈话，每次做化学实验，我有意识让她负责小组的笔记。借学校大家访期间，我们把学生的状况与家长沟通。渐渐发现，她上课认真听了。疫情期间线上上课，我本来担心这孩子不会做作业。她天天上传作业。到了 5 月份，几次小测试成绩还可以，本来老师们对她中考还是不抱太大希望，谁知中考成绩出来，她考了高分，顺利被高中录取。"

作为中小学一级教师，惠祥彦老师近年来有多篇论文发表在省级刊物，也算是术业有专攻。

采访虞慧老师，是因为她的一篇《初中道德与法治教学中学生法律意识的培养策略》文章引起我的关注。因为这么多学校走过来，我是第一次看到有老师专门研究这样的课题。不过，今年 41 岁的虞慧老师的经历可不简单。父亲是金坛人，早年援藏，母亲也曾从丹东去援藏。虞慧从小生活在西藏，1990 年上四年级时回到金坛朱林老家。2000 年在西旸中学任校医，负责健康教育课程。2008 年学校合并，进入茅麓中学。

从小在西藏高原生活，她也养成快人快语的豪爽个性。

我坦率地对她说："大家都知道，初中阶段不仅是学生身心发展的重要阶段，也是学生道德品质形成的关键时期。在传统的道德与法治课堂教学中，教师为了提高课堂的教学效率而注重对学生进行专业文化知识的传授，忽略了学生学习的主动性与积极性。"

我问虞老师：培养中学生法律意识的意义在哪里？

她很认真地看了我一眼，回答说："虽然初中生随着年龄的增长，认知能力与水平相对提升。但由于他们并未真正步入社会，必然还是缺乏很多的人生经验与体会。初中生的思想正从稚嫩走向成熟，他们逐渐形成了独立的自我意识，也希望自己的看法能够得到他人的尊重与认可。然而，在现实生活当中，初中生缺乏法律意识，即便是他们的合法权益受到伤害，也不懂得如何利用法律来保护自己。比如，在班集体当中，有些学生的学习能力较弱或者性格较为内向，他们很容易受到其他同学的排斥与嘲笑。这类学生相对较为自卑，也容易被其他的同学欺凌，甚至是殴打。由于学生自身性格较为内向或者软弱，他们害怕欺凌者再次伤害自己，而选择容忍，再加上自身法律意识较为淡薄，也不懂得如何保护自己的合法权益，最终会导致非常恶劣的影响。而在受欺凌学生的身边，存在着许多冷漠的旁观者。他们也因为种种原因，不敢去帮助受欺凌者，任由校园欺凌势力在自己的身边滋生。有的学生会因为缺乏法律意识，不懂得利用法律保护自己的合法权益，而导致自己的身心受到伤害。也有的学生在伤害别人时，并不知道自己是违法的，甚至漠视法律，最终走上了一条不归路。"

因为学校教师近年人手不足，原来一直负责学校心理咨询还兼财务的虞慧兼任法治课老师。法治这门课虽然已教了两年，但她仍然在一边学一边教，不停地琢磨。她觉得不管怎样，自己也是做母亲的，平时也很关注自己孩子的法治意识。在初中阶段，老师必须在思想上注重对学生进行法治教育，充分利用好道德与法治课堂教学的阵地，做好学生的法治教育以及学生法律意识的培养工作。比如《未成年人保护法》《义务教育法》《交通法》《反食品浪费法》等，巧妙地将法律知识融入学生的生活当中，不断地提升学生的责任意识，注重法律教育的完整性。同时，老师还要不断地提高自身的专业素养与理论水平，善于联系学生的生活实际，尊重学生身心发展的规律与水平，探索出符合学生学情的教学模式，从整体上提高学生的法律意识。

教育的意义在于发现人的价值，发展人的个性，发挥人的力量。从这个意义上讲，金坛区英语学科骨干教师余月娥已经做了努力。

余月娥，中小学高级教师，今年 51 岁，担任过 14 年班主任，带了 10 年毕业班。所带班级多次被评为常州市、金坛区优秀班集体。曾因班主任工作突出，接受过江苏省教育电视台的采访。提起这些，余老师满脸疲惫的脸上露出腼腆的笑容。

作为教育工作者，余月娥一直在思考，怎样当一个快乐而深受学生欢迎的班主任？怎样才能创建一个让自己省心、让领导和家长放心、让学生开心的班集体？她认为做一个优秀的班主任必须具备以下几个基本素质。一、班主任要有对教育教学以及学生的满腔热情。二、班主任要有较高的班级管理能力和教学水平。三、班主任应平等、公正地对待每一个学生。四、班主任要以身作则，做好学生的表率。五、班主任一定要做到廉洁从教。

《中小学教师职业道德规范》明确规定：教师应坚守高尚情操，发扬奉献精神，自觉抵制社会不良风气的影响。不利用职务之便牟取私利。余老师认为，班主任理应严格要求自己，教书育人，自觉遵守教师职业道德规范，努力使自己向廉洁从教的目标靠拢。只有我们自身廉洁了，我们在家长面前才能挺直腰板，说话才能理直气壮，在学生面前才可以堂堂正正，底气十足。

有条不紊地一番叙述后，余老师又深情地回忆道："总觉得现在的学生不懂事，不求上进。因此批评多了，鼓励少了；苛求多了，宽容少了。学生慑于我的威严，还比较听话。但每次走进教室，总感觉有些怪怪的，而且这种感觉愈来愈强烈。一个普通学生一次偶然的真情告白，改变了我这种彷徨状态。那是期中考试后的一次班会，我要求学生就期中考试成绩写一篇小结。其中有一名学生写道：老师，我们已经很久没有看到你的微笑了，每当看到你眉头紧锁时，我们心里别提多压抑了。你知道吗？其实你笑起来很美。最后给你提一个小小的要求，能不能每天朝我们笑笑？那将是对我们的最大鼓励和肯定。谢谢！"

说到这里，我发现余老师眼中闪出一丝泪花。

看完这篇小结后，余老师内心受到很大触动。或许是她读懂了学生可望而不可即的情感，陡生愧意。在接下来的班会上，她诚恳地向学生做了检讨，真诚地请他们在今后的工作中对老师进行监督。在之后的教育教学中，余老师也确实做到了这一点。班级的学习、纪律、卫生等各项常规仍保持前茅，她和同学们一起用微笑分享这一切，而老师的微笑更多是对学生的感激。

情感朴素的余老师，一生付出，将学生视为自己的孩子。至今，逢年过节还会有学生和她联系。如今，曾经教过的学生已经成家立业，他们的孩子也已经渐渐长大，有一些还是余老师的学生。

延续着几代人的情感。或许这就是做老师的幸福！

翻阅学校提供的2020—2021年度考核优秀教师（受区政府嘉奖），这样一排姓名映入我的眼帘：王卫星、尹兵、任建德、季雷平、赵芸、惠祥彦。

手捧一杯刚刚泡好的"青锋"绿茶，氤氲的香气直扑鼻腔。我走向教室的长廊，面对校园。

蓝天澄碧，无垠无影。

我很感慨，这篇文章完稿后，明天将迎来祖国72周年华诞。

时间流逝得真的很快。

第九章　山娃的世界充满希望

罗村，茅山老区一个曾经相当偏僻的村庄。虽然它有过建制乡的历史，但是当地人更多还是习惯称呼它罗村坝。经过许多次的疏浚改造，河道拓宽了，那座农耕年代抗洪排涝的"坝"消失了，但记忆中的罗村坝却一直留着乡情乡韵。

许多年前（1977 年 12 月）我作为记者，从县城坐了整整一下午轮船来到罗村坝采访。当晚睡在供销社旅馆，竹床上面铺着厚厚的稻草，盖着厚厚的"板结"的棉被（我们戏称"脂油渣"），吹灭油灯，一觉到天亮。

那些年，罗村坝最出名的是贫穷。据说，这里有个山蓬村，一位村民进城办事，捡到五分钱。第二天回村就向生产队长请假，说是歇工两天。队长好奇地问为什么？他回答："队里工分一天两分钱，我捡到五分钱，顶两个半工。"有一年，县里一位主要领导带队驻扎在这个村，半年后他发出感慨："谁能让这个村脱贫，我的位置让给他。"党的十一届三中全会意义非凡，特别是一系列利民好政策落实到位，再经过十年的"百千万"帮扶老区富裕工程，如今罗村早已步入了小康。

2021 年，国庆长假结束后的第一天，正是寒露节气，菊花盛开之时。下午我来到了罗村小学。

我与校长霍建春是第一次见面。他笑容满面地连连说："不好意思，到罗村小学我刚刚满一个月。前任校长史群峰已调任华罗庚实验小学。"

我打趣霍校长，说："这次你调整的跨度有点大。"

"是有点大。原先一直在东面的儒林、五叶小学，一下子来到山区，心里还是有点意外。不过，到哪里都是工作、教学。再说，不是有那么一句话嘛，共产党员是块砖，哪里需要哪里搬。我身为一名共产党员，应该服从组织需要。"

"来了一个月，对山区有什么感觉？"我问。

"和东面长荡湖水乡的环境、人文状况相比，茅山山区人更质朴、率真，说话不绕弯。这也符合我的个性。有什么说什么。好在，我身上也流淌着家传读书的血脉。祖上霍端友是北宋年间常武地区第一个状元。常州市区'早科坊'地名，就是因宋理宗喜欢霍端友之孙霍超龙而得名。"霍建春圆圆的脸上露出真诚的笑容。

虽说霍建春刚接任罗村小学校长职务一个月，但他带领全校师生还是做了许多事。

9月1日，"电火花"点亮开学第一课。穿着红马甲的国家电网常州公司金坛区供电公司团委书记沈虹和夏冰、钱凯等人来到罗村小学，和孩子们一起回顾讲述红色经典故事的热播电视剧《觉醒年代》。

9月10日，罗村小学举行庆祝第37个教师节表彰大会和"吴粉珍师德模范工作室"揭牌仪式。大唐热电、奥托立夫及镇、村的各位领导为该校市、区、校各级师德模范、优秀教育工作者颁奖。在欣赏完《唱支山歌给党听》诗朗诵等精彩的节目表演后，全体师生及与会嘉宾一起观看了"感动江苏教育人物——2020年最美班主任"吴粉珍老师颁奖典礼视频。

9月18日，罗村小学与茅山旅游度假区管委会联合开展了"山娃看世界"体验式课程之"养根"课程——"我们的节日·中秋节"主题活动，茅山旅游度假区管委会旅游发展局科员、茅山民俗文化研究会会长王群与该校中高年级师生参与了此次活动。王群会长图文并茂地与孩子们交流了中秋的渊源，民间各种不同的庆祝方式以及其中所承载的中华民族独有的文化内涵。

9月23日，罗村小学举行"迎国庆 庆丰收"第三届开心农场丰收节启动仪式和相关采摘种植活动，全校近两百名师生参与了此次活动。启动仪式上，全校师生进一步了解了秋分节气、农民丰收节的相关知识，感受中国共产党百年来的伟大成就。"劳动是一切成功的必经之路，实现我们确定的奋斗目标，归根到底要靠辛勤劳动、诚实劳动、科学劳动。"采摘种植活动中，孩子们在老师的带领下走进校园里的开心农场，有的三五成群在地里忙着采玉米、摘扁豆，有的成排在地里忙着刨山芋，还有的你来我往地忙着装袋。望着收获的满袋农产品，孩子们一个个沉浸在无比快乐的氛围里，体验着劳动与收获带来的喜悦，兴奋的欢笑声此起彼伏，装满了整个校园。

其实，这些活动都基于一个坚守多年的主题，那就是罗村小学"山娃看世界"。

罗村坝的初等小学创办于1927年2月，当年杨藕亭、马骥等人发起筹办洋学堂，开明乡绅同意和支持并愿意提供资金，从庙里腾出三间房作为教室、办公室，将庙里闲置的屏风拿出来做课桌，这就是今日罗村小学的前身。（当时有两种教育体制。本学堂，即私塾；学校，即洋学堂）原校址在罗村街北面的庙内，1959年迁到东街，1993年再次迁移，坐落于如今的西街。与罗村坝"洋学堂"并存了10年的还有一座私塾，1936年私塾闭馆，私塾学生70多人迁入罗村坝初等小学。1941年新四军地下党的革命活动在罗村特别活跃。1942年2月共产党选派吕海洪到罗村小学做教员，秘密配合新四军的宣传活动。1943年，地下党员高林担任罗村小学校长，30多岁的他精力充沛，充分利用学校这块阵地为共产党做宣传，教唱革命歌曲并亲自编写罗村小学校歌。新四军把这里作为落脚点。高林调离后，上级又派20多岁的女地下党员周慕德继任校长，同时增派毛继中协助工作，一直到1945年新四军北撤。

距离金坛主城区27公里的罗村小学占地面积19600平方米，校舍面积5550平方米，绿化面积9500多平方米。2018年之前，施教区内有两个贫困村（现已脱贫进入小康），一个江苏省美丽乡村示范区（上阮村）。

时间回到2018年的9月1日。

新学期开学报到的日子，孩子们和往常一样走进校园，迎接他们的除了和蔼的老师，还有一份独特的调查问卷——罗村小学学生生活学习方式调查。不久，从这份问卷中看出了乡村学校值得思考的一个问题：罗村小学7个班级的187名学生中，随迁就读学生103人，来自全国20多个省；本地学生84人，来自单亲家庭或随祖辈生活的64人；2017年，全校享受阳光资助的学生51人，不少学生家庭拮据。调查还发现，家里有小书柜的学生仅有71人，家里很少有课外书的学生88人，有143人几乎没有出去旅游过，有55人最远只去过金坛城区，有82人从来没有去电影院看过电影……

接下来有这样几件事触动了时任校长的史群峰和老师们。

——一次意外的升旗仪式。

新学年，为了让更多的学生得到锻炼的机会，红领巾少先队大队部决定让各班学生轮流主持升旗仪式。第二周，一名三年级的孩子上台主持，前面的议程都很流畅，当校长站在国旗下讲话时，不经意低头一看，那名主持的学生已跌倒在护栏下，脸色苍白地倒在旗台边一动不动了。后经医生诊断，是因为极度紧张引起肠胃痉挛造成大脑供血不足，导致这一次意外。

——一回尴尬的展示答辩。

学期初，五年级学生的一项研究性学习成果经层层评比最终入围常州市总决赛，本次评比与往年不同，增加了展示答辩环节，要求学生把研究过程和成果制成宣传展板进行展示讲解，并接受专家的提问答辩。于是，学生团队经过精心准备，还在学校里进行了一次模拟展示答辩。可在进行正式讲解时，我们的学生拿着讲稿低着头在读，手不停地颤抖，专家提出问题后，大家面面相觑，一声不吭，最后一名学生匆匆说了几句后草草下场。

"淳朴、勤劳、善良、勇敢"这是我们对山村孩子品质的固有认识，可通过以上几个事例来分析，"闭塞、自卑、畏惧、焦躁"将成为他们融入社会、走向未来的绊脚石。

如何补充核心素养——山村教育的"维生素"，成为当年学校老师们认真思考的一个重要内容。

面对当前高速发展的社会经济，特别是国家提出学生发展核心素养的要求，是让每一名学生获得成功生活，适应个人终身发展和社会发展都需要的，不可或缺的共同素养。可理想与现实还是存在巨大落差，让我们不得不审视学生现实表现的根源，进而反思学校在现阶段实施的相对单薄的课程体系，在促进学生综合素养发展上表现出了它的不足。从基础教育的学情和需要出发，大家意识到罗村小学是一所山村小学校，作为山区的孩子，他们也是祖国的未来，他们需要融入这个高速发展的社会，他们和城市的孩子一样也需要"人文底蕴、科学精神、善于学习、健康生活、责任担当、实践创新"。特别是国务院两次出台关于推进义务教育学校优质均衡的文件，指出"把立德树人作为根本任务，把均衡发展和品质提升作为重要抓手，积极培育和践行社会主义核心价值观，促进教育公平，使城乡学生共享有质量的教育"。

为此，罗村小学师生们边思考边实践，启动"山娃看世界"体验式校本课程建设，期待通过阅读、实践和"视界"子课程的全面实施，改变孩子们的学习环境，改善孩子们的成长条件，让学生在认识和活动中走出山村，走向世界，体验精彩的世界，弥补他们经历的短板，使核心素养在不同情境中得到锻炼，整体发挥作用，让他们既淳朴、勤劳、善良、勇敢，又乐观、开朗、自信、健康，进而促进他们很好地融入社会。

几年来，学校在总结前面所有校本课程建设工作和实施效果的基础上，以务实的精神，深入调查学生的学情，从山乡学生家庭背景的实际出发、从学生的迫切需要出发，结合时代发展的特点，深入思考，多次征询各界的意见，以对罗村小学全体学生高度负责的态度，在对学校现有条件、师资力量、社会资源综合考虑的基础上，充分酝酿，明确地提出"山娃看世界"体验式校本课程方案开发与建设的思路。该课程有三个特点：一是切实着眼于学生发展；二是非常适合学生学习；三是在努力之下，罗小师生一定能够将其实施的效益最大化，从而弥补学生发展的不足，缩小城乡学

生差距，提升办学品质。大家坚信其实施具有勃勃生机，并愿为此不懈努力。这一过程是所有老师使命感、课程观、学生发展观等方面不断升华的过程。用各种方式来进行"山娃看世界"体验式课程建设的实践与行动。

开发和实施"山娃看世界"体验式校本课程，是罗村小学全体老师和当地关心教育的力量共同努力思考、论证和开发的结果。自实施以来，目标明确，社会反响非常好。这一课程的实施，以具有常态性的山村教育为背景，伴随着课程结构体系的完善，分段清晰，可操作性强，育人功能日益彰显，可以很好地给予学生历练的舞台，明显地提升学生的素养，补齐乡村教育的短板。从这些现实意义上来说，真实地探索了当下乡村教育的路径。

"山娃看世界"，从阅读起步。

阅读的最大理由是想摆脱平庸。用文化名人余秋雨的话说："早一天就多一份人生的精彩；迟一天就多一天平庸的困扰。"作为山区的孩子，更应该进行大量阅读，借助书籍摆脱知识的贫乏，了解世界的精彩。

1. 家庭小书柜建设。学校与四个村委会合作，共同制定了"我的小书柜"建设方案。通过举行启动仪式，发放倡议书，倡议家长通过"四个一"建设和购买适合少年儿童阅读的书籍，在家为孩子打造简易小书房，同时做好阅读规划。进行了两次大型的表彰活动，评选出小书柜建设优秀家庭和阅读之星，并把他们的优秀事例制作成展板张贴到每个村里，增添荣誉感，增强他们小书柜建设和家庭阅读的积极性。截至目前，全校建成家庭小书柜的学生家庭已达100%，通过联合共建、资源整合、区域辐射和阅读共享，积极打造书香山村、美丽乡村。

2. 学校阅览室建设。学校在教学楼每层的教室旁新建一个阅览室，把原图书馆里的藏书按低、中、高三个年级段需要的图书以"营养套餐"的方式进行重新整理、分配。为每个班级制定阅读计划，安排阅读课时，新建的阅览室配备兼职教师和学生图书管理员，统一安排时间，学生定期阅读，并可适量让学生借出阅读。

3. 语文主题阅读尝试。改进授课模式，变单篇教学为单篇引路、单元整合、主题阅读、读写共进的教学模式。在课堂教学中建立起小组合作学习机制，让自主学习、合作学习成为最主要的学习方式，教师在课堂上少讲、精讲，为主题阅读拓展空间，让学生获得阅读的快乐。

4. 校园读书节活动。学校每年开展"让阅读成为习惯，使书香充满校园"为主题的读书节系列活动。鼓励教师与学生共同读书，家长与孩子共读。开展"罗村朗读者"活动，让学生带着家长登台朗读；与镇政府联合开展读书征文比赛；邀请作家、专家进校园，引领学生阅读。

"山娃看世界"，从阅读到实践，是一个提升。

"纸上得来终觉浅，绝知此事要躬行。"书是"山娃"看世界的重要载体，但不应让书本成为"山娃"的全部世界，而要让整个世界都成为"山娃"的书本，必须有实践，走出去。

课程实施两年多，学校本着"多方体验、全员参与、整体提高"的思路，组织学生参观访问、参加活动、参与辩论、参加比赛，学生的素养得到明显的提高，他们敢与陌生人交流了，能站在舞台上表演了，小主持人、小播音员竞争才能上岗。学校社团石锁队还在金坛区第一届非遗文化活动中进行了展示，并亮相金坛电视台节目。学生参加各级各类比赛的人数增加了，2019 学年，学校三年级以上学生有 107 人，参加区级以上比赛占总人数的 81%，获奖的人数也增加了。一年来，学校有 102 人，79 人在区级以上比赛中获奖，占总人数的 60%。获奖的层次也高了，学生不仅在区组织的整班朗读、写字比赛、口算比赛、英语书写比赛上获区级一等奖，还获得了金坛区 STEM 创新实验大赛（乡村印象）一等奖，常州市研究性学习成果一等奖，常州市好书伴我成长读书征文一、二、三等奖，第二届江苏省红领巾"创未来"科学建议评比一等奖等历史性好成绩。

学校的课程建设被评为金坛区特色课程建设一等奖、常州市三等奖，常州市劳动教育示范学校，先后得到施教区村委会、薛埠镇政府、金坛区教育局、凤凰传媒、江苏教育杂志社等单位的肯定和支持，并在《江苏教育报》2019 年第 45 期得到报道。其中"电力探秘看常州"游学活动，被"学习强国"收录，于 2019 年 10 月 22 日在中央电视台新闻频道新闻直播间播出。学校的各项活动共三次在常州电视台、四次在金坛电视台播出。引发了广泛的社会关注和一致的好评。

今天，当霍建春面对学校过往取得的成功经验和荣誉，对我说出了发自内心的看法："我现在头脑里考虑最多的就是如何延续罗村小学'山娃看世界'的路径，让这项有意义的活动走得更好、走得更远。"

听完霍建春校长对未来发展的想法，我接着问："这么多年来社会各界对罗村小学好像一直都非常关注与支持。"

"是的，是的。"霍校长连连点头表示赞同，说，"确实是这样。"罗村小学这几年的发展以及"山娃看世界"校本课程有序进行，就是靠着方方面面社会人士的关心关爱。不久前，金坛作家储月华还来学校准备长年资助几名品学兼优的学生。

接着，他一脸笑意，挥舞着手说："告诉你一个好消息。明天上午（10月9日）江苏省儿童艺术团（金坛华罗庚艺术团）将走进校园，为我们罗村小学专场奉献精彩绝伦的儿童剧《戏娃》，到时定会让孩子们大饱眼福。"

这可是全国著名的儿童剧啊，孩子们很幸运。孩子们一定会有收获。这也体现出罗村小学的社会关注度不小啊！我很激动地表露出赞叹的神态。

阳光高高在上，我们需要面对它的光芒；因为我们需要阳光，万物生长更需要它。

不知道是谁欠了老天的账久久不还，还是老天欠别人的账久久还不出，火气冲天。这几年，以往四季分明的江南季节颠三倒四。四月份的短袖衫可以穿到10月份，完全抹杀了春夏秋冬季节转换的概念。

这不，一直热度不降的气温，在一场名副其实的秋雨中方才悄悄收起猖狂的翅膀，终于退场。10月11日的大雨，给大地带来了彻底的透凉。我冒雨又一次来到罗村小学。

因为我心里牵挂着一个人。

一个在茅山老区坚守了36年的乡村教师——吴粉珍。之前就有许多朋友不断地建议，赶紧去采访吴粉珍啊！怎么还没去？

我是第一次与吴粉珍老师面对面。我曾翻阅过吴老师多年前的相片，那时她扎着两条小辫子，圆圆的脸庞，很秀气。吴老师和爱人柴松青同在罗村小学，他爱人教数学。采访时，我和她爱人开玩笑，难怪那时他会追大4岁的吴老师。柴老师乐呵呵地笑着说："她是我老师。当年她17岁在山蓬小学教书，我13岁还在读小学，一个楞头小孩，什么都不懂。丫头常常说我们属于'师生恋'。其实没有啦。"

当我面对吴老师，看到她的脸上挂着成熟、披着沧桑，瘦削而坚毅。

吴粉珍2020年6月被评为常州市优秀班主任，2020年10月获"感动江苏教育人物——2020年最美班主任"荣誉称号，2021年2月被金坛区委、区人民政府评为"2016—2020年感动金坛先进人物"，2021年9月被常州市评为"最美常州人"。说句实话，在教学岗位上任教36年的老师可能有许许多多，但是据我所知，连续做36年班主任的确实不多见。做班主任是一个很辛苦、很累人的差事。

我的开场白。问吴老师："你知道罗村坝'粉丝大王'吴宝生吗？"

吴老师回答："知道，带领老百姓致富的名人。谁都知道。"

我问："你和吴宝生同姓，是一个家族吗？"

吴老师笑笑："不是。我这个'吴'是祖辈从溧阳过来的，与当地吴姓没任何渊源。"

我看着一脸疲惫、已经54岁的吴老师，说："如今，你得到了许多荣誉，现在大家都称你是'幸福的山村教育守望者''乡村教育的追梦人''了不起的吴粉珍'。对此，你有什么感觉？"

吴粉珍用山里人朴素的神态，很真诚地回答我："其实我就是一个普普通通的山区女人，父母养了7个孩子，我排老六，上面4个哥哥一个姐姐，底下一个弟弟。我所在的山蓬是出了名的穷村，家庭经济十分拮据。1985年我17岁，由于许多因素，无法再读高中，便离开学校，准备去工厂上班。3月份社头乡许家咀中学有个女老师要回家休养，缺老师。校长谢芒春找到我，让我去学校代初一的语文和英语课。那时人小胆大，懵懵懂懂，拿了课本和参考书就答应了。什么都不懂，便回忆当年我的老师怎么上课、怎么向学生提问题。另外不断地请教同学校的老师。第一次，总算把第一节课45分钟上完。校长悄悄地在教室门外听了20分钟，微笑着走了。事后，校长对我说，开场锣鼓敲得不错。

"一个学期结束，感觉做老师有点上手了。

"同年9月新学期开学，老家山蓬小学高平校长知道我在外代课，便邀请我回村代课，并担任班主任。这一代就是7个年头。7年中我悄悄地一点一滴地攒了6千元私房钱。1992年兴起买户口，我用这6千元买了金坛县城的户口。正巧，5月份金坛县教育局招工，有个前提条件，必须是县城户口。我沾了光。经过考试转为合同制工人，以工人身份继续从事教学工作，成为一名正式老师。几年后才听说，那年招了20多个教师，我在山蓬小学一干就是14年。1999年9月份，调入罗村中心小学。"

我一边计算着时间，一边插话问："那些年社会上经商热很厉害，老师待遇不高，很清苦，你怎么没离开教师队伍去经商？"

沉思片刻，吴老师坦率地说："乡镇企业发展很兴旺的时候，我是有过动摇。可往深处想，这么多年教师干下来，很有感情。离开了重新学经商，有点折腾。"

突然，我发觉吴老师脸上扬起一种淡淡的笑容，她说道："其实，在山蓬小学代课那一刻起，我就对教师这个神圣的职业产生一丝喜爱之情，也让我和教师这一职业结下了不解之缘。"

我好奇地问："你高中没毕业，之后是怎么提升自己的学历的？"

"苦中有乐吧！"轻轻地叹息一声，吴老师露出羞涩的神态，说，"我一直记着这样一句话，如果不能自我成长，没人会替你遮风挡雨。工作以来，我知道自己有许多的不足。深刻明白给学生一杯水，教师就得有一桶水，甚至多桶水的道理。于是我开始了另一个征程——艰难的求学之路。"

顿时，我眼前回放出这样的场景。

1987年春节过后，吴粉珍征得当时罗村乡山蓬小学校长的同意，开始了两年中师自费函授之路。每个周日风雨无阻，她骑着自行车一个人行进在泥泞的小路上，来回几十公里。夏秋还好，初春和寒冬雨水多，经常是她的小舅舅帮着把自行车扛到大舅舅家，在大舅舅家过夜。第二天早晨，大舅舅帮着再把车扛到沙石公路上，吴粉珍再骑进城，到金坛教师进修学校上课。每每这样，她都是最后一个进教室（据老教师回忆，吴粉珍是当时离城最远的一个进修生）。但吴粉珍感觉，她遇到的都是好老师。在求学的路上都给予她莫大的帮助和支持。在以后的教学工作中，她也一直以他们为榜样，一切以学生为主，从学生的角度去思考。就这样，吴粉珍用了两年的时间学完了中师函授所有课程，顺利拿到了第一张教育类文凭——中师函授毕业证书。虽然还是一名村小代课老师，更不知道这一纸花去积攒几年代课工资的文凭，对于她来说意味着什么，或者说今后会有多少用途？但她依然非常高兴。不久，她又进行了三年的大专自学。当时她正好调动到罗村小学，班上的学生从20多人增加到40多人。原来只是教一到四年级，到了罗村中心小学，需要担任五年级的语文老师，以及班主任。开学第一周，王冬平校长听了她的课，听完之后，给她进行了详尽的指导，帮她分析授课的优缺点。白天，吴粉珍忙于学校的教学和班主任工作，下班之后把自己的上幼儿园的孩子照顾好，再整理第二天的教学内容。只有到了晚上的九、十点钟，才腾空安排自学大专的课程。在这样艰难的情形下，吴粉珍拿到了大专毕业文凭。接下来又开始三年的本科学习考试。许多人不理解，跟她说"你都这么大岁数了，拿了本科学历又能干什么用？况且，还是自费生。"可她认为，趁年轻多学点，总不是坏事。钱可以去挣，但学习的机会错过了可能不会再有。于是，正往50岁奔的吴粉珍，又挤上年轻人学习的这辆车。那一届有98人，她可能是年龄最大的学生。与小年轻一起学习、考试，压力确实大。风风雨雨又是三年，终于取得了中央电视大学汉语言文学专业的本科毕业文凭。或许是缘分吧，后来中学高级教师评定的首要条件之一就是必须本科毕业。

"我碰上了。"吴粉珍轻松地说了一句。

往事的回忆在继续……

"在努力提升自己学历的同时，我深知业务能力、专业水平必须同时提升，才能跟得上同行的脚步。还记得开始学习电脑时，白天工作，晚上从罗村上完老师的指导课回到山蓬，继续用键盘练习五笔打字。有时梦中都会想五笔字根。"教学工作中，她虚心向有经验的教师学习，时常去他们的课堂上"偷艺"，遇到问题及时向他们请教。多次开学工作检查时，区教研室的领导周怡和、陈文、孔惠萍、陈秋云听完课后，都非常有针对性地对吴老师进行指导。从他们的指导中，吴粉珍学到了许多。她在后来教学中加以运用，收到了事半功倍的效果。

屋外，校园里淅淅沥沥的秋雨逐渐停歇。与吴老师的交流却让我心潮澎湃、思绪万千。

吴老师眼中闪着泪花，有点激动地对我说："虽然今天我得到了许多荣誉，然而，这一路，真的要感谢太多的人。还记得当年我和虞福平校长搭班，他给我指导了很多关于职称评审方面的知识，一直鼓励我去搏一搏。尤其是在申报中学高级教师时，得到华罗庚实验学校的陈燕、何瑛两位老师的悉心指导。唯有在工作中以他们为榜样，用行动和真正的成绩才是对他们的最好的感谢。"

没有停下话题，吴粉珍老师继续她的讲述……

"为了让山里的孩子们走向人生世界，站了36年讲台，做了36年班主任，其中毕业班（高段班5、6年级班主任10年）班主任20多年。领导和同事们开玩笑，说我是老班主任。真的，初始我什么都不懂，好在有幸和教过我一年级时的班主任（已故的马玲风老师）在同一个学校，跟着她，我学着去管理班级，利用课余时间去帮那些学困生解决当天遗留的问题，放学后去家访，争取到家长的配合。记得1987年，有一天，我班上的学生小英连续两天未到校上课。第一天她请同学代请假，第二天又没来。我将这一情况向校长汇报，校长非常重视这件事情，和我讲不能让一些特殊原因导致学生辍学。放学后，我和马老师立即去小英家。家长不理解，不支持，我们硬是追着家长从农田一路到他们家。坚持了一个星期的劝说，终于使家长松口让孩子重新走进了教室。看着孩子欢蹦着来到学生中间，开心地和同学一起做游戏的笑脸，我觉得艰难的蹲守总算没有白费。后续我利用课余时间帮她把落下的课给补上。多年后，在路上遇到这个学生的家长，他告诉我，孩子初中毕业后读了技校，学到了技能，进厂工作了，收入还不错。看着家长满脸的幸福，我也由衷地为孩子感到高兴。"

扎根茅山老区教育 36 年，前前后后教了 1500 名学生（不完全统计），人生一定经历过诸多的美好梦幻。特别是像吴粉珍，从最偏远的村级小学起步，心里有太多属于自己的梦。

谁不希望心头之梦开花结果呢？

我用心关注过媒体的相关报道，所以对吴粉珍能够获得"感动江苏教育人物——2020 年最美班主任"，特别是她成长的背景，一直很感兴趣。我和霍建春校长也做过探讨。霍校长认为，吴老师的荣誉是一步一步扎扎实实取得的。今天当我面对吴粉珍老师时，不得不把心中的好奇说了出来。

吴粉珍老师毫不掩饰地说："当初真的没想到荣誉，总觉得自己应该为'山娃'们去做该做的分内事。"

吴老师再一次打开记忆的闸门……

"2013 年的秋学期，罗村 7 个窑厂歇火关门。山蓬村窑厂也停产，大部分外地打工的人要么回老家，要么去其他的地方重新寻找适合他们的工作。我班上的陈兵同学也要随父母一起回贵州黔东南下辖的台江县老家。临行前，孩子在教导处不舍的神情触动了我。当时我就跟他表态说，回去如有困难打电话给我。孩子听后连连点头。简短的对话竟让孩子牢牢地记在心里。第二学期（6 年级）开学后半个月左右，一个周五，我在吃晚饭，接到了来自贵州的陈兵同学的电话。电话中他说，在老家上学不适应，大部分学生不想学习，老师的管理也不是很严。他很想念在罗村小学读书的时光。他说，老师，放假时您说让我有困难就找您，这话还算数吗？算！我想也没想就回答了他。而后他兴奋地说，老师，我还想回到罗村小学读书，您能帮我吗？听到这样的请求，我心软了，怎么忍心去拒绝他。随后我告诉他，我问一下校长可不可以。一会儿我会把校长的意见告诉你。挂断电话，我立即联系戴志洪校长。把陈兵的情况告诉了他，校长当时就答应，可以。但孩子的住宿有困难，怎么解决？我一口应了下来。我说，让孩子跟随我一起生活吧。校长说，好。立即承诺，孩子在校伙食费由学校承担。大家一起帮忙。我立即把这一消息告诉了陈兵。电话那头久久没有回应，只听到孩子的哭泣声。我明白，那是在流淌兴奋的泪水啊！

"周日下午，孩子就和他的哥哥风尘仆仆从老家几经转车来到我家。接下来开启了和我们家一起生活的故事。此后我就多了一个孩子，走到哪带到哪。这件事不知道怎么被常州总工会的刘伟平知道，写了一篇报道。江苏永钢集团职工陈波看到报道，立即提供给陈兵3000元助学款。一学期结束后，我让他把剩下的钱带给父母，留作孩子初中的费用。

"小学生活结束后，他没回贵州，继续留下，就读于金坛薛埠中学。因为住校，我也经常联系他的班主任，随时了解情况。陈兵读初中时，他的父母又回到罗村找了份工作。初中毕业回到贵州，陈兵以优秀的成绩考入贵州铜仁高中。2020年8月则以高出一本70分的成绩被贵州医科大学录取。

"这件事之后就有媒体陆续来采访我，渐渐地我就像文物一样被人挖掘出来。"

吴老师不由自主地笑出声音。

"有时学生在作文中也把我的一些事迹写了进去，真的很不好意思。"

其实，早在2003年吴粉珍就曾获得过金坛优秀教育工作者称号，2014年获得过常州市第四届"十佳师德标兵""金坛市文明职工"称号。当然，在金坛教育系统获得过荣誉的老师，超过吴粉珍的还有很多。但，这样的过程告诉了我们，吴粉珍老师能够取得这样的成绩，并非一蹴而就，而是点点滴滴的积累，每一个点滴都发出璀璨的光芒。

如果说，吴粉珍是教师榜样的先进代表，那么罗村小学还有一批这样的群体正在默默无闻地向榜样靠拢，让"山娃的世界"充满希望。

音乐老师张瑶2019年在金坛区小学音乐青年教师教学基本功大赛中荣获一等奖，曾获得过常州市"教坛新秀"荣誉。

科学老师李辉明是常州市"学科带头人""常州市优秀先进工作者"。

英语老师何芳是常州市"骨干教师""常州市优秀班主任"。（10月22日何芳老师作为常州市小学乡村教育带头人培育站、常州市小学英语乡村骨干教师培育站、省课题组成员参加了教学研修活动。）2023年获评金坛区第五届"十大最美教师"。

数学老师印琴芳是"金坛区优秀班主任"。

语文老师王芳是金坛"第五批小学语文教学能手"、金坛第十届"十佳师德标兵"。

少先队大队辅导员吴荣前获评金坛"优秀教育工作者"。

副校长仲万龙是常州市"师德模范"。

体育老师余国勇是金坛区"优秀教育工作者"。（他把非遗项目——石锁，引入"山娃看世界"校本课程，并成为罗村小学乡村少年宫的特色品牌。）

当然，还有很多。

午后，我和霍建春校长走出教学楼，步入绿茵茵的校园。

猛然间，我嗅到天空中飘散的阵阵香味。

"是桂花香！"我对霍校长说。

霍校长说："确实是，我也闻到了。"

今年的花期比预期稍微来晚了一点。可是站在旁边的老师们解释说："还是往年那种醉人的清香，醉人的芬芳。"

第十章　行走于厚植的沃土

一年四季，一个季节接着一个季节。

霜降，二十四节气中秋季的最后一个节气，意味着即将进入冬季。农事谚语是这样表述农村的抢收抢种：霜降一到，不分老少。

此时应该是田野丰收的景象吧！

霜降刚刚过去3天，2021年10月27日，我奔赴建昌中学，这是一座根植于红色沃土中的学校。

沿途所见是平展的沟渠、配套的农田，成片成片金黄色饱满成熟的稻穗，以及那些怒放中的菊花、桂花、木芙蓉，在微风间得意地摇曳，充满着喜悦、充满着秋意。似乎，所有的植物都争相在秋天来一次精彩亮相。

还没进入校园，醉人的桂花幽香便直扑鼻翼。面对校门，直溜溜的一排桂花树，金黄色的花朵铺满绿叶间，煞是茂盛。可是，仅凭这么几棵桂花树，香气不该如此浓郁啊！

学校门卫告诉我，校园北面的操场边上还有一大片桂花树。

历史上的建昌（镇）有着深厚的文化底蕴。其84华里的建昌圩，被誉为苏南第一大圩，经历了一千八百多年的风风雨雨。这里的人们自古就形成了崇文重教的良好风气。建昌圩曾有过茅山书院、淮海书院、濂溪书院，从明代开始当地就有开办私塾的传统。1915年吕坵村创办了第一所带有西学性质的学堂。1941年下半年，新四军军部决定要办一所新型的服务于抗战的综合性学校。镇江县（1942年5月改为茅东县）抗日民主政府在时任镇（江）丹（阳）金（坛）抗敌委员会主任蒋铁如的建议下，把学校办在建昌吕坵村。1942年1月份筹建，7月份招生开学，利用真武庙房屋多、场地大的优势建学校。老百姓听说要在吕坵办学校，异常兴奋，奔走相告。毕炳生还带头捐出200块大洋，许多工商界开明人士纷纷慷慨解囊，没几天就筹集到2000多块大洋。起初拟命名"茅东中学"，后考虑这个校名太惹人注目，于学校安全不利，便命名"湖滨中学"，取校址位于中天荒湖和北天荒湖交接处的湖东之滨。学校成立董事会，毕炳生为董事长，吴均之（沈渎人，国文专业毕业。）为校长，教职工30余人。学校设立小学部、中学部、师训部，招收来自丹阳、溧阳、溧水、句容、宜兴、武进、镇江等地的穷苦子弟、热血青年及部分抗属、烈军属子女200名。教务主任、训育主任、总务主任均由茅东县抗日民主政府委派，政治教师由茅东县抗日民主政府县长徐公鲁和第五行政公署文教科长储非白兼任。1942年10月的一天，学校遭到日伪军搜查，1943年1月3日，学校再次遭到包围，校长吴均之、会计史连生被捕，学生孟振文被日本鬼子开枪打死。学校无法上课，中共苏南行政公署教育处决定，将学校迁往天荒湖畔的董溪里村。虽然学校存在时间不长，但为当地培养了一大批抗日骨干、进步青年，仅吕坵村就有70多人参加识字班，学习文化知识、接受革命思想、接受抗战形势教育。

当王梅浩校长和我一起回忆这段往事时，他还是深有感触地说："战争年代办学真的不容易，共产党人的革命意志坚不可摧。湖滨中学虽说与建昌中学校史没有多少直接关联，但为建昌人民抗敌斗争，为解放全中国培养了一批红色的火种。"建昌曾是革命的红色摇篮，曾是茅山抗日根据地的大后方，是新四军兵工厂所在地，苏皖区第一次党代会在此秘密召开，成为人民心中的"小莫斯科"。这里留下过陈毅、曾山等老一辈革命家的足迹，涌现了新四军的好妈妈王吉弟、铁骨铮铮的张松柏、天荒湖的蔡小黑、戎马生涯的曹江临烈士等一大批可歌可泣的英雄人物。今日的建昌中学正以前辈们的革命精神为榜样，依托红色资源，脚踩红色沃土，踏步向前。

1990 年，23 岁的王梅浩从镇江师专数学系毕业，分配到建昌中学。

我问王梅浩："你是建昌人？"

"不是。我老家是白塔联丰里高庄自然村。"

"那，你怎么被分配到建昌？"

王梅浩笑笑，说："当初分配，教育局领导也打算让我回白塔。但我对出生地太熟悉了，想换个新的工作环境。"

意气风发的王梅浩到建昌中学的第三年就挑起班主任的担子。

王梅浩很有感触，说那时很单纯，干什么都没有顾虑，一下子接任初三（3）班的班主任，没考虑班主任会有多辛苦，便想着尽快扎进学生们的世界里。

今年 54 岁的他，人生经历既丰富又不丰富。整整做了 12 年班主任，直到 2004 年担任学校副校长。曾获得过常州市"优秀教育工作者"、金坛中层干部评优课一等奖等荣誉。2011 年调任直溪中学，之后又调回建昌中学任校长。20 多年农村中学学校领导岗位上，他在琢磨着、思考着。

我们从"沟通艺术在农村初中教育管理中的应用"这一话题开始了交流。

"农村初中教育管理，目前比较突出的问题是什么？"我问。

王校长脱口而出："沟通。最为突出的问题就是教育者与受教育的学生之间缺乏有效沟通。很多学生单方面认为教师不了解自己的情况，因而不愿意与教师沟通。另一个问题是农村教师与学生家长缺乏有效沟通，家长未有效参与到教育管理当中，无形中造成学校单方面独揽教育责任。从身体发育的角度来看，初中学生的身高与体重与小学时期明显不同，尤其是男同学表现最为明显，逐渐敢与长辈据理力争，表现出一定的自主活动意识。另外随着学生性成熟，他们的性观念开始建立，也容易在有好感的异性面前表现出刻意亲近或者疏远的情况。站在心理角度，初中学生情感更加丰富，容易因为他人的言论出现各种情绪起伏。当然农村地区有其特殊性，比如留守儿童、单亲家庭。建昌中学 190 多名学生，有 60% 是外来务工人员的子女。这也就导致，无论是学习方面还是个人生活，这些学生都很难直接从父母的言传身教中得到人生行为习惯的良好启示。"

倒上一杯水，王梅浩坐下，有条有理地分析道："当前学校、社会以及各个家庭都关注学生的学业问题。对学生而言，无论是学习方面还是个人生活方面压力较大，这时如果教师与学生多加沟通，从各个方面了解学生的情况，一定程度上就能降低学生心理问题的发生率。除此之外很多农村学生的父母常年在外，而学生周围又充满了各种新奇事物，在意志力薄弱的情况下，可能无法抵御诱惑。在农村初中学生的校园生活中，尤其是留守孩子，学生最信任的成年人往往是自己的老师。通常个人出现紧急问题时也是寻求班主任的帮助。班主任在班级管理中应定期与学生展开平等交流与沟通。另外还要注意初中生具有一定的叛逆思想，不愿他人随意干预自己的生活与学习过程。教师的教育方式要结合学生的身心发展特点，像进行敏感型的学生教育工作时就要注意语言的委婉，让学生愿意接受意见与建议。"

多年来，建昌中学的老师们一直在思考沟通的多样性，即如何通过建昌本土鲜活的人文历史、美丽情怀、红色基因乡土教材，来实践师生之间的沟通艺术与传承光荣传统，来宣传立德树人、传承文明、弘扬正气的理念。

建昌是一块红色热土，一块具有传奇色彩的地方，有着丰厚的历史文化资源。

今日的建昌中学，校园面积占地 68 亩，建筑面积 9300 平方米，辐射半径 8 公里左右，辐射人口约 2 万人。2015 年起，学校充分利用本土资源，从每一年 3 月 23 日开始，组织学生分成三条线开展"家乡情　远足行"，沿着建昌圩走 20 里路。一条是薪火传承路。参观位于建昌圩蔡甲村丁家塘的中共苏皖区"一大"会址、曹江临烈士旧宅、苏皖抗战历史陈列馆、五烈士陵。一条是红色情怀路。拜祭沟咀头村的小红妈墓地，回顾小红妈的革命事迹；天荒湖潘家墩新四军兵工厂、"芦荡医院"遗址；抗日爱国学校湖滨中学、茅东中学遗址。一条是孝道文化路。一曲黄梅戏《天仙配》让建昌的董永和七仙女的传说家喻户晓，剧中人物、地名"老槐树""望仙桥""董永墓",都能在建昌圩一一对应。早年《民间传说——董永与七仙女》邮票的设计者俞宏理先生曾经与学者、文史工作者进行大量考证,确认建昌圩就是董永的故乡。董永为葬父亲卖身屈居傅家村为佣人,此举感动上苍,遂有了仙女下凡,既成就了"天仙配",也成为福孝文化的核心。千百年来"孝心"向一代又一代人诉说动情的故事。

基于传统文化、红色文化,学校这几年通过顶层设计和措施跟进,以更人性化的教育管理制度引领和感召师生同成长。结合教学计划,考虑不同学龄段学生的身心特点,开发、开设了"水乡风韵""三字经""建昌圩文化""行走课程""孝道文化进校园"等校本课程。

这一系列带着灵魂、带着温度的踏步远足,使他们深受感染。天光云影变幻间,学校的沃土中涌现出一批优秀少年。252名"每月一星"(节约之星、行孝之星、诚信之星、劳动之星、学习之星、美德少年、进步之星),仿佛是一串串晶莹剔透的珍珠,于阳光下熠熠生辉。

孙浩衔,九(1)班学生。稚嫩的脸上总是带着自信的神情。上课时认真专注,下课时追着老师提问。班主任介绍说:这孩子,勤恳踏实,乐于助人。同样是九(1)班的赵逸菲,活泼、聪明,善于动脑、勇于探索,富有进取心和创新精神。班主任评价她:有阳光般的朝气与热情。

来自连云港灌云县的七(2)班学生赵紫涵,是一个品学兼优的孩子。作为班长、数学课代表,做事认真负责、严谨有序。学习上有较强的进取心,自己规划时间、主动学习。特别善于对各门功课的知识点进行归纳、总结。同学们告诉我,她曾经在一次演讲中获得过一等奖,为班级取得荣誉,是大家学习的榜样。

来自湖北十堰竹山县深河乡的张浩是九(2)班学生,连续多年获得"三好学生"。班主任吉卫春老师告诉我:他一直把"书山有路勤为径,学海无涯苦作舟"当作座右铭。在学习的路途上散发着坚韧不屈的激情。逢年过节,他会自己主动列出学习计划。作为学习委员和化学课代表,他以身作则,协助老师做好班级工作,还时常和同学共同探讨疑难问题。

当然,这样的好学生还有很多,限于篇幅,我很难一一介绍。

与王梅浩校长的数次交流中，我听懂了他的"半杯水晃荡"理念。他认为，农村学校教学，先进的教育管理制度、质量是立校之本、生存之基。那么，建昌中学如何抓教学质量，让老师们成为"满杯水"？

以精细管理为抓手，牢固树立师生的质量意识，引领教师专业发展和提升。这是我经过多次到校调查采访而得出的结论。

2016年、2017年、2018年、2019年，学校每年都对绩效考核办法进行修订，加大质量考核的权重，大量缩减公摊份额，做到多劳更多得，优绩更优酬，以此增强教师的质量意识。为进一步引领和增强教师团结协作的意识，提升学科组整体教育教学质量，学校加大了教研组考核力度，实行教师个人积分考核制，个人积分计入教研组总分，作为年终教研组考核和绩效分配的依据。另外，依托社会力量，设奖教基金，对教学质量突出或进步明显的个人和教研组给予奖励。

学校领导们通过实践，发现搭建拓宽平台是促进教师提升的一种办法。于是，有计划、有重点地组织教师参加各级各类业务培训。有计划地组织和开展全覆盖的校级公开课、评优课、一师一优课"晒课"等活动，对教师的课堂教学进行诊断。对于教学质量不佳或差距较大的学科组或教师，学校有意识、有计划性地组织行政开展约听课或推门听课活动，直到其质量提升为止。举行学科教师结对、班主任结对两种形式的"师徒结对"，并拟定了翔实的师徒结对考核方案，保障师徒结对活动正常有效的开展。渠道的拓宽、平台的搭建，促进了教师的专业成长和能力提升。同时，常态化地开展教学调研。通过周练、月测及质量分析与反思，使教师能及时发现自己和学生在教与学的过程中存在的双边问题，进而不断调整和优化自己的教育教学。对于期中、期末等重大考试，学校要求教师充分利用教师发展中心和学校提供的数据，进行定量和定性分析，并精心制作PPT，在学校组织的年级组质量分析会上进行交流与分享。

对于一所经历了50多年风霜雨雪历史的学校而言，依靠这些扎实的教育管理制度，转变了教师的教育教学观念，促进了教师的专业成长和学校教育教学质量的提升，学校终于焕发出青春力量。2018—2021年，建昌中学先后有 20 多位教师获省市五四杯教师微课比赛一、二、三等奖；有 22 位老师荣获常州市教师基本功大赛（评优课）一、二、三等奖。从学生发展来看，学生在各级各类竞赛中获奖的人次有较大突破，多人获常州市、江苏省一、二等奖。比如综合实践研究成果、少儿书画大赛软笔、中小学生硬笔书法大赛、中小学动漫制作竞赛、寒假阅读"童心向党·快乐成长"征文大赛、"逐梦百年·光明未来"诗词大赛等。从教学质量来看，中考成绩令人欣喜欣慰，学生均总分和重点高中的录取率都取得重大突破，部分学科的生均分、优秀率、合格率在全区名列前茅。

无名小草生乡村，根系土地，却漫山遍野装扮大地，保持水土。即便秋冬枯黄，即便被燃烧成灰，仍然继续扎根脚下的土地，并且让其种子、根茎，再次重生，蓬勃化春。

受红色基因的孕育，在校园温暖的时光间，总有那么一批老师守望四季、种植梦想、呵护花朵，在踏步行进中，把生命中最鲜亮的音符留给教育事业。

11 月 11 日上午，我又一次来到建昌中学。王梅浩校长说："可惜了，这段时间的风风雨雨，将桂花吹落得一干二净。醉人的幽香过快地消散了。"

赵军华老师是我第一个接触的采访对象。

面对我的询问，赵老师很爽快地自我介绍："我是常州师范 1999 年五年制第一批毕业的师范生。"

"听说，你就是建昌中学毕业的？"

"是的，建昌中学是我的母校。王梅浩校长当年就是我的老师，我是他的学生。"

我笑笑，既是巧合，又是缘分啊！

因为之前王校长简单介绍过赵军华，说她当年读书时的学习成绩、读书劲头、助人为乐的精神，在整个建昌中学都名列前茅。王梅浩赞叹道：是个好学生！

如今，王梅浩再次评价：赵军华是个好老师！

2013 年，赵军华获得常州市师德模范荣誉称号。那年 12 月，江苏教育网、江苏教育新闻网曾对她以"悉心浇灌 静候花开"为主题，进行过专门报道。她平凡得就像璀璨天幕上一颗闪烁的小星星，在不起眼的角落里静静发光，默默运行，她却用柔和而执着的微光照亮了周围，用坚定而从容的轨迹，展示着自己独特的光芒。

作为英语老师，她近年来先后三次辅导学生获得区英语口语比赛一等奖，多次荣获江苏省微视频、教海探航论文比赛、区初中英语教师基本功大赛的一等奖、二等奖。担任班主任（十三年）时期，多次被评为"金坛优秀教育工作者"，三次受金坛区人民政府嘉奖。她觉得初中生是思想还不成熟的孩子，心智处于不成熟阶段。她认为"爱是教育的灵魂，没有爱的教育，如同没有源头的池水"。赵军华老师沿着情感的足迹，用最厚重无私的师爱谱写爱心无限的教育篇章。

文军，是一名特殊的学生。从小就罹患三级肢残，肌肉严重萎缩，一旦摔倒在地就很难爬起，除非等到他自身的肌肉恢复力量，否则只有借助外力才能帮他重新站起来。孩子是不幸的，但是幸运的是，他得到了赵老师无微不至如慈母般的温暖关怀。自从他分到班里，班主任赵军华立即为他成立了互助小组，安排同学帮他打饭、倒水等生活事宜。事无大小巨细，赵老师全部都帮他准备好，免除了文军的后顾之忧。

赵军华老师这一辈子恐怕都很难忘记一个叫卢华的学生。这孩子浑身上下透着野性，上课不听，作业不做，放学后不是去网吧，就是走村串巷，甚至有一次还因窜入百姓家中行窃而被扭送派出所。为了他，赵老师多次家访，家访中得知卢华的母亲早逝，父亲在外打工，他与爷爷一起生活。由于疏于管教，致使他顽劣不堪。据其爷爷说，他的奶奶因为管教他与爷爷发生意见分歧，竟跳河自尽了。了解到这些情况，赵老师震惊万分。虽然每次和这个孩子谈心都是一次特殊的较量，斗智斗勇之外，就只剩身心疲惫。但赵老师深知：作为一名教师，理应把爱心和阳光播洒到每一个学生的心田，让他们都能健康快乐地成长。从此，她经常找卢华谈心，了解他每天的学习、生活和思想动态；经常去家访，向爷爷汇报孩子的情况。

同时在班级里表扬他的点滴进步，鼓励全班同学一起帮助他，让他感受到班级大家庭的温暖和学习的快乐。对于班级要缴的各种杂费，赵老师都会自掏腰包，替他缴齐，免除了他的后顾之忧。平时利用时间给他辅导功课，送他学习资料和学习用品。渐渐地卢华爱学习了，放学也准时回家了，与家人和老师也更亲近了。后来，卢华顺利考上高中、大学。读大二时，他特地回母校看望老师。赵军华说，她再一次体悟到了班主任的成就感和幸福感。

早在2013年，赵军华就是金坛第五批英语学科带头人。

对英语教学，赵军华有其独特的想法。她觉得长期以来英语教学中固有的模式使教师和学生都一头扎进大量的语法条条框框中，却忽略了语言的本质——交际工具；再加上教学方法的单调，使不少学生对英语或者烦而生厌，或者望而却步。在教学中她结合牛津译林八年级下册第8单元"A Green World"的内容，同时结合牛津译林八年级下册第1单元"Times Have Changed"辅导学生进行了一次研究型学习的尝试。因为研究型学习的提出恰恰给了学校英语教学一个变革现状的契机。赵军华老师觉得研究型学习首先有利于激活学生的内驱力。传统的初中英语教学以规定的英语知识的传授和掌握为目标，以教师的教为中心，因此不利于学生主体性的发挥。学生感到学习英语就是死记硬背，枯燥乏味。而研究型学习，是学生依靠自己已有的知识经验，利用英语这一工具，独立进行有关资料的查找或搜集，学生得到了"自由呼吸"的空间，所以热情高涨。有利于学生进行语言实践，掌握语言知识，提高运用语言的能力。学生从各网站下载资料，查阅书籍，整理调查报告的过程中便会发现英语是一种不可或缺的好工具。学习中，学生会真切地体会到英语作为交际工具的功能，从而寻找新的语言学习方法，激发学习英语的热情，树立自信心。

多好的课题实践探索啊！

听完赵老师的一番介绍，我十分感叹。要知道，赵军华老师毕业于常州师范大专普师理科班，并非英语专业。当初学校根据实际情况，要求她教英语学科，其中难度有多大，可想而知。初出茅庐的赵老师除了参加南京师范大学英语专业自学外，还恳切地向老教师们求助，请求他们让她跟班听课。一次又一次地向英语老师们讨教如何用英语备课，如何用英语组织课堂，如何进行个别辅导。那些年，赵老师一直在努力提高自己，只要有各种英语培训，她始终第一个报名参加。有一年，暑期教育系统举办初中英语教师的教学理念及口语水平"外教"培训班，赵老师每天忍着晕车的痛苦，早晨六点从建昌出发，晚上六点再从金坛城里赶回建昌。看似辛苦，却乐此不疲。因为赵老师知道，要想使学生获得更多的知识，自身首先应该开凿一眼知识清泉。有了源头活水，才能真正成为一名学生满意的教师！就这样，她用心地学习，刻苦地钻研，多少个夜晚，她挑灯夜读，写反思日记，记录每天教学的点滴收获。

日子就这样平静地过去了，而她就像一只待破茧而出的蝴蝶，悄悄地蜕变着。

为了上好每节课，她每天晚上都会在宿舍里自己模拟"微格教学"，把宿舍想象成教室，自己既是老师又充当学生，模拟着课堂上可能会发生的一切。每个夜晚，赵老师既是授课者亦是听课人，一遍又一遍不厌其烦，直到所教的程序、知识、目标烂熟于心，才会去休息。这样的"微格教学"，赵老师整整持续了三年。

西窗的余晖洒在富士山图上，俨然身临富士山观日出之意境，有点傻傻分不清楚呢！估计邹福琴当初画这幅画时也没想到吧！时间过得真快，一晃小姑娘毕业升往区一中已有四个半月了！愿小姑娘一切都美好。

2021年11月15日晚上，赵军华老师在微信朋友圈发了这样一段话，并配上一幅水粉画和她与小姑娘曾经的合影。

作家的敏感催促我第二天去建昌中学，将原委做一个深度探究。

邹福琴的父母10多年前带着两个女孩从四川凉山来到金坛建昌镇打工。姐姐毕业于建昌中学。邹福琴在建昌中学从初一到初三，三年都是赵军华老师班上的英语课代表。用赵老师的话说：在建昌中学校园内，只要有我赵老师，旁边一定有邹福琴。同学们笑话她是赵老师的"跟屁虫"。

"我们的感情太好了，我太喜欢这个小姑娘。"赵老师乐滋滋地告诉我。

我问:"这是怎样的一个学生,惹得你流露情感?"

"她不是特别聪敏和特别有灵气,但她是一个好学习、好钻研、特别勤奋的学生。"

一旁的数学老师也插话说:"邹福琴就是学习认真。而且业余爱好喜欢画画。"

走到赵老师办公桌旁,我仔细观察了那幅水粉画,一笔一画,色彩搭配,确实有点功底。

教育是一份爱的事业,对学生的爱,需要用心去追求,用情去感染,用智慧去浇灌。赵军华还在继续!

知道冯媛媛这个名字是在一年暑假中。那是一篇教育系统参评优秀班主任竞赛的报道,其中有一段关于建昌中学冯媛媛老师的描述,引起了我的注意。这次到了学校才真正认识了冯媛媛老师。

冯媛媛2010年从山东济南大学毕业后回到了建昌中学任教,在之前的2008年,她大学二年级时已光荣地成为一名共产党员。

"我就是建昌中学初中毕业的,这里是我的母校。"冯媛媛很是自豪地告诉我。她接着说,"赵军华是我初中时的英语老师。王梅浩是我老师的老师。"

三代人,三代教师情结,或许这是一个小惊喜与巧合。

我事后问王梅浩校长,怎么会这么巧,三代人在一个初中学校?

王校长笑着说:"说明我老了。"

我接过话头说:"正好说明你桃李满天下,师道传承啊!"

冯媛媛到建昌中学任教的第二年,也就是2011年,经选拔考试,被江苏省教育厅确定为"雏鹰计划"的人员,选派到澳大利亚接受两个月英语教学培训。这次充电,对冯媛媛来说不仅开了眼界,更进一步提高了教学水平。2012年她获得金坛初中英语教师基本功大赛二等奖,2013年获建昌中学首届"十佳最美教师"、金坛教坛新秀,2014年、2015年连续两年获"金坛区优秀班主任"荣誉称号,2015获得常州市英语基本功二等奖,2020年被评为"金坛区教学能手"、常州市教育工委"优秀共产党员",2021年获常州市班主任基本功大赛二等奖、金坛区班主任论文一等奖、金坛区初中英语命题比赛一等奖。2021 年被推荐为金坛区"学校之星"。

我和冯媛媛开玩笑说："荣誉不少啊!"

冯媛媛谦虚一笑，说："赵军华老师担任教务处主任、初三班主任，教学、行政工作每天忙忙碌碌；仇春花老师担任教务处副主任，忙初一两个班的教学。我出国培训时杨雪红老师提前结束产假来学校代我教两个初一班的英语（她自己还有初三初二两个班）。那年二胎要生产时，她下午还在上两个班的英语课，实在肚子痛得厉害才直接从学校进入产房，丫头早产。和她们相比，我的付出不算什么。"事后我得知，冯媛媛怀孕时任班主任，为了不影响教学，没请过一天假，直到半夜羊水突然破了才被送往常州医院，小孩早产，只有 3.8 斤。

我对她说："今天不和你聊英语教学，聊聊初中班级文化的建设，怎么样?"

或许我的提问有点突然。

冯媛媛想了一想，说："虽然我教学 10 多年，在建昌中学算是不长不短。但对于初中教学我还是有点体会。你刚刚提出的初中班级文化，其实这正是这几年我在教学实践中研究的一个课题。我就说一说，也算是一种总结吧!"

冯老师先帮我倒上开水，然后坐下说："班级文化，是校园文化建设的重要组成部分，它不仅具有持久的导向作用，强烈的感染作用，更具有巨大的凝聚作用，它对学生的感染作用是在不知不觉中潜移默化地实行并完成的。润物细无声，自然而悠长。俗话说环境造就人。一个班级的文化环境对于学生的熏陶是潜移默化的，对学生的成长起到举足轻重的作用。生动、活泼、富有人文气息的班级文化氛围能使师生心情愉快，能激励学生不断进取，主动、健康地成长。加强立体化班级文化建设，让教育思想渗透于整个文化环境，充分发挥班级文化的育人功能，使学生在良好的班级文化氛围中健康成长。

"国内著名教育家陶行知先生是我国近代最早涉及班级文化的代表人物。目前对班级文化研究最详细最具代表性的是南京师范大学的李学农老师。李学农认为，班级文化是一种生态，简单地说，班级文化就是学生在学校的班集体中过着怎样的生活。他认为班级文化是隐性的教育内容的一种潜在教育力量，它是一种'教育存在'现象。班级文化是指班级成员在班主任的引导下，朝着班级目标迈进过程中所创造的物质财富和精神财富的总和。"

突然，冯老师停下说话，问我："这样表达是不是太啰嗦?"

"没有。"我坦诚地对她说，"曾经我也是一名乡镇中学的代课老师，离开教师岗位几十年了。这次采访才感觉我对当今的教学还真的感到有点陌生。其实，我很喜欢校园、喜欢教室，对老师有一种油然而生的敬重感。"

"好吧。我接着往下说。

"班级物质文化建设。比如张贴名人名言，悬挂国旗及班训，办黑板报等教室内环境的布置。'班级无小事，处处蕴德育。'（座位文化）无论是种植花草树木，还是悬挂图片标语，或是利用墙报，我们都将从审美的角度深入规划，以便挖掘其潜移默化的育人功能，让墙壁也在说话。本着实用美观的原则，对班级环境进行精心布置，使教室具有良好的育人功能。这里的任何东西不应随便安排，孩子周围的环境应当对他们有所诱导，有所启示。例如，坐在教室里，学生们抬头望去，奋发向上的班训、班级口号等便映入脑海。教室两边墙面上张贴的名人名言，时时催人奋进。下课时，学生们自己创作的班级墙报，可以吸引大家纷纷驻足观看。教室里精心设计的书报角、植物角、休憩角等，既美化了环境，又丰富了生活。有的班级还把毕业班学生对学弟学妹的叮咛写在纸上，粘贴在桌子的右上角。每每看到'学长叮咛'，学生们都会受到莫大的鼓舞和激励。"

最后，冯老师有感而发："虽然我知道班级文化建设既是一门科学，也是一门艺术，但是它既需要科学的理论体系作为指导，也需要我们班主任和老师在实践中不断探索。我们不能就教学论教学，学生不可能人人成才，人人都成为科学家，但我们可以培养一代又一代的学生成人。说句真话，和谐的班级文化氛围，积极健康向上的学习环境，对学生的成长、成才会产生巨大的影响。"

我默默地点了点头。

我看到冯媛媛写在教学日志上的一段教育格言：先生不应该专教书，他的责任是教人做人；学生不应该专读书，他的责任是学习人生之道。

面对 2021 年金坛区教育系统党政干部后备人才二级梯队人选仇春花老师，我提出疑问："你怎么从金坛东南角的洮西中学到西北角的建昌中学的？"

仇老师笑笑，说："我其实是西岗人。2003 年从常州师范毕业。父亲在西岗中学任教，为避免父女在同一个学校，自己主动选择到洮西中学任教英语并且担任了 3 年班主任，2013 年才调入建昌中学。"

学校有老师向我介绍过：仇老师任教以来一路获得许多荣誉，三次受到区政府嘉奖，2015 年所带班级被评为"常州市先进班集体"，同年还获得金坛区初中英语命题比赛活动"特等奖"。2018 年 4 月、2020 年 10 月获江苏省"五四杯"微课评比一等奖。2020 年 2 月被评为金坛区"英语学科带头人"。

我问仇老师：听说你专门以牛津英语八年级上册 Unit6 Integrated skills 为例，对核心素养下的初中英语听说教学中之"好"与"活"有过探讨？（《核心素养下的初中英语听说教学中之"好"与"活"》获 2020 年金坛区英语年会论文评比一等奖）

我好奇地追问，一堂"好"课，"妙"在何处？

仇春花告诉我："一堂好的英语课，应该是语言美妙、设计巧妙、活动精妙的。学生在不知不觉中、潜移默化中、在情景交融中，体验语言的魅力、提升思维品质、提高英语的综合运用能力。比如灵活运用网络资源。在介绍盐城自然保护区后，增加卧龙自然保护区的基本内容，让学生能够举一反三，学着用所学的词汇介绍卧龙自然保护区。还科学整合多媒体素材，创设教学语境，在课堂上巧妙引入一个女孩因救丹顶鹤失去生命的故事，并播放以这个故事为原型创作的歌曲，激发学生热爱动物、保护动物、保护大自然的热情。"

说句实话，对于英语，我也是一知半解，但通过仇老师有声有色的表达，我似乎也从中悟出英语教学的一点点皮毛。

2022 年 9 月教师节前，仇春花老师在微信朋友圈发了一张图片，并配文：中午收到一个快递，可反复确认淘宝订单，我没买东西啊！拆开一看，很是惊喜。快递来自2007年初中毕业的英语课代表。感谢小帅哥的精美礼物，在一天的忙碌工作之后，心情顿时美丽起来。经我仔细追问，才知道这名叫王亮的学生，从苏州大学毕业后已经立业成家。

我由衷祝贺仇老师的幸福时刻！

缪苗老师来自与金坛相邻的宜兴市丁蜀镇，2017年从南通大学生物师范毕业后通过考试录取到建昌中学，是我目前采访的人中年龄最小的一位女老师，26岁。2019年她被评为常州市"教坛新秀"。2020年，她研究的一个教学项目"放心豆芽"，获常州市中小学劳动和社会实践优秀教育案例一等奖。

"你怎么会想到这个案例？"我问缪老师。

缪苗坦率地说："当时教生物课'种子的萌发'，我就想，豆芽是老百姓餐桌上最普通的蔬菜，农村的孩子，应该让他们对植物的生长有更进一步的了解，学会辨别与培养健康无公害的豆芽，体会食品安全的重要性，拓展学生思维的广度与深度，培养发现问题与解决问题的能力，增强社会责任感。于是，我做了一个课题延伸，形成了案例。没想到这个课程案例无形中提高了学生的参与度和认知度。每个人都有心得体会。"

缪老师露出羞涩的神态。

学生陈莹莹：自己买豆子发豆芽。此次我们的研学实践主题是"放心豆芽"。作为组长，我负责本次研究型学习的活动开展。组织各成员的工作事项，团结、联系好各组员之间的关系，合理分配工作。

学生梁可：学会挑选安全的豆芽。

学生邓乐：通过有关规定的实施，大大提高了豆芽的安全性。"放心豆芽"我认为是一个很值得研究的课题。我为自己的一份努力能为同学们换来家庭发豆芽和挑选放心豆芽的方法，并加强同学们的食品安全意识而高兴。经过这学期的研学实践活动，我更进一步认识到了食品安全关系每个人的健康，是我们每个人的责任。

学生梁可：在此次的研学实践活动中，我们本着"自己动手，丰衣足食"的态度，勤勉认真，前往超市、农贸市场等地点，从本课题出发，学到了很多书本里面没有的知识，开阔了眼界，培养了自主学习的能力，提高了科学素养。

学生李瑞东：在我看来，研学实践是个很有意义的学习活动，它能培养我们多方面的能力，提高了我们的社会实践水平。它能使我们认识到错误，改正错误，团结合作。

一堂课，让孩子们进入了一个新世界。多好！

建昌中学的英语教学在茅山老区很有知名度，作为英语教研组长，杨雪红是我必须要采访的对象。

杨老师2020年获"省五四杯"微课评比一等奖，当年还被评为常州市"优秀班主任"。

在教学中，杨老师充分利用身边的课外阅读教学资源（《听力与阅读》），尝试将阅读和写作进行整合教学。把《听力与阅读》书中的部分阅读文章作为学生学习的精读材料，从初一开始，有目的地通过阅读文章，系统地讲授各种阅读技能和基本写作技能。英语教学的重点渐渐地发生了由词到句，由句子到语篇的转移。让学生在阅读文章时分析其语言、体裁、内容和语篇结构，引导学生理解写作的意图与目的，抓住中心思想，找出各段的主题句，理解细节与主题之间的关系，引领学生熟悉各种文体并在写作中抓住主题。利用《听力与阅读》，每单元围绕一个主题开展阅读训练，使学生有了很好的了解和更多的思考，在阅读的时候不只是单纯地理解文章的意思，而是通过学生的小组合作，交流分享对文章的理解，进而学习文章的结构、内容，根据自己的想法写出自己的文章。这样学生之间有更多的交流，思考会更加顺畅。这样坚持长时间地锻炼，学生对自己写的文章有了更强的自信心，有了更强的写作意愿。所以，适当地对课文进行复述可以锦上添花。

聊天中，杨老师再三强调，复述课文有利于强化学生语言知识的学习。

从学校提供的材料中，我发现2020年建昌中学获得江苏省"五四杯"初中青年教师微课比赛一等奖的老师还有赵林林、袁卫纲、冯小燕、曹文丽、邓菊花（数学）。之前2018年、2019年也都有老师获得过微课比赛一等奖的荣誉。

在冯小燕老师课间的空档，我找到她。

她叙述道："在初中道德与法治教学中，由于学生的认知能力、接受能力等方面发展都是不同的，学生之间自然会存在一定的差异性。教师要想提高课堂的教学效率，提升学生的学习能力，就要善于深入地研读教材内容，充分地了解学生的具体学情。根据学生心理发展的特点，有效地实施分层教育。最大限度地调动学生学习的积极性，真正做到因材施教，进而让每个生命都绽放出绚丽的光彩。教师要想提高道德与法治教学的课堂效率，提升学生的学习能力，就要尊重学生身心发展的规律，真正做到因材施教。在课堂教学中，教师要给予学生展示自我的机会和平台，充分地调动学生学习的主动性和积极性，让学生感受到学习的乐趣，并乐于进行主动探究性学习。"

冯小燕是金坛东边的五叶下桥头人，2007 年从盐城师范毕业，多年来一直教道德与法治课。

她觉得，教师是课堂的引导者，学生是学习的主体。教师要认真研读教材的内容，准确把握好教学的重难点，结合学生的具体学情以及个性特征等方面，将学生合理化地进行分组，深入地挖掘学生的潜能，调动学生的学习兴趣。真正激发学生的探索欲望，让学生对学习保持持久的学习热情。比如，在教学"基本群众自治制度"时，冯老师希望学生们注意到，随着经济的不断发展，人们生活水平的提升，居委会在人们日常生活当中起着极为重要的作用。学生对于居委会应该比较熟悉，冯老师便引导学生根据"探究与分享"以及日常生活经验，聚焦三个镜头，分别是"社区居委会换届选举社区人员在进行宣传活动，并且要求大家推选候选人""社区居民将私家车随意地停放在健身场地，引起了居民与车主之间的矛盾。居委会组织代表共同商讨解决办法""居委会主任向居民汇报工作情况，并接受居民的监督"。让学生自由地选择其中一个镜头，利用表演的形式进行汇报与交流。着重谈谈自己对居民自治的认识，以及自己在生活当中都会遇到哪些关于居民自治的具体事例。这样的教学形式，有利于调动学生的生活体验，学生可以结合自己的理解进行阐述。不仅可以让学生对基层群众自治制度有更加深入的理解，了解居民委员会的基本职能，还能让学生感受到居委会给人们的生活带来的便捷。

假设的虚词罗列再多，不如融入生活场景。选择和信仰、陪伴与过往、热烈与饱满，这些与教师联系紧密的词也因他们而闪耀。随着采访，渐渐地，我对建昌中学的情感越发深厚，从中发现了许多值得点赞的老师。

比如，大学期间就入党的研究生学历的王丹老师，2018 年在常州市体育评优课中荣获一等奖，2019 年被评为"金坛区教坛新秀"。由于她正在集中精力参加江苏省初中体育评优课（花样跳绳），目前处于磨合阶段，采访时间约了好几次。事后得知：12 月初，王丹老师在有全省 13 个大市和江苏学校体育网的 42 名选手参加的江苏省初中体育与健康优秀课评选活动中脱颖而出，获得一等奖佳绩。

比如，年轻的政史课老师周瑜芸，撰写的论文多次在省、市、区获奖。在 2019 年、2020 年秋学期期末教学检测中，她任教的初一年级历史教学质量两次名列全区第一。

比如，政教处主任、物理老师周小平，认真探究教育方法，始终带着"假如我是孩子""假如是我的孩子"这些问题去做教育，曾先后获得常州市先进教育工作者、金坛区骨干教师称号。

太多的先进事迹，太多的典型事例，我真的很难用一两个篇章来描述。

这一天，空气很好，阳光相当强烈，在很远的地方似乎有一团气滚动着。是彩色的生命，还是青春的活力？我无法判断。然而，耳边却响起不可思议的步伐，是从沃土里发出的声音，是前辈们冲向硝烟，遍布战场的脚步声。

学校课间，一群喜鹊叽叽喳喳的叫声把我和王梅浩校长吸引到教室走廊。

我很好奇，校园怎么有这么多的喜鹊飞来飞去。

王校长得意地回答："校园生态优良，吸引了喜鹊。"

我接过话头，开玩笑说："喜鹊叫、喜事到。鹊登高枝，建昌中学的教学实践一定会节节向上。好兆头！"

说罢，我们放声大笑。这样的笑声，或许会留在我们的记忆里许多年！

第十一章　冬季，有这样一群燃灯者

　　曾经，我看到过于右任先生写给马相伯的一副对联："生我者父母，育我者先生。"翻开现代汉语词典，"先生"一词有许多解释，第一解释仍然是"老师"。教师是一种职业，承担着薪火相传的理想，他们凭借自己的学识和信念去教书育人。如今在教育界，人们还是会把资深的、德高望重的老师称之为"先生"。我逢年过节常常会给我的老师发微信，称呼他们为先生。

　　2021 年 12 月 28 日，当我走进朱林中学时，已经过了冬至节气，进入数九寒冬，气温更是江南近年来少有的零下四摄氏度。

　　朱林中学创办于 1958 年。当年，经金坛县人民委员会批复，同时期创办的初级中学还有社头中学、尧塘中学、薛埠中学。

　　朱林中学第一任校长唐凯保，20 世纪 60 年代中期曾经在县城矢巷锡剧团居住过，和我家是近邻。那时他瘦瘦高高的，说话慢慢吞吞的，已经担任金坛县锡剧团党支部书记。1977 年、1981 年经组织调动，他先后两次回到朱林中学任校长，时间不长，都只待了一年左右。

　　今年 55 岁的金俊老师接待了我，他自嘲从 2000 年到朱林中学任教至今，前前后后陪伴了 6 任校长，对学校的角角落落都了如指掌、一清二楚。他认真地告诉我，学校的校训"固本强翅，弘毅力行"，便是在 2008 年鲍爱平担任校长期间确定的，后续的蔡根林校长、韩平校长没有弃用，一直沿用了13年。

现任校长韩平2017年8月由金坛第二中学副校长调任朱林中学。2019年的12月，我曾在教育局教研室原主任陈文老师的陪伴下来到朱林中学，与韩平校长有过接触。朱林中学强调注重老师们的专业学习，创造机会提高老师们专业发展的有效性，鼓励推荐老师"走出去"，积极参加有针对性的交流，当年有30多人被派往上海、广州、青岛参加各类培训。一晃快三年了。这三年中朱林中学陆陆续续、大大小小获得了27项荣誉。涌现了"感动江苏教育人物——2021年最美中学教师"刘玉兰，"常州市第二届龙城十佳乡村教师""常州市骨干班主任"韩菊芳，常州市"师德模范"刘俊，金坛区第四届"十大最美教师"窦翔，金坛区优秀教育工作者阮玲，金坛茅山老区优秀教师樊云忠、缪秀云等，另外还有诸如常州市、金坛区的骨干教师、教学能手、教坛新秀。学生李倩、崔网园、王昊、胡凯、付恒等获得江苏省、常州市的"美文阅读"、江苏省红领巾读书征文、常州市中小学读书征文奖项，以及常州市三好学生、常州市"龙城好少年"、常州市最美中学生、常州市大中专学校"魅力团支书"等荣誉。老师们利用寒暑假或者课余对自身的教学实践进行探索与思考，写出了一系列的论文，仅2020年一年，发表在省级刊物的就有9篇之多。2021年上半年学校老师论文获奖人数达40余人。阮玲、高越、韩菊芳老师在"苏乡永助"资助好故事评比中分别获一、二、三等奖，谢鹏、刘玉兰在32届江苏省"教海探航"荣获二等奖。在2021年"教海探航"征文比赛中，韩平老师荣获区一等奖，窦翔老师获区二等奖。数学老师张小刚（2020年金坛骨干教师）在2021年金坛区初中数学青年教师优质课评比中获一等奖。

天空依然是天空，大地依然是大地，可就是有这样一群人，点燃灯火，照亮了一片教学天地。

冬日，天气晴朗，流水潺潺，校园寂静无声。我看见乡村老师们，站在知识的源头，如石匠在岩壁上一遍又一遍地打凿。

刘玉兰就是这个群体中的一员。

如果仅仅看书面材料，我心里推算，生化教研组长刘玉兰至少是位50

岁左右的老教师，因为她获得的荣誉太多了。"优秀班主任""优秀骨干教师""优秀教育工作者""最美教师"，三次受到金坛区政府的嘉奖，两次被丈夫的部队授予"优秀好军嫂"光荣称号。担任班主任期间，她本人多次获得"优秀班主任"称号，所带班级四次被评为常州市优秀班集体，三次获常州市"五四红旗班集体"，2022年又被评为常州市骨干班主任。

面对面坐下时，我才知道刘玉兰老师今年刚37岁。齐耳的短发，戴一副眼镜，很精干的模样。

"我是罗村人。"

面对我的提问，刘玉兰老师回答。

"那你应该是土生土长的茅山老区人。"我笑着说。

我问："你是教化学的，对初中化学的教学有没有自己的想法与思考?"

刘老师细细地说道："学生初中阶段接触的化学知识对学生的逻辑性要求较高，富有趣味性，但同时对学生的记忆力以及灵活思考能力也有很高的要求。例如元素符号、化学式、化学方程式等，都属化学基础知识体系，需要学生在初次接触的时候清楚记忆。初中阶段的化学基础知识看似零散，但是具有较强的综合性，对初中生的学习能力以及学习态度提出了较高的要求，教师如果没有引导学生构建知识网络体系，会让初中生在理解初次接触的化学知识过程中缺乏体系化，遇到实际化学问题容易顾此失彼。往往多数的初中生会运用死记硬背零散的化学知识的方式来应付考试，长此以往初中生对化学学科会渐渐失去学习兴趣。"

我继续探问："听说你在2020年教学中运用绘制思维导图的方法，试图解决学生学习化学的困难?"

"从化学课程专业角度来说，我算是做了一点尝试。用清晰可见的思维导图提升初中化学课堂教学效果，引起学生的学习兴趣。"刘老师一笑，解释道。

2008年刘玉兰毕业于南京晓庄师范学院，在朱林中学任教已有13个年头，一直教化学并且担任九年级一个班的班主任。每天早晨，她都会提前到校，巡视教室。中午陪学生们吃午饭。放学了，她必定最后一个离开学校。看看教室的门窗是否关好，叮嘱住宿的学生增减被褥、换洗床单、添加衣服。有学生生病不舒服，她会端上一杯热水，暖暖地安慰。学生放学遇上恶劣天气，她总要一个个打电话确认学生是否安全到家。

那些年，丈夫在部队，她一边忙教学一边带着两个孩子，长年累月，她独自一人扮演着多个不同的角色：女儿、儿媳、妈妈、老师。为了能让丈夫在部队安心工作，解除丈夫的后顾之忧，她用自己柔弱的双肩挑起了家庭重担，用坚强的意志一次又一次地应对着生活的磨难。

刚结婚那年，刘玉兰父亲身患癌症入院做手术。一个月后，父亲暂时脱离危险，母亲又因腰脊椎断裂住进医院。接连而来的不幸，对于年轻而从未经历过如此困难境况的刘玉兰来说，简直如同天塌地裂。那些日子，一边是家里和医院同时需要照顾的两个病人，一边是繁忙的两个毕业班的教学任务，身心运转的支撑力达到了极限，她几次累得头晕目眩差点摔倒。但为了能让丈夫在部队安心工作，每次丈夫询问家里的情况，她总是报喜不报忧，把各种难处和自己的苦累说得轻描淡写。好几回她照料完老人正疲惫不堪地倒在床上时，丈夫放心不下要和她开视频通话，她连忙爬起来，振作精神换上一副笑容，说家里好好的，什么事也没有。在她的精心照料和顽强坚守下，她从没有让丈夫因为家里的琐事耽误过一天部队的工作。

多年来，刘玉兰还和丈夫有一个特别的约定：军营和校园比翼双飞，赛一赛前方、后方谁的成绩多。因此，刘玉兰在教育岗位上的成绩，自然就给了丈夫最好的激励。每年放假刘玉兰去部队探亲，她还会成为军营里的编外教员，为战友们做些力所能及的事情，比如利用自己的化学专业特长，为战士们上科普拓展课；比如担任战士们的心理健康辅导员，与他们畅谈人生的理想以及日后追求的方向；比如帮助一些将要转业的战友做职业规划和二次创业的选择。战友们都开玩笑地说："嫂子，有你做军营的后盾，我们这些当兵的人，想不优秀都难！"

刘玉兰的无悔支持，不仅让部队官兵们大受其益，更让丈夫朱俊杰信心倍增，多年来在部队频传捷报，年年被评为"优秀士官"，前年还被评为"优秀共产党员"。

刘老师告诉我，2021年她丈夫转业了，生活上有帮手了，节奏可以相对轻缓一些。

之前中国民间艺术家协会会员、中国民间文艺"山花"奖得主、我的作家朋友叶林生（他曾经采访过刘玉兰）建议我，可以和刘玉兰聊聊与学生相处的那些事。

于是，我对刘老师说："你做了这么多年的班主任，与学生之间建立了较好的感情，并付出很多。能不能给我讲讲留在记忆中的事情？"

刘老师思考了一会说："事情很多，我就举几个事例吧！"

有一年冬天，刘老师发现班上的一个女生冻得脸色发青，却穿着单薄的衣服，再三询问她也支吾着不肯说出原因。为了弄清原因，刘玉兰顶着寒风骑车十多里来到地处偏僻的孩子的家中。原来孩子的父母不久前离婚了，她被遗弃在奶奶家，奶奶体弱多病又生活拮据，家里连买件衣服的钱都没有。得知情况，含着眼泪回来后，刘玉兰连晚饭都没有吃，连夜和任课教师一起买了冬衣和生活用品送到了孩子家里，并把这一情况反映给了民政部门。为了不伤害孩子的自尊心，此后刘玉兰总是默默地买些衣服和生活用品悄悄塞给孩子，并格外地关心体贴她。孩子顺利毕业离开学校的时候，曾抱着刘玉兰哭着说："刘老师，你就像我的妈妈。"

刘玉兰班上有一个男生，平时比较遵守纪律，学习成绩也一直稳定，突然有段时间成绩急剧下降，还出现了从未有过的旷课行为。刘玉兰经过细心了解，发现他染上了网瘾，只想在家打游戏不想到学校。而他的父母在外打工很忙碌，对他关心不多，还坚持认为是学习负担太重让孩子得了抑郁症，要休学看病。刘玉兰和其他老师再三上门做工作，多次被家长抱怨和责怪。面对委屈，失望的同事们劝她放弃算了，但刘玉兰摇摇头说："受点委屈不要紧，可这一放弃就会耽误孩子的一生啊。"她依然苦口婆心地与家长沟通。终于有一天晚上，学生家长打电话过来说，他们现在弄清楚了，孩子确实是染上了网瘾，沉迷于打游戏。现在经过开导，他又想上学了。希望老师再给一个机会。可喜的是，在刘玉兰想方设法的关心下，这个学生通过后来两个月的努力，毕业时成绩居然还很好。家长对此非常感激，说："如果不是刘老师的坚持，我家孩子可能就废了！"

回忆着教学生涯中的点点滴滴，她轻轻地叹息，停顿了一会继续说。

还有一次，刘玉兰上门走访一名辍学孩子的家长。家长叹着气说："我生了一场大病，花光了家里所有的积蓄还欠了很多的债，孩子辍学是真的没有办法呀！"刘玉兰从小生在农村、长在农村，深知农村的艰苦和不易，她一方面想方设法让孩子重新回到教室，另一方面就此展开深入调研，发现边远农村因病致贫的现象确实客观存在，尤其是一些重大疾病患者术后没有了工作能力，缺乏经济来源，又要常年吃药开销，不堪重负，这也成了孩子辍学的主要原因。于是，她针对这一现象和部分实例，及时写出了《关于加大农民大病术后报销以及术后生活资助金额的建议》的提案。在金坛区十七届代表大会一次会议上，她郑重提交了这份提案，当即引起了其他代表的共鸣和响应，并得到了区人大常委会领导的充分肯定，很快落实了督办部门。

面对刘玉兰，我这样想。过往，像是挂在草尖和花瓣上的雨珠，一颗一颗随风奔跑，一刻也不愿意停留，难道它们被这个千变万化的世界迷住了？雨珠身后拖出一条长长的水迹，是它神秘的轨迹还是留下的痕迹？

茅山老区外来务工人员子女入学率较高的现象，在朱林中学同样存在。朱林中学目前有不到 300 名学生，其中有近 60% 是外来务工人员子女。于兴华老师曾为此写过一篇调研论文《突破瓶颈五步法——谈外来务工人员子女的教育与管理》，获得金坛教育局 2017 年征文评比一等奖。窦翔老师在同一时间也写过一篇调研论文《金坛外来人员子弟德育工作的几点思考》，获得金坛区德育论文一等奖。我好奇的是，窦翔是物理老师，为什么会对德育教学有兴趣？

窦翔曾经就读于茅山老区的西旸中学，2012 年从江苏师范大学毕业后来到朱林中学。由于教学成绩突出，2019 年 12 月他被评为常州市第九批教学能手，2020 年 1 月被评为第六批金坛区骨干教师，同年 9 月被金坛区人民政府授予"优秀教育工作者"，2021 年被评为金坛区第四届"十大最美教师"，同年 9 月获金坛区初中物理学科基本功竞赛一等奖。

面对窦老师，我的第一句话便是："你是教物理的老师，怎么会关注外来务工人员子女的德育问题？"

窦老师告诉我，他除了教学物理课，还担任班主任。

站在一旁的老师插话："窦老师是2018年金坛的'优秀班主任'。"

我笑了，因果关系就在这里。

窦翔老师这样说："对于外来务工人员子女的事，我也是通过担任班主任后，一次次的深入接触，才触发感受。"

"外来务工人员子女入学茅山老区学校的比例很高，同时也产生许多问题。那么，你怎么看待外来务工人员子女？"我问。

窦老师分析说："外来务工人员，大致可以分为两类：一类是高素质专业人才，这一类人文化素质和受教育程度较高，对于孩子的教育要求相对较高，有自己独到的见解。另外一类是打工人群，这一人群占据了外来人员的多数，他们为经济发展和城市、农村繁荣作出了巨大贡献。这一类人群家庭可能存在以下问题：一是子女多，生计的压力使家长忙于工作，无暇顾及孩子的教育。在我担任班主任的过程中就遇到很多这样的实例。白天上班，晚上加班，根本没有时间教育和照顾自己的孩子，他们的处理方式大致有这样几种：将孩子交给教辅机构或者晚托班，将孩子寄托在亲戚家中，要么压根不管孩子，只给孩子生活费，让其自己生活。二是打工人群文化水平和受教育程度不高，对孩子的教育不够重视，耳濡目染，在思想品行和生活习惯上给孩子带来了不好的影响。三是打工人群流动性大，有的甚至居无定所，这对孩子的教育也造成了很多负面影响。四是收入水平较低，无法给予孩子生活上的保障，无形中对孩子的心理健康造成一定的影响。"

对于这些问题，他是怎么思考的？

"从学校、教师层面来看，目前德育工作理念与千变万化的时代要求有一些不相适应，更多纯粹是为了完成任务，教育形式单一，过分重视考试学科而忽视耐心细致的德育。针对外来人员和孩子的现状，学校及班主任应该有一定的指导思想。首先，根据思想道德的发展规律，要弄清每个学生的性格特点、个性差异，属于哪种类型的学生，并调查他们的家庭情况和父母接受教育的程度，通过认真分析，因材施教，有的放矢。其次，教育公平也是重要因素，作为学校、老师，对待孩子要一视同仁，公平、公正。最后，陪伴和榜样是最好的力量，班主任应该用自己的一言一行感化和引导学生朝着积极健康的方向发展。在指导思想之外，我们还应该提出一些具体的措施：1. 帮助学生提高学习成绩，增强学生的自信心。注重对学困生的辅导，对孩子学习上的小进步多表扬。2. 通过开展一系列的活动，加快外来人员子弟融入集体，接受和尊重他们的生活习惯，用爱和热情来感化他们。借助当地孩子的力量，让他们多结交朋友，让孩子走出孤单和自卑。3. 加强家校联系，了解学生及家庭情况，做好家校的反馈，可以经常利用电话及新的通信技术进行交流，也可以用讲座和访谈的方式进行家校互动。4. 多开展亲子活动，加强家庭成员间的交流，增进家庭成员的感情。老师要发挥好纽带和桥梁作用。"

当然，窦翔作为物理老师，在教学实践中也取得了非常好的成绩。2017年以来，他辅导的颜茜、李德辉（安徽霍邱）、袁满、姜鹏、郑佳琪、顾凡（江苏泰州）、许文强（重庆巫溪）、盛越（安徽利辛）等10多名学生连续4年10次获得江苏省金钥匙科技竞赛二等奖、金坛区科学节创新成果一等奖、金坛区科学节"魔方"项目一等奖、金坛区微视频评比二等奖、金坛区科技创新作品初中组二等奖。荣誉背后当然是付出，但是窦老师很谦虚，不愿意说。可我从学校所提供的书面资料里还是寻踪追迹，看到了窦老师这些年为学生、外来务工人员子女有心有意地提供了相当多的帮助。

难怪韩校长坦言：窦翔是个好老师！2021 年上半年还参评"乡村优秀青年教师培养奖励计划"。

朱林中学有 5 位英语老师，阮玲是英语教研组长。阮玲是罗村人，曾就读于罗村中学。2006 年从陕西师范大学毕业后分配到朱林中学。

我再三问她，当初怎么想到考陕西师范大学。她一直笑着说，那里学费便宜、消费便宜，第一志愿就填了那个学校。

今年 37 岁的阮老师不简单，担任了 9 年班主任，其间 2011 年、2012

年、2016 年、2019 年多次获金坛区优秀班集体荣誉。2019 年获江苏省"五四杯"初中青年教师微课评选一等奖、金坛区初中英语教师板书比赛一等奖，2020 年获得金坛区"教学能手"称号。

我和她开玩笑："听说你担任班主任时，对学生特别有爱心，与学生有许多小插曲?"

阮老师用诗情画意的语言回答了我："爱是与生俱来的，在血液里流动，在骨子里结晶，由心而生。我作为班主任，常常试着以平等的尊重和真诚的爱心去打开学生的心门。学生蔡洋，女孩子，小个子，与人见面时总是淡淡地一笑，文静懂事。每每注意到她时，她都怯怯的。尽管蔡洋读书很努力，但是成绩总不见起色。一次次的小挫折和困惑打击着她脆弱的心，每每见到她沮丧的面庞，老师们都为她着急。虽然她出生在金坛，但她父母多年前就从云南来打工了，文化程度不高，一家人在这边生活得很辛苦。我就和任课老师们抓住一切可利用的时机，主动找她聊天，走进她的内心世界。其他老师也多次找她谈心。许多次，我们用春风般的叮咛让蔡洋鼓起前进的勇气。刚升初一时，第一次数学考得不好，于是数学老师单独把她叫到办公室，一题一题给她讲，还把每道题写到错题本上，把每节课所讲的内容写在下面帮她回忆，并且告诉她，不能每次遇到难题都自己一人绞尽脑汁地想，要多向老师和身边的同学请教，要学会沟通和交流。慢慢地，她脸上有了笑容，人也更加开朗，开始融入班集体。她虽然个子不高，但身体灵巧，喜欢跳绳。我便抓住机会，在一年一次的校际运动会，鼓励她为班级的荣誉尽自己的一份力。在同学的鼓励和陪伴下，她早早准备，认真练习，终于在运动会上取得了不错的成绩。成绩进步的体验使她获得了自信心，同时也获得了同学们的赞扬。对于她家庭经济拮据的情况，学校为她建档立卡，帮她寻求生活资助，解决日常费用。"

阮玲老师向我讲述了一个插曲。

"有一天清晨，我像往常一样开车去学校。突然，手机铃声响起，是学生家长的电话。接通电话后我先是听到手机那边传来孩子的哭声，接着听到家长焦急地问道：'老师，我家蒋欣说什么也不肯去上学。是不是她在学校遇到什么事了？'蒋欣，皮肤白皙，脸蛋圆圆的，在班上总是活泼有余。她呀，一笑起来就喜欢抿着嘴，同学们都很喜欢她。虽说功课不是特别好，但学习也算是刻苦勤奋，从不愿意落后。今天这事倒是新鲜。我安慰道：'蒋欣妈妈，你先别着急。也别催她。这上学的假先请着，等蒋欣情绪稳定些，再问问原因，有什么困难，我们一起帮她解决，可以吗？''哦，好的，老师，那过一会我问问再给你打过去。'

"就这样我一边纳闷，一边开车到了学校。

"这时，电话铃声又响了起来。这次没有哭声。电话那头依然传来蒋欣妈妈焦急的声音：'老师，蒋欣不吱声，还是不肯去学校。'虽然这么多年与这些青春期的孩子们共处，可她这招我还是觉得不太好接。于是耐住性子问问缘由。叫孩子她妈把手机给蒋欣，软硬兼施：'蒋欣，你有困难还是委屈，不要放在心里，要相信家人，相信老师。说出来，大家一起解决。要是没有理由，我可就要记你旷课，这可是严重不遵守纪律的行为。你想想，哪个问题更严重？'蒋欣平时表现很好，听说要记她旷课，她一下又急得哭了。蒋欣又来这么一出，家长也不信任我了，不客气地问道：'老师，在学校老师到底有没有批评她啊？现在的小孩自尊心很强的！'

"蒋欣这时开口谈她的心事了：'周末几个同学约我出来玩，有个男生说喜欢我。我知道要礼貌地拒绝他，可是就是觉得怪，总觉得自己做错了什么。还担心妈妈不信任，担心老师不信任。我们几个同学原本只是出去排练节目，谁知道这个男同学会来这么一出，我都觉得自己没脸见人了。''哦！'我和家长几乎是同时附和道。青少年的心事还真是不大不小。接着，我首先肯定了她的感受，连忙说：'是这样啊，那确实是会感觉怪怪的。'随后给了她一些建议：'男生表露喜欢你，那不是你的错，也不是他的错。作为同学，应当礼貌地拒绝。这个时期男女生之间产生互相吸引的心理是一种正常现象。青春期男女生交往应做到自然、大方。当然也不能过分随便。不要男女生之间嬉笑打闹，应尽量避免肢体上的你推我拉。要注意自尊自爱。老师呢，也谢谢你的信任，将这些告诉我。其实这也算我们的成长经历，我们也要正确面对情绪变化，处理问题。任何时候，家人、老师都是你坚强的后盾，都会是你前行道路上的陪伴者、支持者。所以说不用困惑，更不用害怕。集中注意力做好自己该做的事，直到你积累够你该有的能力。'

"想不到她的情绪来得快，去得也快。到了学校后连忙对我说，老师，对不起。不该自己想当然。后来这孩子在一篇作文里写道：'虽然这事听起来有些幼稚，可这事确实是我犯下的。那天早晨我的心情处在谷底，我不记得自己脑子在想什么，就是觉得自己不想去上学，觉得丢人。我的理智被情绪打败了，毫无反击之力。父母越是着急，自己便越激动。心想，自己顶着多大的压力，你们知道吗？闹了一个多小时，和老师几番沟通下来才知道自己的荒谬。无论遇到什么大事、小事，都该冷静，多沟通，多想解决之道，而不是意气用事，任由自己的决定跟着情绪跑偏。'

"这是我和青春期孩子们之间的日常插曲。"

阮玲老师说完，坦然一笑。

听完这个插曲，突然我想起一句诗：她的身上，有多少风拂过，有多少微亮的月光照过。真的如作家王蒙说的：话里有画。

体育老师获得发明专利。这是我在朱林中学采访时听闻的新鲜事。

今年41岁的刘俊，2002年毕业于南京体育学院民族传统体育专业，那一年9月，他回到母校朱林中学任教。刘俊感慨道："15岁离开朱林中学，一晃，又回来了。当然，从学生到老师，身份变了，责任担当也不一样。"如果说人的个性有许多种，那么，有点"小聪明"的刘俊，属于爱思考琢磨的一类。在任教时，刘老师发现目前全国大中小学校以及城市运动会终点计时仍用秒表人工操作，裁判员目测判定名次，这种高误差、低效率的裁判管理已经远远落后于时代要求。那么有没有更好的工具来改变这个现状？2004年，也就是刘俊回到学校的第三个年头，他尝试着用自己设计的准电动计时系统，果然效果很好。学生们觉得参加竞赛类项目能"上电视"，而且自己怎么冲过终点的过程都能在大屏幕上看得清清楚楚，觉得倍有面子。有了师生们的信任，刘俊认为有必要把该系统做好、做强，不仅要让学生在屏幕中看到自己的壮举，还要让学生同时看到自己的成绩，而且要为每一名参赛运动员提供公平、公正的裁判服务。

我和刘老师开玩笑，他申请的发明专利，现在大家都在无偿使用，问他为什么不收费？

刘老师回答道："研究初衷就是为了方便大家，根本没想到去赚钱。"

说句实话，刘俊老师并非等闲之人，他 2015 年 12 月就已经评上金坛区"金沙名师"，先后 7 次获得常州市体育吉尼斯（滚铁环、打沙包、打陀螺）擂主，2020 年与韩平校长同时被评为"常州市骨干教师"。2021 年被列为常州市第八届"师德标兵"候选人。虽说刘俊是体育老师，但是这几年他通过用心教学、用心研究、用心领悟，结合实际陆陆续续写出许多论文，比如《初中体育高效课堂创建策略》《拓展训练在初中体育教学中的运用》发表于《体育画报》等刊物。

一直负责接待协助我的金俊老师向我介绍，朱林中学还有一位优秀共产党员、军嫂教师——韩菊芳。

金俊老师这样介绍韩菊芳：在朱林校园内她虽其貌不扬，但只要一提起她的名字，可谓无师不知、无生不晓。在她端庄朴实的外表下，有一颗令人难以置信的坚强的心。韩菊芳，1990 年 8 月毕业于常州教育学院。带着几分憧憬、几分希冀，她来到了一所普通的乡村中学——自己的母校朱林中学。从此，她便与教育教学结下了不解之缘。

凭着对党的教育事业的赤胆忠诚，凭着对学生的满腔热爱，凭着自己的不懈追求，她很快适应了初中语文的教学工作，并迅速成长为学校的语文骨干教师。她潜心钻研教材，深入了解学生，不断创设教学情境，努力改进课堂教学，紧跟时代步伐，积极探索，运用课改理念大胆尝试，锐意创新，逐渐形成个人的教学风格，教学效果显著。她所执教的班级的学生语文成绩总是名列全校乃至全区前茅，经她辅导的学生，在全区各项读写竞赛中，几乎连年获奖；学生作品也在各类教育报刊上陆续发表。为此，她多次得到了学校和上级教育主管部门的表彰和嘉奖。

她不但教好书，还特别注重育好人。十六年来，她一直担任班主任，可她从未怨天尤人，总是愉快接受学校重任，像一位大姐姐或一位慈母，

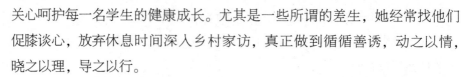

关心呵护每一名学生的健康成长。尤其是一些所谓的差生，她经常找他们促膝谈心，放弃休息时间深入乡村家访，真正做到循循善诱，动之以情，晓之以理，导之以行。

她不仅是学校的教育教学能手，而且是家庭的贤妻良母。她丈夫是一名部队营教导员，长年服役于湖南的一个偏僻山区，很少回家，为此，照顾家庭的责任落到她柔弱的肩上，上有七十多岁的婆婆需要服侍，下有刚上小学的儿子需要料理。然而，面对困难和压力，她毫不退缩，她向人生发起了更大的挑战，硬凭一个女人坚强不屈的心，为家庭撑起了一方晴空。

俗话说："一枝独秀不是春，百花齐放春满园。"自 2000 年担任学校语文教研组长以来，她团结全组成员，积极组织并开展丰富多彩的语文教研活动。共同学习教育理论，走进课堂探讨教学，研究"创新写作"实验课题。教研氛围浓厚，如今已结出丰硕之果。在她的引领下，青年教师王文彬已成为金坛教坛新秀，杨栋梁老师被评为金坛优秀班主任，商俊红、谢群、王伟等老师均已成为学校年级组语文骨干老师。

当韩菊芳老师坐在我面前聊开话题时，我得出了一个结论：金老师的评价很准确。同时我还得知：她所带的班级 2000 年二（2）班被评为金坛先进班集体，2001 年一（7）班被评为常州市先进班集体，2006 年七（3）班被评为金坛先进班集体，2012 年八（5）班被评为金坛先进班集体，2013 年九（3）班被评为常州市优秀班集体，2016 年七（3）班被评为金坛区优秀班集体，2017 年八（4）班被评为金坛区优秀班集体。2018 年七（4）班被评为金坛区优秀班集体。2003 年、2012 年她本人均被授予常州市"优秀班主任"的光荣称号。2006 年她被评为常州市优秀共产党员，2013 年被评为金坛市优秀教育工作者，2018 年获得金坛区德育先进工作者称号。2020年韩菊芳被评为金坛区骨干教师，2022 被评为常州市第九届师德模范。

韩菊芳老师这样对我说："做一名好老师是许多老师一生所追求的目标，也是我的目标。当初，我是带着青春的无限激情，满怀对教育事业的真诚，踏上教育工作这片热土。一晃，在这三尺讲台上已经近 30 个年头了。30 年来，笔墨春秋，书写了我教书育人的喜怒哀乐；讲台岁月，浸透着我不懈追求的挚爱深情；拳拳爱心，浇灌着幼苗茁壮成长。25 年的班主任生活让我一直忙碌并快乐着。作为班主任，我深知教师的榜样示范作用。为了教育学生热爱学习，我每天认真备课、上课并尽量面批作业；为了教育学生热爱劳动，我经常和学生一起劳动；为了培养学生养成良好的行为习惯，首先自己注意言谈举止，为人处世；为了教育学生守时，我每天早来晚走，这十多年来，不管刮风下雨，酷暑严寒，我从没迟到早退过。即使把家安到城里，依然如此。望着懂事又无助的儿子，我含着眼泪无数次下决心再也不做班主任了。可每年开学，我还是义无反顾地投身到新集体中。我知道那种力量源于对学生的责任和爱。我常想，作为班主任，一双眼睛看不住几十个学生，而一颗爱心却可以拴住几十颗心。我在心底里默默发誓，不为别的，就为这些天真无邪的学生，我也要把工作干好，不求轰轰烈烈，但求踏踏实实。每年教师节一封封热情洋溢的信，一张张饱含谢意的精致卡片，从四面八方飞到身边，我心里满是骄傲与自豪，我总想：做教师，我付出的只是缕缕阳光，却能收获整个春天，值！在教育这片土地上，自己付出的是辛勤的汗水，收获的是累累的果实。

"我喜欢走在路上，听孩子们亲热地叫老师好；我喜欢坐在办公桌前，拆开一个个装满小秘密的信封；我喜欢登上讲台，看台下几十双期待和信任的眼睛；我喜欢拿起粉笔，为年轻的船只导航。这么多年的教育教学实践，让我领悟并笃信这样的信念：唯有爱，而且是最真诚最本色的爱，才能撑起教育这片蓝天。"

听着韩老师声情并茂的诉说，我心底有个感觉：她真的是个优秀的语文老师，言语用词、表达情感明显与众不同。2023 年第 39 个教师节，任教 33 年的韩菊芳老师被评为常州市教育系统"光荣在岗三十年"优秀教师。

采访结束，我将离开朱林中学，奔赴下一个学校，可内心还是为朱林中学的老师们勤勤恳恳每一天、每一日，怀揣心灵的火炬，照亮孩子们前行的道路而感动。

是的，他们都是极普通极平凡的人，因为做了一名人民教师，人生才有了不平常的精彩。在这三尺讲台上，老师们用爱心、诚心、细心、耐心和执着，默默地履行一个教师的责任，去换取学生的开心、家长的放心、社会的满意。虽没有一路春意盎然，却也拥有了满眼绚丽灿烂。

许多老师和韩菊芳老师一样，都如此抱定终身：昨天已经过去，未来在于耕耘。回首过去，我无怨无悔，面对将来，我将用执着和爱心继续点燃事业的红烛，用自己的勤奋工作诠释着对教育事业的那份挚爱！

虽然三九严寒，但我丝毫没有觉察出一丝寒意，或许是师德之光温暖了我？或许是纯洁之情感染了我？或许是因为我看见如水的月光下，众多的孩子鱼群般快乐地穿梭而心生暖意！

第十二章　百年沧桑，守望那束光亮

没有等到一场漫天飞舞、飘飘洒洒的大雪，没有听到西北风的呼啸，羞羞答答、不冷不寒的冬季已渐行渐远。薛埠小学的上空，太阳，晃了几晃；月色，亮了几亮。

于是寒假结束，又开学了。

这个寒假，用张立俊的话说："其实一刻都没有闲着。学校880多名学生，有一半是外来务工人员子女，来自东西南北的都有，因为疫情，需要时刻留意着他们在家乡探亲访友的行踪。到任薛埠小学半年，面对一所百年老校，我还需要对学校新年的教学生态发展做一点认真思考，特别是'双减'背景下如何做到教育教学质量的有效提升。说实话，我还时不时地关注着千里之外的北京冬奥会。"

2022年2月17日下午，当我来到薛埠小学时，已经是他们正式开学的第四天。张立俊校长很诚恳地对我说："刚刚结束开学典礼仪式。经过研究、讨论，我把学校办学理念定为'给童年着色，为幸福奠基'，得到了大家的认可。同时，将自己思考的'双减'中'课堂要准、作业要精、常规要实、习惯要好'的建议，向老师们做了详细阐述。"

从1989年于武进师范毕业分配在老家河头小学任教起，张立俊已经在建昌小学、城西小学担任了多年的校领导职务。给他留下难忘印象的是他2004年代表金坛教育系统去青海西宁创办华罗庚实验小学。两年多的时间，筚路蓝缕，从无到有、从弱到强，历尽艰辛，还要克服高原反应、地域文化差异等困难，但他感觉内心很充实，是人生中最艰苦、最快乐的一段时光。

我问张校长："你2019年被评为常州市特级校长，又在城区学校担任校长（城西小学）三年。现在来到偏远的茅山老区，有什么感慨？"

张立俊很坦然地说："其实我对茅山老区有特殊的情感。除了我第一次任校长就在革命老区的建昌小学外，我外公曾经是陈毅司令员在茅山建立抗日根据地时的通讯员。我的血脉里也流淌着红色基因。现在能为老区教育奉献一点力量，不仅是荣幸，也算是对外公他们那一辈人的红色精神的延续吧！"

2021年9月秋学期开学前，区教育局吴军华局长送张立俊上任，意味深长地对薛埠镇领导说："我们把红色种子送到茅山革命老区来了！"

1915年，刚刚过了正月十五，位于茅山东麓的薛埠镇还笼罩在浓浓的年味中，家家户户的孩子们尚沉浸于热热闹闹、无拘无束的日子里。这几天，镇上赵德和药店的赵佐在思考办学的事，但拿不定主意，便找在金坛县城国民党党部公干的女婿包侃商谈。赵德和药店历史悠久，在薛埠以及周边地区享有较好的声誉。当然，钱也赚得盆满钵盈。赵佐一直想出资办个学校，做点慈善。与包侃商量，一拍即合，得到支持。包侃回城后立即着手办理开学手续、聘请先生。是年6月在薛埠镇镇东头的包家湾祠堂开学，招了30多名学生。赵佐任该校校董。可是苦于教员不足，学校不能每日上课。1916年3月，学校拿到县党部文教科的正式批文：薛埠县立国民小学，为第四学区第十初级学校。4月，经包侃再三邀请，金坛城北门的文化人于培之携带家眷来到薛埠县立国民小学任教，并担任校长，其女儿于瑞仙、儿子于可贞都在该学校读书，之后都回到该校任教。

这便是薛埠小学前身的一段过往。

1937年"七七事变"后，日军侵占了薛埠镇，包家祠堂（今盘古固水泥厂老厂旧址）被日军占为营房。学校被毁，师生逃难外出。后来经地下共产党的领导与群众相助，学校迁至王公祠堂（今薛埠大街南面）复学。

于可贞在各方的支持下开始举办民众夜校。夜色降临，一大批积极进步的乡民三五成群地进入夜校学习。学校在地下党姜老师（姓名无法查找）、朱者赤的组织下，宣传党的抗战思想，进行抗日活动、爱国主义教育。王虎臣老师一方面表面上应付鬼子，另一方面暗中为新四军传递情报。西岗乡人朱者赤，共产党员，是茅东地区抗日救亡工作负责人，经常利用课堂教学和课后谈话，宣传抗日救国思想，抵制日寇奴化教育，引导学生投入到革命事业中。薛埠镇西临茅山抗日根据地，集镇是日伪军严密把守的据点，共产党、汪伪军、日军，相互渗透，以及社会形形色色的三教九流成分复杂，局面相当困难，可学校坚持革命思想教育不动摇，学生爱国思想比较浓厚。常常是日军来学校，师生拿出日文书哼哼唧唧，日军一离开立即认真学习国文与进步书籍。

抗日战争结束。学校于 1947 年迁回包家湾。

办学是一个非常艰难与苦恼的问题，同样，薛埠小学也一直经历着校舍设施落后、师资力量不足、资金捉襟见肘的困难。但是薛埠小学历年历届的老师们没有退缩过，总是能在困境中产生巨大的能量，"一切为了孩子，为了孩子的一切"。时间到了 1985 年，终于尘埃落定，学校搬迁至如今集镇中心的百花街西面，占地 26799 平方米，建筑面积 9828 平方米，绿化面积 8900 平方米。学校拥有 200 米环形跑道，三个篮球场，生活、户外活动面积达 728 平方米。

协助我采访的杨德海老师今年 49 岁，1993 年从师范学校毕业后，回到了家乡薛埠小学任教。他告诉我，自己很幸运，学校搬迁新校舍的那一年，他正好读五年级。看见薛埠小学的新校园、新教室，感觉什么都是新鲜的，同学们那个兴奋劲头啊，至今回忆起来还是甜滋滋的！时至今日，学校先后被评为江苏省科技特色学校、江苏省绿色学校、常州市艺术特色学校、常州市书法特色学校、常州市数字化试点学校。这几年从栾国荣校长、朱明方校长到虞福平校长，再到张立俊校长，一任又一任、一茬又一茬，学校全面推进课程改革，实施素质教育，推进艺体特色教育，让茅山老区的孩子们拥有幸福童年、七彩人生。

我感慨道："百年老校孜孜不倦地焕发新气象啊。"

阳光铺洒校园，这座百年老校沐浴其中，仿佛露出自信神态，显现独立意志，展示不懈力量。

3月1日上午，我迎着充满朝气的阳光，又一次来到薛埠小学。

如今依旧担任语文老师的杨根林，是目前薛埠小学年龄最大的老师，61岁。爱人丁珍美56岁，也在薛埠小学教语文。他告诉我他下半年就将离开学校，退休了。1982年7月，风华正茂的杨根林从丹阳师范学校毕业。由于老家在薛埠夏桥，组织上便安排他回到家乡做一名普普通通的小学老师。杨根林踏踏实实地教学，不仅收获了许多荣誉，比如新长征突击手、先进教育工作者、优秀教师，同时还收获了一份美丽的爱情。1987年，常州师范学校的丁珍美在薛埠小学实习。因为同是教语文学科，杨老师热心指导，丁老师虚心学习，一来二去，爱的种子在两个年轻人心底悄悄萌发。第二年，丁珍美从师范学校毕业，主动要求到薛埠小学。不久，两人共结连理，成为佳偶。

60岁的杨老师至今回想起来还是满面春风。

杨老师说："最有趣、最乐道、最巧合的是，丁老师教完的二、三年级班，正好是我接手四、五年级的同一个班。学生状况、教学情况，回到家交流起来天天话题不断。孩子经常抗议，你们两人聊起学生来，怎么就没有句号、顿号、省略号？"

2004年杨根林被评为高级教师。2012年丁珍美被评为高级教师。2002年，担任了16年班主任的丁老师被选为金坛人大代表。而杨老师一直服从组织安排，如同一块砖，搬到哪里都行，遵循"哪里需要，哪里就是我的岗位"这样一个简单道理。这么多年，他做过成人教学辅导员，兼任教导主任、工会主席，甚至还兼过上水、方麓、镇南等山村小学的校长好多年。学校需要他干什么就干什么，从来没有讨价还价。虽然都是教学，可面对的学生不一、环境不一、教材不一、责任不一，杨根林总是默默钻研、时时观察、细细琢磨，把教学做好，把工作做实。现如今，自己的家与薛埠小学隔着一条马路，站在自家小楼上，从窗户里可以看到学校。放假、休息，只要知道学校有事，几步路就到校，随叫随到。

我和杨老师开玩笑："你属虎，今年本命年。这么多年，你一直是虎虎生威啊！"

按常理，杨根林夫妇的年龄已经完全可以不在教学一线上课，但由于学校教学需要，他们依然毫无怨言地站在讲台上。

难怪张校长动情地赞叹道：这两位老师都很优秀。再早个几年，完全有能力调到城区或其他条件更好的学校，但他们扎根山区，为老区教育奉献了全部的青春与智慧。这对夫妻身上所展示出来的教育情怀、敬业精神是我们薛埠小学的"定海神针"，也是薛埠小学众多教师的典型代表。

说起教学生涯，杨根林老师感觉酸甜苦辣都有，最难忘的还是把学生教好；最高兴的是无论走在薛埠大街上，还是到村里，时不时会有人唤上一声：杨老师好！

孩子们不一定都会成才，可一定要成人。杨老师告诉我，在他的记忆里，这么多年常常会冒出许多学生的形象，孩子们的一个举动、一次发言，甚至一个调皮的神态，今天想来还是如刚刚发生在眼前一般。杨老师说，他一直没有忘记一个叫陈云强的学生。这孩子智商不能说很高，但学习劲头特别足，还特别有人气。常常在放假时带着五六名学生到老师家做作业，杨老师没空，他便要了钥匙自己开门。做完作业学生们就复习，等老师回家批改。然后大家一起总结，从每一篇文章中找出得与失，商讨各种题目的解题方法。后来这批孩子参加高考，成绩都不错。陈云强考上了军医大学。

一旁陪同的杨德海老师接上话头说："杨老师还是我的老师。"

杨根林笑笑，说："做教师至今，我至少教了4代学生。杨德海当年是小学二年级。像他这样之后选择做老师的，在我的学生中有10多个。"然后，杨老师用颇具文艺性的语言赞叹道，"他们个个心中都怀揣着一束光、燃烧着一团火，用纯粹点亮三尺讲台。"

这时，刚刚走进办公室听我们聊天的英语老师杨瑾搭话道："别忘了，我也是杨（德海）老师的学生。我六年级的数学老师就是杨老师，没承想，

如今是同事了。杨老师讲课很严肃，学生们当年可怕他了。"

我转过身对她说："太巧合了，那不是三'杨'开泰?"

薛埠小学毕业的杨瑾，2008 年从常工院小学教育英语专业毕业，回到自己曾经的母校。从三年级开始教起，陆陆续续担任过五六年的班主任。2020 年教五年级的杨瑾，被评为常州市优秀班主任。

这一年，学校还有唐莉老师被评为金坛区优秀班主任，吴宁生、孙辉老师被评为金坛区德育先进工作者。李筱冉、胡可欣等 9 名同学在常州市劳动教育示范学校和先进个人活动中获得劳动实践优秀学生称号，吴宁生被评为劳动教育优秀指导老师。

我问杨瑾老师，这么多年干下来，感觉教学的力量是什么?

她回答说："作为教师，我们要学会真诚地欣赏与赞美学生，因为任何学生成长都需要不断地被激励、唤醒和鼓舞。"

杨老师回忆起这样一段往事："在我担任班主任的班级中曾有过这样一个男生，坐在教室后排。有段时间，老师上课，他总是很少抬眼看黑板，一直埋头做些什么。下课后，任科老师向我反映了这一情况，我很好奇。有一次，我悄悄地走到他身边，发现他正在作业本上专心致志地画嫦娥，连我走到他身边都没注意，可见十分专心。我本想严厉地批评他，转念一想，这样的'忠言'可能会事与愿违，不仅不能了解学生的真实想法，反而会打击他们的积极性。或许换一种方法效果更好。我仔细认真地看着那张纸。从欣赏作品的角度评价，他画的嫦娥还真不赖!于是，我忍住怒火，拍拍他的肩膀，用诚恳的赞赏的口气说：'这幅画画得真不错。'他惊讶地抬起头，骄傲地告诉我，这是他们语文书上的一幅插图，就是嫦娥的头发特别难画，刚刚他就一直在画头发。听了他的话，我决定给他一个展示的机会。'中秋节快到了，你能为班级出一份关于中秋的手抄报吗?图片我都帮你想好了，就画你擅长的嫦娥，怎么样?'听了我的话，他点了点头。不出几天，手抄报就交到了我的手上。我当着全班同学的面展示了他的作品，并鼓励他画出更多优秀的作品。此后，我们班的板报设计都有他的参与，而他很快也将这份热情带到了课堂上，让我看到了一个更加自信和勇敢的他！"

听完这个真实的故事，我意犹未尽。便提议杨瑾老师，作为班主任，能不能再举几个相关事例，让我的采访内容更加多姿多彩一点。

杨瑾老师点点头。

她接着说："前不久一次出操中，排后面的几个男生总在窃窃私语。我以为他们又是在讨论最近出来的新游戏。走近了，想去制止。突然察觉，学生们的眼神都指向其中一个男生。那个男生低着头，一声不吭。看着他那委屈的样子，我不忍责备，便询问其他同学他们谈话的内容。其他同学告诉我，美国前不久发射了火箭。这个结果出乎我的意料。我没有想到平时贪玩的小学生们还关注时事，便问低头的学生：'你是不是对军事很感兴趣啊？'他点了点头。'这样吧，每天的晨会课我们会有一些时间，我邀请你为大家普及一下军事知识。你愿意吗？'他瞪大眼睛看着我，确定我没跟他开玩笑，才肯定地答应。第二天一大早，他兴高采烈地找到我：'老师，昨天回去，我做了准备，今天就给大家讲讲潜水艇吧。'一路上，他都在给我介绍潜水艇，虽然具体内容我没能记住，可记住了他那自信的笑容。"

杨老师的叙述让我也开心地笑起来，赞赏说："到底是优秀班主任，和孩子们打交道确实独特啊！"

可是，杨瑾老师这样解释："作为班主任，我们有时应该放低自己的身段，从学生的角度、心情，设身处地地考虑学生的问题。相信这一定比批评指责要有益、有效得多。如果教师做到了真诚地欣赏与赞美自己的每一个学生，用真情去浇灌他们，用爱心去培育他们，用亲情去呵护他们，用显微镜寻找学生的闪光点，用放大镜来放大他们的闪光点。那我们的师生关系将更加美好、和谐。"

临离开时，杨瑾老师很谦虚地对我说了一句："当然，教学的传承也很重要，那些都是耳濡目染、言传身教的宝贵经验。我刚刚任教时，有许多东西都在模仿前辈老师们，确实受益匪浅。"

对孙璐老师的了解，其实从 2019 年就开始了，虽然我们素昧平生。因为我 2019 年到薛埠小学走访时，有人给我介绍过孙璐老师的情况。那一年孙老师辅导的学生安家乐，在江苏省第三十一届中小学金钥匙科技竞赛中获得个人特等奖。

安家乐，安徽合肥瑶海人，2017年春节后随父母来到薛埠镇薛埠小学就读。这孩子特别喜好阅读，特别喜欢对什么都打破砂锅问到底，知识面很宽。那年全省参加竞赛的小学生有400多人，从面试、笔试、实验，一步步考核、评分，过五关斩六将，最终安家乐摘得桂冠。事后，许多学校的老师都在打听薛埠小学是哪个城市的？

家住金坛区最东端汤庄农村的孙璐，2012年8月毕业于南京晓庄师范学院化学专业。到了薛埠小学后对科学课的教学实践一直用心、用情。2015年获常州市优秀科技辅导员，2018年获常州市小学实验教学说课比赛二等奖，2020年被评为金坛区教学能手，2021年4月获金坛区教师评优课一等奖。

其实，在这一年，薛埠小学还有施同同老师获常州市优秀少先队辅导员称号、金坛区中华经典写讲能力大赛一等奖，汤婉珍老师获金坛区小学数学青年教师基本功二等奖，陆卫英老师获乡村教师培育站优秀课评比一等奖，徐欢老师获金坛区小学音乐评比课二等奖，戴泉老师获金坛区小学英语教师基本功三等奖，孙莉老师获金坛区小学语文教师基本功竞赛三等奖等。

据介绍，2020年12月10日，薛埠中心小学综合类学科老师齐聚一堂，展开了新一轮的学科研讨。孙璐老师首先上了科学研究课。孙老师从脑筋急转弯展开，带领学生初步讨论了物体轻重与密度的关系。随后通过水和酒精的密度大小讨论，带领学生一起来探究设计液体密度计，在设计好密度计后，利用设计的密度计带领学生一起比较了热水、盐水、油等液体的密度大小，最后拓展延伸。接着，综合类学科教师们踊跃发言，对孙老师的课做了点评。孙老师的课堂教学让孩子们在实际探索中将跨学科知识无缝衔接，培养孩子们在实际的学习探索中注重创新思维及解决问题的能力。张立俊校长全程参与了综合类学科的研究活动，还大加赞赏给予评价：孙老师的课堂教学在常规这块是比较扎实的，学生表现出了很好的学习状态，在讨论、交流与研究中，都能积极地参与到活动中去。

虽然这是薛埠小学简单的一次"从生活中探究学习 提升学生科学素养"的常规活动，但这也是他们一直推崇的"大力构建学习型团队，鼓励教师把学习作为一种职业责任、一种精神追求、一种生活方式"教学理念。

作为 2020 年度"常州市骨干教师"的张俊芳，一直注重学科教学的关联性。因为随着社会的发展，知识增长速度加快，个人化的知识变得越来越重要，加之互联网的普及，普适性知识的获得越来越容易，手机点开百度，什么信息都能获取。2019 年由张俊芳（李玉兰 华城实验小学）主持并联合另外 8 位老师做常州市教育科学"十三五"专项课题，对"培养学生计算机思维的小学信息技术"进行研究，取得了一定成效。

2017 年，我国将计算思维列为信息技术四大核心素养之一，并将其纳入我国信息技术新课程标准中。中小学对这一研究起步较晚，更多的是提出理论性的建议，但采用何种方式培养，实证研究较少。

我疑惑不解，问："这个课题与小学教学有多大关联?"

张俊芳老师笑笑，说："在小学信息技术教育中培养学生的计算思维，既可以引领小学信息技术课程的可持续发展，又可为学生以后的学习夯实基础。确实，一开始我们也是摸着石头过河，从概念起步。我们这个课题以培养学生的计算思维为导向，进行小学信息技术课堂教学，能够作为新课改下学科核心素养中计算思维方面的一种落实，深化课程改革。对这个课题我们采用总体研究的技术路线，沿'理论筛选—实践探索—反思总结'展开。我和李玉兰老师负责理论研究与行动研究。其他 8 位老师有分工，张霞、梁梦云、王小芳、赵玲霞、孔先敏、史春晖负责具体的行动研究，包括实例整理、课例设计；张勇、尹爱华负责具体的理论研究，包括文献收集。研究过程也并非一帆风顺，鉴于有些学校 5、6 年级没有开设信息技术课程，因此涉及 5、6 年级的教学课例，我们通过校园兴趣小组等方式进行研究，以点推面。通过教学实践思考我们的课例的可行性，教学后大家一起反思并改进我们的教学课例。由于计算思维属于抽象和自动化的，我们不可能奢望一下子就能培养出学生的计算思维，而是在潜移默化的教学过程中，逐步引导学生在不同的认知水平中，根据不同阶段的教学方法，提高学生的计算思维能力。"

我很认真地对张俊芳老师说:"课题书面文稿我认真看了,感觉你们确实投入了很大的精力与很多人力,花了不少力气。"

轻叹一口气,张老师理了一下披肩的长发,说:"确实辛苦,付出也很多。而且许多时候是一边教学一边进行,不知道放弃了多少节假日,不知道放弃了多少家庭团聚娱乐的时间。其实我们课题组的老师还参与了金坛教育科学研究课题《案例与教师专业成长的研究》《探寻有效达成教学目标之策略的行动研究》和常州市教育科学研究减负增效专项课题《利用多元评价优势实施小学课堂高效教学》研究,主持了校级课题《在信息技术课堂中注入生活元素的教学的研究》。副组长李玉兰老师还参加过省级课题《多维度目标的达成策略研究》,主持过常州市级立项课题《合理运用素材提升信息技术课堂效率的研究》。组员都参加了金坛区级课题《以实例优化教学——有效达成信息技术多维度教学目标的行动研究》,都具有较好的理论修养和较强的分析能力,在国家、省、市级刊物发表过文章,都是教学一线的佼佼者。通过诸多的课题研究,才为本课题的研究奠定了丰厚扎实的基础。"

张老师发自内心地感叹:"整个课题研究过程,说实在话,也是我们学习提高的过程。机会难得,值得珍惜!"

事后,听学校老师们介绍,张俊芳老师曾于2017年获得过金坛区信息技术基本功一等奖,是当年茅山老区学校唯一的获奖者。她教学辅导的五年级学生方超、郭琳娜(安徽阜阳颍上县)根据校本课程设计的电脑绘画《欢欢喜喜过大年》《戏猫》获得金坛区、常州市一等奖后,被选拔到江苏省参加"领航杯"中小学信息技术应用能力大赛,再次获一等奖。学生谢玥的电脑绘画《神奇的眼镜》获省二等奖。

一束光,从屋外射入,停留在墙壁上,沉甸甸的,顿时室内被染上金黄。没有风声,校园的鸟扇动着翅膀,倏地划过阳光穿越走廊,羽毛间亮着蓝天的光泽。

我的采访还在继续。

和 31 岁的王小川老师交流很舒服，我们面对面，他说着一口流利标准的普通话。如果不了解他是金坛城里长大的孩子，还真以为他来自北方。特别是苏南人难以分清的前鼻音与后鼻音，卷舌与不卷舌，他辨别得很准确。

我欣赏地说："到底是苏州大学汉语言文学专业，普通话就是不一般。"

2014 年来到薛埠小学后，王小川很快融入茅山老区的教师群体，踏实教学，充满责任心和使命感，对教育教学的努力付出很快得到大家的认可。2016 年在金坛区小学语文教学基本功竞赛中获一等奖，2017 年在常州市小学语文教学基本功竞赛中获二等奖，2018 年获金坛区优秀班主任，2019 年获"常州市教学能手"称号，2019 年获金坛区信息化教学能手一等奖，2020 年在金坛区中小学班主任论文评比中获二等奖，2021 年获金坛区小学语文教师教学基本功竞赛一等奖。2016 年、2017 年，连续两年获得金坛区人民政府嘉奖，可谓年年有进步，年年有成绩。

说起获得的小学语文教师教学基本功竞赛一等奖，王老师还是很激动，因为来之不易。

他回顾说："整个过程严格严谨，一步一步走过来，并不是一帆风顺的。第一步经理论考试加教学实际筛选；第二步进入单项技能考试：粉笔字、演讲、编故事、读课文、才艺展示，再筛选；第三步进行课堂教学（《大自然的声音》，三年级一篇课文）。其中粉笔字 40 多个，需 10 分钟写完；编故事，只提供一个开头，然后自我接龙按照逻辑关系、情景场景编下去。才艺展示环节，我选择了朗诵的题目。所以我认为，这个一等奖，拿在手里沉甸甸的。

"生长在金坛城区，我常常喜欢站在城中的漕河岸边，看水流过的痕迹，看浪花溅起的波纹，关注它拐弯时的姿态。尤其喜欢看晨曦中太阳的光笼罩住平静的河水，并且随着水流扯开跌落河中的天空。

"很难说清楚这是一种什么样的审美画面。仅仅是一刹那，或许是瞬间，却占据了记忆的永恒。可能这是另一种时间的存在，以及线条与色块复活的影像吧。"

自从采访过王小川老师后，当我再一次站在漕河岸边时，突然于虚幻里看见他的身影正朝自己走来。因为王小川也喜欢看河流,他把流淌的河水比喻成血脉,将有限的青春奉献给了教师事业。

所有的时间都被那一束光照耀,很神圣、很寂静。

神奇可以是一本书,可以让我们从山川草木里找回风中丢失的故事与歌声,可以捧回夜晚的星宿和清晨的露珠。

陈香娟就是在时空的书中牵手一片露珠。

体育老师陈香娟依旧很忙,这几天她一直在关注北京冬奥会的运动比赛进程。另外,她准备用三年时间研究、开发农村孩子"绳彩飞扬"课程。最终目的是将儿童青少年培养成为懂(运动)文化、有(运动)能力、热衷于运动的人。

薛埠小学已经通过社团活动发动全校学生参与此项活动,初步形成乐于学、乐于跳的良好氛围。在充分调查了解开展绳彩飞扬运动的现状、学生体质健康测试的数据、体育课堂、大课间、社团活动开展情况等基础上,探索绳彩飞扬课程开展的实践体育课堂、大课间、社团、家校合作、积极评价、技能创编等研究。学校设置了乡村少年宫校本课程活动时间,成立了高年级和低年级两个不同组别的花样跳绳的社团。通过社团活动发动全校学生参与此项活动,形成乐于学、乐于跳的良好氛围。

了解这些情况后,虽然很兴奋,但我内心还是很忐忑,便问:"毕竟薛埠小学在农村山区,这么高大上的活动项目在学校的基础怎么样?"

陈老师胸有成竹地告诉我:"没事。目前学校的绳彩飞扬活动项目已获得过金坛区学校特色发展项目一等奖、常州市第六届学校主动发展优秀项目三等奖。拍摄的花样跳绳视频获得体育教师教学技能视频评比一等奖。多节花样跳绳和绳操公开课获好评。拍摄的跳绳摄影作品《时光飞舞》获摄影比赛一等奖。"

一个非师范生、南京中医药大学公共卫生事业管理专业的大学生,居然执意做老师。这件怪事,是我采访中偶然得知的。

因为"金坛教育服务"网有许多次介绍薛埠小学吉昕琪老师的文章,我便有意提出来,采访吉昕琪老师。

由于时间流逝太快，今天，当我重新修改这些文字时，吉老师的面貌模样我已经记不太清楚了，但她的经历却给我留下了深刻的印象。

临近大学毕业的 2015 年，吉昕琪突然作出决定：考教师资格证，毕业后做一名乡村教师。

2016 年，茅山老区神亭村人吉昕琪来到了薛埠小学，担任数学老师。

改专业，特别是中途改做教师，是个痛苦的过程。非师范生，特别需要会讲话会交流，需要了解并掌握儿童心理学、教案编排、上课的板书，有时需要精确到每一句话的效果。

吉昕琪慢慢地进入角色。

不断地听课，向老教师学习；不断地磨炼，请老师们提意见；不断地拜师，找自己的差距。成绩与努力从来不会辜负辛勤付出的人。2018 年吉昕琪获金坛区小学数学青年教师基本功二等奖。2019 年获金坛区小学数学青年教师优质课评比二等奖，同年还被评为常州市"教坛新秀"。2020 年获金坛区小学数学青年教师评优课一等奖，2021 年获常州市小学数学教师评优课一等奖，并且多次在常州市乡村教师培育站、区工作室团队中展示精彩的课堂教学。

从低年级教学开始，一直到教 6 年级。对不同年级、不同年龄的学生，吉昕琪老师没有停下归纳、总结，也有心得体会：低年级学生活泼，不管对与错，上课敢举手发言，老师就要争取在有限的课堂时间内，让学生们发言；6 年级学生情绪相对稳定，上课主动发言表达得比较少，老师就应该鼓励学生，促使他们站起来。

我旁听过吉老师一堂"想想、做做、找找到底有多大——认识面积单位"教学课。

教学目标：通过归纳、总结活动中初步认识的常用的面积单位，如平方厘米、平方分米和平方米，在学习中增强与他人合作、交流的意识，获得成功的体验，提高对数学学习的兴趣。

师：今天就由老师带领大家继续认识面积。关于面积我们知道，数学书封面的大小是数学书封面的面积，文具盒盖的大小是文具盒盖的面积，课桌面的大小是课桌面的面积。

提问：这三个物体谁的面积最大呢？

学生：课桌的面积。

追问：那课桌面的面积有多大呢？

有的学生说，大约有几个数学书的封面这么大。有的学生说，大约有几个文具盒盖这么大。

师概括：你的意思是我们选择的物体面积大小不一样，是吗？为了准确测量或计量面积的大小，该怎么办呢？

师：在二年级的时候，我们用直尺测量小木块的长度是3厘米，通过测量也可以知道课桌面的宽度大约是6分米，黑板面的长度大约是4米。厘米、分米、米是长度单位。

问：那么，1平方厘米有多大？

（学生没能回答上来）

（有少部分学生说"有"，说话声不够响亮。）

师：找一找，哪些物体表面的面积接近1平方厘米？

学生：方格本的格子、纽扣、开关按钮、手机软件、电脑键盘、指甲盖。

师：1平方米有多大呢？你是怎样比画的？

有学生张开自己的双手。

提问：这样比画1米，那1平方米怎么比画呢？

学生：得四个人合作。

师：感觉1平方米怎么样？

学生：很大。

师：你找到哪些物体的面积接近1平方米呢？

学生：地砖。

提问：现在你对1平方米的感觉是不是有点不一样了呢？

师：只要做个有心人，生活中处处有数学呢！……

如果不是亲临这样的教学现场，你真的很难感受出小学老师课前课后为一堂数学课所要付出的精力有多大。用"春风化雨润无声"这句话来形容，可能比较恰当。

常常有人会这样问：教学究竟是追求课堂的出彩，还是追求学生真实的发展？答案肯定两者有之。课堂出彩，能引起学生的兴趣与关注度，尤其是小学生；而一堂课的教学情景在孩子们身上具有不可再现性，是他们生命中重要的一段学习历程。当然，学生的发展才是课堂教学追求的最终目标。

课堂出彩是为达到教学目标而服务。

教学的生命意义在于让学生获得原有起点上的发展，关注学生在课堂中生命的成长应该成为我们每一位教师的执着追求。

我认为，吉昕琪老师改行校园教学恐怕正是有这样的初衷。我希望她能继续做下去！

当朱云云老师坐在我面前接受采访时，我说出的第一句话便是："其实我认识你已经很久了。"

她露出很吃惊的神色。

我喝了一口水，解释道："在江苏省乡村教师培训站的信息网上，常常看到你关于英语教学体会的发言，所以感觉很熟悉了。"

朱云云 2006 年大学毕业，先分配在花山小学，一年后经组织调动，到薛埠小学教英语，目前担任 4 年级班主任。

在以往的英语教学中，受教学质量考核的影响，我和部分老师一样，也经常质疑强调素养、强调能力的英语课堂教学是纸上谈兵，是理想中的教学。虽然想那样去做，但教学理想总是会遭遇现实的种种问题，最终向现实妥协。在课上大量地讲解知识、大量地做模拟练习真的能快速提高学生们的考试成绩吗？读完本书（注：《核心素养下的英语教学理念与实践》）第三章"基于核心素养的英语学业质量标准"后，我深知以前的认识非常肤浅。大量的知识点的反复机械训练，就如同只让伤口表面愈合，却忽视了内里真正的病源。即所谓治标不治本。只有在教学中有意识地培养学生的英语学科素养，才能真正提高学生们的语言能力、文化意识、思维品质和学习能力。着重对学生进行能力训练，教学质量也自然水到渠成地得到提高。当教学理想遭遇现实，应朝着正确的目标，带着坚持理想的勇气和毅力坚定不移地走下去。

这是朱云云老师2021年10月在江苏省乡村教师培育站"乡村小学英语骨干教师"专业培训时的一段阅读心得体会。其实朱云云不仅有英语教学的体会，更是一名称职的班主任，16年来在与学生交往中有许多亲身经历。

她告诉我，她经常在办公室听见老师对学生说，"你怎么就是不懂事呢？我都是为了你好啊，你怎么就不知道呢？"教师尽管满含"恨铁不成钢"的爱意，但师生之间的隔膜总在一次一次的教育中产生。有一年朱老师教六年级，一名叫文静的女生转入她班上。初次见面，女生就如她的名字一脸的羞涩，怯生生地站在老师面前。起初，她以为女生只是对新环境感到陌生才显得很拘谨，可经过几天的观察与简单的接触发现，课堂上她从不主动举手发言，课下也是独自一人活动。看到这样一个不善言辞又比较孤僻的女孩，她便时常叫班上的几个比较懂事的女孩带着她玩，希望她能尽快地融入班集体大家庭。时间一天天地过去，可真正令她改变的是那一次朱老师在日记本中与她进行的心灵对话。

在刚转学不久的第一次日记中，她写道：新的学期开始了，我现在很喜欢新的班级，老师和同学们对我都很好，我喜欢这个新老师，我要在新学校里好好学习，不辜负老师对我的期望。

对于腼腆的她而言，在日记中把自己的真情流露出来，对朱老师来说还真是个不小的震撼。于是老师给她写了一段话：文静，新学期开始了，换了新的环境还适应吗？以后有什么困难来找老师，我非常愿意和你成为朋友。虽然我们认识的时间很短，但老师非常喜欢你。你能按照学校的要求去做，自觉遵守纪律，学习也比较努力，老师看在眼里、喜在心上，其实你很棒的，老师希望能经常看到你课堂上高高举起的小手。如果你真的喜欢这个新集体，喜欢我，那就不要再犹豫了，快快融入我们这个大家庭吧！我和同学们都期待你的进步！

到了发日记本的时候，别的孩子依旧兴高采烈地交流着各自日记本上老师的批语，而朱老师则将注意力放在了文静的身上。她的反应没有别的孩子那么强烈，但老师看到在合上日记本的那一刻，她的嘴角挂上了从未有过的笑容。朱云云知道，批语起作用了，她开始接受建议了。

停顿了一下，朱老师叹息一声，说："和你再说个事吧！其实，我对待学生也曾经犯过错。学生小杰是个叫人头疼的男孩。许多老师都这样说。可是上了几天课后，我发觉他不是我想象中的样子。我暗自庆幸他挺给我面子的。可没过几天，他的作业开始不像样了。我找他，他却一言不发。一副你急他不急的样子。我忍了，让他把作业重新写好。接连几天，他依然我行我素，我下决心给他点惩罚。当着全班学生的面，我请他说不好好写作业的原因。他还是不吭声。最后，我扔给他一句话：'你也够差了，明天一定请你家长来！'谁知，一听这话，他大喊：'不要！'话到嘴边却停住了。接下来就是一发不可收拾地号啕大哭。我隐约感觉到背后似乎隐藏着什么。于是，我把他领到办公室。原先一言不发的他居然先说话了：'老师，我爸爸妈妈要离婚了！'哦！我愣住了。顿时心里真不是个滋味！后悔！我满心自责。要知道，父母离婚对孩子的幼小心灵的打击是多大啊！接下来，我唯一能做的是诚恳地道歉。当着全班学生的面向他道歉。后来我去了他家，和他父母好好交流一番。

"虽然事情已过去几年了，但时常提醒我，少一些不必要的冲动，多一些真诚的理解。老师之所以没能教好孩子，并不完全是因为孩子难教，老师在教育的方式方法上是不是也有失误呢？我当了 12 年的班主任，体会最深的就是要习惯'蹲下来和孩子一起看世界'，感悟出孩子世界里的精彩和爱。"

听完朱老师一席话，仿佛所有的时间都汇聚于此刻。

与朱云云老师的一番交流，我不得不由衷地赞赏："这真的是教书育人应有的品行！"

我似乎看见校园上空凝聚着一束光，一百多年了，照着师生的昨天，也照着师生的明天。

第十三章　初夏的风，吹过七彩人生

2022 年 5 月 25 日，初夏，我来到了直溪小学。

直溪自古就是一个大集镇，地处茅山东麓，北通延陵、丹徒、镇江，通济河由西向东绕集镇而流向金坛。直溪距金坛城区 13 公里，2021 年经济总量在金坛乡镇中名列前茅。直溪小学的前身是创办于 1905 年的一所私人"益智学塾"，在直溪东首巫家庙（现直溪中学所在地），入学的十几个学生中有一半是富家子弟，后因战乱等原因停办。五四运动后，新文化不断传播，在一些进步人士的建议下，于 1926 年 2 月，经报县政府立案批准，将"学塾"改"洋学"——直溪初级小学，校址在集镇东头的王家祠堂，前后三进，一年级到四年级，教师 4 人，学生 80 多人，王世端任校长。1937 年由于日军侵略，学校再次停办。1941 年 2 月开明绅士王桐出面，与镇维持会、乡绅、商界人士协商，集资复学。鉴于王家祠堂破损严重，校址迁入大王庙，工商界人士又捐赠了十二间房屋做教室，取名为金坛县私立直溪小学。一至六年级，只有 6 个班，学生 200 多人，校长王桐。经翻阅直溪小学校史得知，20 世纪 70 年代我就读金坛县中时，教我们数学（代数、几何）的徐敏之、袁石松老师当年 20 多岁，风华正茂，就任私立直溪小学先生。（袁石松，字友竹。1947 年 30 岁时接任直溪小学校长）。

不经意间的翻阅，仿佛打开一本历史之书，无意间加深了我对老一辈教育工作者的敬仰。

同样，当我在校园与王罗忠校长面对面时，我也被他谦和的笑容所吸引。我与王校长早在 3 年前就已经相识，那时他担任唐王小学校长。自1994 年从常州师范毕业，王罗忠就注定这辈子捧上教书育人的饭碗。从河滨小学调任唐王小学校长，到 2021 年转任直溪小学校长，他一直与老区的教育事业紧紧相连。

王校长诚恳地告诉我："调任直溪小学也是一种荣誉和幸运。因为它早在 1993 年 9 月就被江苏省教育委员会评为模范小学，一代一代教育人为学校付出了许多心血。虽然如今学校的情况有所变化，外来务工人员的子女占 50%，由于生活习惯、家庭差异会带来一些教学难度，但是老师们信心满怀，干劲很足。一年来我感觉到，这是一个很好的团队。"

窗外，热浪正在校园弥漫。季节到了，任何植物，任何物体都会留下印记。有些虽然琐碎，有些虽然曲折，甚至有些短暂，但是终究会在平铺的道路间安静地消逝。

今年 27 周岁的崔雨萱，2017 年从南京晓庄师范毕业后从金坛城里来到直溪小学教语文。她告诉我她的母亲在城西小学是有着 30 多年教龄的老师。

我问崔雨萱，做小学语文老师与做老师的孩子，会有怎样的体验？

崔雨萱很直率："那肯定不一样。在母亲面前我可以撒娇，无拘无束、信口开河，但在学生面前必须严谨。不过，母亲的执教态度还是影响着我，要做一名好老师。"

直溪小学一直以来对年轻教师都很下功夫进行培养，崔老师从任教一年级起步，目前教五年级（一）班语文，43 名学生。与孩子们打交道，她发现低年级的孩子们很喜欢老师讲童话故事。于是，崔老师常常在课堂中结合教材，设计场景，用故事形式让孩子们享受学习。

她认为，童话故事往往以其生动活泼的形象和富有情趣的内容为特点，相较于其他类型的文本更贴近儿童的心理特点和阅读接受能力。童话故事以丰富曲折的故事情节、鲜明动人的人物形象、活泼生动的对话语言，带给儿童"真、善、美"的体验，童话故事中的特殊类别——寓言故事，在带给孩子审美体验的同时，还传递了丰富深刻的道理或思想。童话教学作为小学语文低年级段教学的重要组成部分,对激发儿童阅读兴趣、启迪儿童智慧、培养儿童审美能力以及创造性思维都有重要作用。

比如在《雪孩子》一课的教学中,崔老师组织学生分别扮演课文中的不同角色,先进行分角色朗读。在分角色朗读中,学生们积累够了足够的经验,对文中人物相关内容在什么情况下该用什么语气去读,都有了初步的认知之后,她便让学生将故事声情并茂地演绎出来。演绎期间,崔老师发现学生们通过肢体语言深化了课文,雪孩子冲进失火的房子救人的一系列动作描写,"冲""连忙抱""跑"等动词,经过学生的演绎,变成了活生生的人物动作。"小观众"们看在眼里,急在心里,纷纷为雪孩子和小白兔捏了把汗,同时也被雪孩子冒险救人的善良勇敢打动。最后,崔老师要求小演员将之前的语言实践训练"小白兔在雪孩子消失以后,会怎样做,怎样想"加入表演当中。在小演员带着感悟的演绎中,孩子们被激发出审美共鸣,纷纷跃跃欲试地要当小白兔。演完结束,崔老师又组织全班同学自读感悟"雪孩子变成了水汽,很轻很轻的水汽"以及"雪孩子变成了一朵白云,一朵美丽的白云"两句话。不用说,大家都体会到这两句话包含了小白兔的情感变化。

我觉得一个年轻教师能够如此用情用心教学,值得敬佩。难怪,2020年崔雨萱老师被评为金坛区"教坛新秀"。

直溪小学近年的总结中都有提到一个叫黄玲玲的数学老师,我很期待与她有一次交流。

面对面聊开后,我才得知黄玲玲曾获得过"常州市优秀教育工作者"荣誉,是常州市学科带头人。在小学数学年会曾获论文一等奖、首届常州市数字优课初赛一等奖、江苏省乡村骨干教师论文评比一等奖、江苏省乡村骨干教师优秀学员。

黄玲玲读师范的专业是数学,2005年被分配到学校,一教就是17年。之后她自学并拿到了本科文凭。其实黄老师最初还喜欢书法,社团活动时还带过书法兴趣班,她与她的丈夫就是因为书法而结缘。

那年到了直溪小学,外地单身老师住校,大家经常一起研究书法,一起在自来水龙头前洗漱，一起去食堂用餐，晚上一起上街找零食吃，来自后阳乡的黄玲玲终于与一位来自岸头乡的美术老师擦出爱情的火花，有幸喜结良缘。

今天谈起这段往事，黄玲玲还是面露喜色。

如今她们的孩子15岁，上初二。

按常理来说，教师，特别是教数学的，可能会有辅导孩子的学习优势，可黄老师没有这方面的习惯。她说："孩子学习上很少问我题目，我也很少辅导孩子。因为过多的家庭辅导反而会让孩子产生依赖，对老师课堂授课不用心，适得其反。我一般就是通过和孩子闲聊掌握一些情况。无意识地指点。"

与数学老师交流，绕不开的话题一定是数学教学。

我对黄老师说："最近很多朋友向我反馈，孩子怕数学，对于数学作业'能躲就躲'，实在躲不开才磨磨蹭蹭地做。数学教学似乎是一个既简单又复杂的问题。有的学生容易入门，因为它很具象；有的学生害怕数学，因为它需要解决一些逻辑关系。那么，你怎么看？"

"这种现象的发生原因很容易理解。孩子们在幼儿园受到的教育往往是具体的感知，小学教育比较抽象。数学教学必须在数学与儿童之间寻求和谐。"黄老师这样回答，"一方面，要创造数学课堂的数学味儿，另一方面，要思考数学课堂的生命价值，关注教学儿童化的改造。只有数学课堂具备了儿童特质，才能激发儿童的探索天性，促使其积极地感悟数学。我曾经在一本杂志上看到这样一个故事。有位老师在给同学们讲故事——有三只猎狗追一只土拨鼠，土拨鼠钻进了一个树洞。这个树洞只有一个出口。可不一会儿，从树洞里钻出了一只白色的兔子，兔子飞快地向前奔跑，三只猎狗围追堵截。兔子急了，噌的一下爬上了另一棵大树。兔子在树上，仓皇中没有站稳，一下子掉了下来，砸晕了正仰头看的猎狗，兔子趁机逃走了。故事讲完后，老师问学生'你们觉得这个故事有问题吗？'学生说兔子不会爬树，一只兔子不可能同时砸晕三只猎狗。直到学生找不出问题了，老师才说'可是，还有一个问题，你们都没有提到，土拨鼠哪儿去了？'看到故事的时候，我一直认为这只是一则笑话，但细细品味，其实教师经常在重复这样的错误。教师不断地认为这对学生好，那也对学生好，一厢情愿地追逐自己认为合适的、理想的教学，但一转身发现学生却没有了，教师将最重要的土拨鼠给弄丢了！"

是的，我同意黄玲玲老师的观点。曾几何时，童心、童趣悄然淡出小学数学教育的课堂。随着年级的增长，孩子们数学学习的热情逐渐低落，不敢举手表达，不会独立解决稍微复杂的问题。老师们经常感慨，现在的学生熟练地做着计算题，像工厂里的工人加工零件。能够熟练地解决生活题，真正在生活中遇到问题却傻了眼。

此刻校园里，不知哪个教室发出另外一位老师讲课的声音，很大、很有穿透力。大概是六年级，好像在询问学生，考试中应该如何审题。

我们静静地听了一刻，继续话题。

我饶有兴趣地对黄老师说："知道你在探寻行走在儿童与数学之间的路径，可是我和许多数学老师以及家长们交流时，有一种感觉，就是数学教育发展到今天，学生与自然的距离越来越远；数学教育肩负为了明天的重任，境况依然严肃；数学学科重教学，轻教育，只见教材教法，不见学生的现象仍然屡见不鲜；教师在知识和素养、简单和深度之间摇摆不定、争论不休。在花样翻新的课堂技术面前，我们前行的步履走得艰涩沉重。数学需要一个怎样的成熟理论来引领；课堂，怎样才能寻回失落的土拨鼠？"

针对这个问题，黄老师坦率地回答道："我个人认为，创新教学设计带领学生畅游在一个博大的数学世界中。走进奇妙的数学，学生就像面对美丽的风景一样流连忘返，他们惊异地发现，数学为他们展示了意外的前景并给他们带来快乐。这时，数学对于他们并不是枯燥、机械、单调的代名词。在数学浩瀚的世界里，有着太多的规律值得我们去探寻，有着太多的景象值得我们去领略，有着太多的神奇值得我们去欣赏，如同这完美数，以及其他课堂上每天都在上演的数学典故、数学模型、数学方法。最后，别样的过程让学生徜徉在一种对数学美的强烈体验和内化中。"

上课音乐响起，黄玲玲老师要上课了，她用这样一句话结束了我们对话。

"数学的美，正像雕刻的美。是一种冷而严肃的美……没有绘画或音乐那些华丽的装饰，它可以纯净到崇高的地步，它可以达到严格的只有伟大的艺术才能显示的那种完美的境地。"

我知道，这是英国数学家、哲学家、逻辑学家罗素的一段哲言。

有一首歌是这样唱：听闻远方有你，动身跋涉千里，追逐沿途的风景，还带着你的呼吸；真的难以忘记，关于你的消息，陪你走过南北东西，相随永无别离。可不可以爱你。我吹过你吹过的风，这算不算相拥？我走过你的走过的路，这算不算相逢？

民谣舒缓、轻松的旋律在脑中回荡，让人耳目一新。

我不知道二年级（一）班班主任语文老师马月，是否听过这首民谣？

2007 年她从南京晓庄师范毕业回到曾经的母校直溪小学时，曾经的老师们调离的调离、退休的退休。马月很感叹：太遗憾了，一个都没有留在这里。如今连再次呼唤老师的机会都没有。人生的路就是这样，走完一程，又有一程。

马月任教 13 年，做了 13 年班主任，曾被评为金坛区教学能手。2020 年，她的一篇班主任论文获金坛区一等奖。

与一脸喜庆乐呵呵的马老师对话，是从她讲故事开始。

那一天，午休时分，我刚从教室里出来，一个孩子跑到我的面前，气喘吁吁地说："小川把学校后面的竹子扳断了。"孩子们都在围观，而小川正骑在扳断了的竹子上自鸣得意！我立马走过去，严厉地让他下来，对着他就是一顿狠批，并且对围观的孩子，也是一番教训。小川一脸的惊慌。他是这学期刚转学来的，他的家乡很远很偏僻，比较落后，在家，他这样野惯了。正训着，小晨也帮着我一起教训他，他说："树也是有生命的，你把它扳断了，他不疼啊！你受伤了还会哭呢！"谁知，一个星期后，小川又把学校的花踩塌了一大片。

事后马老师反思。我们习惯用批评来代替说教，习惯用成人的眼睛来看周围，只要我们认为不对的事情就会严肃地训斥，没有去想一想孩子能够接受吗？怎样的教育是敲击心灵的？我想是儿童化的管理方式。很多时候从孩子的角度出发，对他们宽容一些，用孩子的眼睛来看这个世界，来处理事情，少一些"歇斯底里"，那么老师和孩子的心会贴得更近一些。

低年级的孩子正是好动、爱玩的时候，我们要走进孩子的心灵，和他们对话，从他们的角度来思考问题，组织管理，这样孩子们才会接受，我们的管理才会有效。心灵的共鸣是教师和学生的一种和谐与平等，是教师走出成人的怪圈、"蹲下来"和学生交流的方式，在思想上是从孩子的角度来思考问题的，把孩子的思想融入与孩子的交流中，特别是针对年龄特点的一些活动设计、语言表达等，这是儿童化管理的一个基础。

这件事之后，马月老师也反复思考这样的处理效果。感觉教育需要的是春风化雨的轻柔，只有敲击心灵的教育才是唤醒德行的春雷。教育讲究方法，这是一门艺术。学生的心灵需要教师的呵护，只有通过老师的学习和反思，教师为孩子的心灵打开一扇门，才会有温暖的阳光照耀他们，使他们健康成长。

和马月同为班主任的顾卫华老师，曾被评为金坛中小学德育先进工作者，1997年从西旸小学调入直溪小学，担任了10年班主任。她所教过班级中有许多来自云南、湖南、贵州、安徽的学生。

多年的班主任经历以及通过和孩子们的密切接触，以及与家长们之间的多次交流，她逐步发现了一个奇特的现象：那些有着不良生活习惯和学习习惯的孩子，他们身上都有一个共性——从来不做家务劳动。班上大多数学生的家庭结构是三代同堂，孩子父母忙于工作，孩子的接送和家务活基本是老人负责，爷爷奶奶尤其疼爱孩子。很少有让孩子参与家庭劳动的意识，觉得干活太累，怕孩子辛苦。而孩子父母也多是"80后""90后"，本身劳动意识就不强，在教育孩子时也缺乏相应的劳动观念，让孩子在家里过着衣来伸手饭来张口的日子。因此孩子一上小学，问题就出现了。谁忘记带教科书了，谁忘带作业本了。今天谁的铅笔找不到了，明天橡皮又丢了……抽屉里、书包里物品多而杂。课堂上注意力不容易集中，玩橡皮、玩尺子、发呆走神的现象尤其常见。

有一年，她接手一年级一个班的数学教学并担任班主任。班上有一个来自大凉山的小男孩，这孩子皮肤白净，双眼明亮，可就是坏习惯多，常常丢三落四，每次同学们在讲台上捡到的一堆铅笔中总有一支是他的。他还喜欢在课桌上乱涂乱画。为此顾老师批评教育过多次，也跟孩子父亲做过沟通，但收效甚微。在与孩子妈妈交流之后得知，家里只有妈妈对他要求比较严格，爸爸、爷爷、奶奶对孩子非常娇惯。尤其是奶奶，孩子都这么大了，每天她还给喂饭、穿衣、洗脚。家里经常出现的场景是妈妈在管教孩子，其他人在唱反调。有一次孩子数学成绩下降，妈妈批评，老人护短。这样的家庭教育氛围，怪不得孩子身上出现的问题一直得不到纠正。为此顾卫华多次跟奶奶交谈，让她配合孩子的妈妈，让她明白只有家庭教育观念的统一，孩子才能改掉坏习惯，否则孩子会感到无所适从。后来为了改掉他在桌椅上乱涂乱画的毛病，顾老师采取了一个办法。在学生每周移换座位时，让他把有自己"杰作"的桌椅搬过去，以后座位换到哪组，桌椅就搬到哪组。这样一来，孩子总算是心里有点发怵，行为收敛，渐渐地再也没有破坏公物。

顾卫华戴着眼镜，面容十分秀气，多年来她一边教学一边思考一边总结。她认为，教育是一件长期的反复的工程。所谓积重难返，孩子的坏习惯不可能一下子就发生根本性的扭转，因此需要老师和父母坚持不懈地教导。比如周末，孩子可以学着整理书桌和床铺、刷碗、刷鞋、洗红领巾等。慢慢锻炼孩子的生活技能，逐步培养良好的生活习惯，生活上有了好习惯，学习上也会慢慢养成好习惯的。

仿佛来自上一个季节，飘忽不定的风从春吹到夏。

出现于校园空气中的风，吹走了云朵，展示出巨大的力量，让人难以忘怀。今年42岁的崔起老师在这样的风中度过几十个春秋。

作为茅山老区直溪镇的本地人，崔起自1998年走上讲台，23年来一直在直溪小学，曾获得过常州市"现代教育技术工作先进个人"。教了10年数学，2002年学校需要一名教科学的老师，崔起挑起了这副担子。2021年学校又需要他一边教数学，一边教科学，崔起没怨言。教数学时，他努力钻研教学教法，精益求精，踏踏实实，并用课改理念来丰富课堂教学。2021年获得金坛区小学科学教学设计一等奖。一篇《换种方式来学习可不可以》的文章，曾在全国科学课程教学论文、教学案例竞赛中荣获一等奖。

我可以如数家珍地报出他许多次获奖的名称，可他还是很谦虚地说，那些都已经是过往，不值得再提起。

课堂教学之外，崔老师一直致力于培养学生的科学素养，辅导学生参加各级青少年素养大赛，并取得了一定的成绩。在"全国小学生科学论文竞赛"中多名学生荣获一、二、三等奖；在常州市创新成果评比和金钥匙比赛中，他辅导的学生多人获奖，硕果累累。在常州市"青果在线学校杯"第三十一届青少年科技创新大赛中，崔老师辅导的学生张海洋、俪磊、丁紫含、周慧媛等 8 人获二等奖。在第八届金坛区中小学生科技节比赛中，学生岳文静、雷雨艳、朱语萱获"科学幻想画"小组一等奖，蔡正宇、贡志旋、胡天凤在"吸管结构"比赛中获二等奖，在第三十一届江苏省中小学金钥匙比赛中林云飞同学获三等奖。

和高个子的崔起老师虽然只是短暂地交谈，但他给我留下了淳朴、厚道的印象。

土生土长于直溪的数学老师张露，2008 年从苏州教育学院毕业回到母校。曾获金坛区教坛新秀、金坛区骨干教师称号。2021 年她经过粉笔字、主题评课、教育教学理论、数学学科知识、教学设计、课件制作、课堂教学综合计分评比，获得金坛区小学青年教师基本功比赛一等奖（全区共 8人）。2020 年针对小学高年级班主任工作的体会，在《教育管理》刊物上发表了《改革小学高年级班主任工作的几点建议》。从小学教育是教育过程中起奠基作用的一部分的观点，来阐述班主任的责任感、树立正确的学生观，以及如何"爱岗敬业"、如何"关爱学生"。

她很荣耀地告诉我："自 2013 年任一年级班主任，一直带这个班到六年级，如今孩子们已经升入直溪中学初二了。至今还有几位学生常常来看望我，特别是一个叫韩佳欣、一个叫邓美思的学生，那些年我没少费心。不过还好，付出总是有回报，看着她们如今健康成长，我内心很高兴。"

我赞赏道，或许这就是做老师的成就感！

因为得知常州市骨干教师姚寰慧于 2021 年在区小学英语年会上获得论文一等奖，我便找到姚老师采访，并请她举例说明小学英语练习课的主题意义。

练习是培养学生技能的重要途径，练习课是英语教学的重要课型之一。

姚老师的开场白很干脆。

她顺势从桌面上拿来一本译林版《英语》五年级下册，解释道："学生对主题意义的探究应是学生学习语言的最重要的内容，英语课程应该把对主题意义的探究视为教与学的核心任务，引导学生参与主题意义的探究活动，以此整合学习内容，引领学生语言能力、文化意识、思维品质和学习能力的融合发展。因此，在英语单元练习课中，教师可通过主题意义引领开展教学，从而提高英语练习课的实效性，帮助学生提升英语学科核心素养。"

一边说，姚老师一边翻开书页，以译林版《英语》五年级下册 Unit 5 *Helping our parents* 为例，从课堂实践的角度探讨如何基于主题意义设计小学英语练习课。首先要确定单元的主题意义，明确本课时在单元主题线中的层次。在"*Helping our parents*"这一单元中，单元话题是帮助父母做家务，深一层的单元主题是建立一种基于分享与分担的和谐的家庭模式。在进行这一课时学习之前，学生已经明确这样一种家庭模式是什么样的，已经意识到自己也是家庭一员需要分享与分担。因此，本节练习课的主题定位就是在巩固已有的认知的基础上，帮助学生明晰这样一种家庭模式的具体方法，并开始落实到行动中去。丰富有趣的游戏是激起学生兴趣、唤醒课堂的有效活动。课堂伊始，教师用 quick response 的游戏帮助学生快速复习家务的相关词汇，学生快速读出词组，并根据实际情况回答 yeah yeah yeah 或者 no no no。活跃氛围、调动学生学习兴趣的同时，为后面的学习做好了语言知识的铺垫，引出了问题：Did you help your parents? Why? 和 Do you help your parents? When? 帮助学生自我审视并内化建立这样一种分享与分担的家庭关系意识。初步反思帮助父母的动机和落实情况，为进一步深化主题意义做准备。我们创设了 family studio 的访谈节目情境。在主持人和受访人的访谈中穿插了阅读、辩论、调查和做小报纸的任务，从听说读写画多个维度帮助学生进行知识的巩固和知识运用。这样的情境具有真实性、完整性和感染性，学生能深刻感受并体验、跟随课堂。……

我的思绪跟随姚寰慧老师的讲述，沉浸于英语的一方天地间，而心中关于教育教学的畅想，却在张开双臂飞翔。看着屋外的阳光流到脚底，看着地面被阳光一点一点地覆盖。

忽然，我产生了这样一种想法：当另外的影子随着路走向远方时，会不会有一个走累的人，成为它的影子？

吴琼，一个非常好听的姓名。初看姓名，误以为是那位唱黄梅戏的明星，但站在我面前的是一位年轻、秀气、爱好广泛的英语女教师。吴琼 2021 年获得金坛小学青年教师基本功一等奖，之后经过选拔又获得常州市一等奖。

交流中，我发现，吴琼老师的表达很有个性。于是，我提问，在英语教学中是否需要个性化？

她爽快地回答："需要啊！因为在传统网络基础上延伸出的无线移动终端等新媒体形态，正悄然影响着我们的日常生活乃至小学教学，并对小学英语等学科的教学产生更新颖、更严苛的要求。小学生天性活泼，对外界新鲜事物有强烈的求知欲和好奇心。独立浏览和体验新媒体，一方面使小学生开阔了眼界，体验了乐趣，增长了智慧，另一方面，由于判断力和自控力仍旧不足，他们容易沉迷于虚拟的游戏、卡通、影视作品之中。单向阻断和制止学生接触新媒体，不仅可能引起学生的逆反和抵触情绪，也会妨害他们接触新鲜事物的权利和机会。及早走进学生内心和日常生活，适时正向引导学生科学利用新媒体，是十分必要且紧迫的，这就对教师在小学英语教学过程中实施个性化教学策略提出了挑战和要求。"

我不由得插话说："提起网络游戏，家长和老师往往是满腹愤怒和意见，可谓深恶痛绝，与此同时，一些小学生，尤其是小学男生，由于自制力不强、学习压力不大，在各类网游中无法自拔。'禁游'不止，然而成效甚微。"

"是的，堵不如疏。"吴老师向我解释道，"教师应当采取疏泄引导的方式，与家长一起面对学生对网游的爱好，防止学生沉溺于游戏的同时，作为新时代的英语教师，我们需要敏锐地关注到学生感兴趣的网游术语中的一些英语词汇，巧妙地迁移至日常英语教学中。教师抓住学生爱玩的心理，科学合理地利用学生感兴趣的游戏术语，适时、适度地穿插于课堂教学。既走进学生的内心，拉近与学生的距离，又活跃课堂氛围，让英语教学在寓教于乐中达到事半功倍之效。"

我认为，这是一个不错的观点。

在 2022 年 1 月 19 日直溪小学发布的 2021 年秋学期"教科研先进个人"名单里，我看到黄玲玲、马月、吴琼老师的名字，同样榜上有名的还有周大鹏、丁辉、王明辉、黄莉老师。

陈元元、于亮亮、佘月霞，以及谢伟剑，他们都是在教学上获得过许多荣誉的语文老师，这是我选择采访对象时偶然的巧遇。

严格意义上来说，陈元元老师属于薛埠小学。采访陈元元老师的计划本来该从薛埠小学开始，由于她有两年交流到直溪小学，所以，我便在直溪小学对她进行了采访。目前她任教直溪小学四（二）班。

我知道或者说了解陈元元老师是 2019 年。那一年陈元元在江苏省小学语文优课评选暨第 20 届小学语文青年教师课堂观摩活动中，因为执教"花钟"一课，而荣获一等奖。

我问陈老师："我们都知道词语是学习语文的一把钥匙，握住了这把钥匙，就可以走进文字的大门，进入无限广阔的语言空间。你怎么用这把钥匙引领学生走进更瑰丽的语文世界？"

陈元元老师回答道："词语教学有无穷的魅力，引导学生学会解释词语，发现词语构成的规律，有意识地积累词语、运用词语，是语文教学的重要任务。以词解词、以词串文、以词促读，可以让农村小学语文课堂焕发出不一样的光彩。常言道：字不离词，词不离句，句不离篇。在语文教学中，我也常常用多种方式引导孩子理解词语意思，体会其中的情感。可农村的孩子基础比较薄弱，阅读量较少，在每学习一篇新课文时，连读通顺都是件奢侈的事情，更别提主动预习理解词义。所以，词语教学的意义显得更为重要。

"比如课本《小草和大树》有个片段。20岁的夏洛蒂怀着惴惴不安的心情，把自己认为最好的几首诗，寄给大名鼎鼎的诗人罗伯特·骚塞，希望能得到崇敬的文学前辈的指点、提携。我问学生，此时，她心里是怎么想的？学生答，她很担心，怕诗写得不好。我问，她心里七上八下的，对文学前辈的指点很紧张。哪个词可以看出她的这种心情呢？（交流后说出惴惴不安）。但这种类型的词有很多。于是我扩展，说出词语嗷嗷待哺、孜孜不倦、寥寥无几、喋喋不休、神采奕奕、虎视眈眈、人才济济、千里迢迢等，以词解词。并且还可以让孩子自主理解骨瘦如柴、度日如年、日月如梭、恩重如山等词语。

"农村的孩子由于阅读面狭窄，词语积累量少，大部分的词汇只能在课堂上获得。如果我们在课堂采用这种方法，将有助于孩子拓展积累。在低年级语文教学中，很多课文后面明确提出复述的要求。

"比如《蚂蚁和蝈蝈》片段。我问，在寒冷的冬天，发生了什么事情呢？谁来读读冬天的故事？学生读完后，说出句子'躲在洞里又冷又饿'。

"冬天，蚂蚁躲在装满粮食的洞里，蝈蝈又冷又饿。那我们一起去文中看看夏天它们各自做了些什么吧！

"学生回答：夏天蚂蚁忙着搬粮食，它们满头大汗。蝈蝈在树下唱歌睡觉，自由自在。

"这样，'满头大汗、自由自在'两个词出现了。

"当然，并不是课文中所有的词语都能信手拈来，让学生练习概括。这需要教师在精心解读教材的基础上，精确地选择。低年级课堂，'串文'作用的词不能出示太多，一来不利于孩子的理解，二来不利于复述的简练。高年级的课堂中，可以用词组的形式，将内容与词语有序地整合，达到"在读通的基础上梳理文脉"的要求。只有把这些关键性的词语放大，呈现在学生的面前，它们才能变成闪烁的金子，为学生所用。"

不少语文老师兼任班主任，这种情况在学校见惯了。同样，于亮亮也是如此。不一样的是，于亮亮做班主任有其自身的心得体会（2020 年获常州市班主任论文二等奖，2021 年获区班主任论文一等奖，2020 年获金坛区教育能手），语文教学又有成效（2021 年在江苏省教海探航比赛中获一等奖）。

她曾经从文本分类教学的角度来分析培养学生高效阅读能力的教学方法。据说这个观点得到了许多专家的认同。大数据时代，互联网广泛应用，数字媒体不断创新，信息多样迭代，社会对人们的多文本阅读的深度、广度和速度都有了更新更高的要求，给培养学生阅读能力的语文教育教学工作带来了全新的挑战。虽然不同的学段有相同的文本类型，但是我们面对不同学段相同文本类型的不同课文，教学目标应有所区别和侧重，不能只考虑是同一类文本就重复教学，还要考虑遵循不同学段学生身心发展的规律，对标语文课程标准中不同学段的教学目标。比如，低年级段学生的阅读目标是"培养阅读兴趣"，强调的是阅读兴趣的重要性，所以教师在教学二年级《雪孩子》这篇科普童话时，可以从知识和情感的角度，采用想象、游戏、角色扮演等活动激发学生阅读的兴趣，但是没有必要引导学生从文体、主题、明线、暗线、情节等多个角度去搭建这一类课文的文本框架，因为"初步把握整篇文本"是中段学生的阅读目标。教师可以到三年级教学《在牛肚子里旅行》时，在回忆复习《雪孩子》的环节中，再引导学生给《雪孩子》搭建一次文本框架，这样既遵循了不同学段学生身心发展的规律，又能实现同类文本的不同学段教学目标的阶梯推进。

自幼生活在革命老区建昌南天荒湖（那里抗日战争时期被称之"小莫斯科"），血脉里流淌着红色基因的佘月霞老师，2004 年从常州工学院毕业来到直溪小学任教，做了 10 年班主任，有着一年级到六年级的教学实践，是 2019 年获金坛区政府表彰的优秀教育工作者、金坛德育先进工作者、金坛区十佳少先队辅导员。2021 年，在建党一百周年之际，她将统编教材中反映老一辈无产阶级革命家革命气节和革命精神的篇目，约 40 篇红色革命类文本做了认真总结。她认为教师要精准地解读用意，以学情为基础，更好地将红色革命类文本的教学价值释放出来，为学生语文核心素养的发展奠基。对于这类课文，用 40 分钟的课堂时间来完成，对内容的取舍要求是非常高的，所以无论是四年级还是六年级，该如何教？佘月霞老师认为，不妨从"巧拟小标题理文脉""妙抓关键词句品文本""得当拓展贴主题""提炼精神助升华""备足资料引共鸣"和"紧扣语文要素教阅读"六方面进行解读。因为它是红色经典，离学生远，所以要基于文本本身对语言进行品味，抓住人物神态、语言、动作这三个板块来聚焦品味文本，完成对人物形象的感悟。佘老师同时提醒，红色经典文拓展要有度，教师在教学红色革命类文本时，切忌不惜采用强行灌输的机械手段，更不能将人文层面的情感、态度、价值观定位过高。一旦脱离了文本的情境和学生的基础学情，学生的学习就会陷入机械而生硬的泥潭之中，即便有所体验，也只能以成人化的说教口吻，干巴巴地呈现，其效果也就可想而知。

和佘月霞同样来自建昌的语文老师谢伟剑，2008 年来到直溪小学。他告诉我，他除了教学语文，还兼教综合实践课，兼任综合实践教研组组长。他幽默地说："我们这个组的兼职组员级别都很高，语文老师于琴、林友国、王松、李春俊、居国平，数学老师顾卫华，美术老师谢静、陆建华、李文霞。"

2021 年谢伟剑主持的研究型学习成果获金坛区一等奖。

我到直溪小学采访的第一个对象，其实是今年 42 岁的洪俊老师（由于文本结构叙述需要，我把他调整到后面）。洪老师是数学老师兼德育主任。他告诉我"传红色文化，育时代新人"是学校新创立的特色项目。通过"读、观、寻、讲、传"这几个步骤，以学生说、老师讲、家长评的方式，在实际操作中践行红色文化。除了红色文化自身系列外，我们还有意识地将之与语文、音乐、美术、体育等学科班队活动相整合，使之更丰厚，使学生在综合素养上百花争放。

（2022 年 10 月下旬，由金坛教育局、金坛老区促进会、金坛关心下一代委员会组织的"红色故事进校园"活动，第一站就是在直溪小学，由洪俊老师具体负责。）

"七彩文化　校本教材"一直是直溪小学历任领导班子为培养学生各方面的兴趣特长、丰富学生的课余生活而坚守的素质教育特色。多年来学校根据师资和学生实际，以"老师报项目，学生选课程"双向选择的方式进行，建立二十多个极富个性的学生社团组织，开设书法、绘画、舞蹈、布贴画、合唱、二胡、琵琶、乒乓、足篮排、跆拳道、电子百拼、立体拼搭等，还有合唱社团、舞蹈社团、古筝社团、二胡社团、经典诵读社团、剪之韵艺社，还有跆拳道、科技制作、篮球、足球、乒乓球、羽毛球、田径等兴趣社团。每周二下午，整整两节课用于社团活动，通过这些丰富多彩的社团活动让孩子们享受了学习的乐趣，培养了孩子们动手动脑的能力。学校改变了课表设置，采用走班制，全校学生积极参与。二十多个社团点燃了学生热情，也提升了学生的综合素养，深受学生喜爱。通过科学质量观的推进，我们强化全面课程观，树立正确质量观，把握科学人才观，努力在体验、经历、提供可能上做文章，七彩童年社团活动开展得如火如荼。琵琶、二胡、葫芦丝、古筝、跆拳道、书法、布艺、刻纸、电子拼搭等专业性较强的社团在我校得以很好的开展和实施，学生的个性得以张扬，特长得以发展。学生在各级各类比赛中成绩优异。

学校布贴画社团被评为常州市精品社团，辅导老师李文霞被评为优秀辅导老师。李老师辅导的四名学生胡怡君（湖北恩施板桥镇）、周嘉怡、黄茂琴（湖北利川柏杨坝镇）、彭雪梅，参加了常州市乡村少年宫"青苗计划"成果展示活动，收到常州市专家的好评。

我问过李文霞老师，一个乡村小学，怎么会想到制作布贴画？

她回答我："多年前镇上有织布厂，许多废布头都扔掉很可惜。我就想，能不能就地取材、变废为宝，成为乡村孩子们的手工艺原料。从农村大妈做鞋垫做布鞋受到启发，建立了布贴画社团。"

当一块块不起眼的小布头在孩子们手中变得灵动而有艺术性时，他们流露出健康而快乐的神情。从教美术27年的李文霞老师，已有13年辅导布贴画的经历，前前后后培养了上百名学生。她曾获"金坛区优秀教育工作者""金坛区艺术教育先进个人""常州市乡村少年宫优秀辅导员"荣誉。

占地 12320 平方米，建筑面积 5691 平方米的直溪小学，用一方水土养一方人来形容的话，这里还涌现着许多优秀的敬业的老师。比如常州市学科带头人王罗忠、黄国芳，以及金坛区学科带头人袁仲华、王松，金坛区优秀教育工作者陈国俊，金坛区教学能手徐斌，金坛区骨干教师黄菊花、汤玉平，金坛区教坛新秀谢静等，我很难将这个群体里的人一一列举。

徜徉于校园、徜徉于"七彩儿童"的墙报前，孩子们一张张笑脸、一幅幅稚嫩的图片，如一抹微风触碰了我的心灵，有一种清凉划过皮肤、直抵灵魂深处的感觉。仿佛有些年岁的大树间有一根突兀的枝丫伸进楼道走廊，此刻，舒展的叶片里，仍然有枝节露出朵朵幼芽，暴露在光与热之下。

葡萄架、指甲花、月季花依依不舍地告别最后一丝春意，将迎来盛夏的酷暑炎热。校园外田野里的麦子刚刚收割完毕，鸡鸭正撒欢儿寻食。

或许，这就是生命的表达形态，这就是七彩人生。

第十四章 九月，装满故事的色彩

一年有四季，然而，无论从感觉还是从感情上来说，唯有每年的 9 月，天地的情感才会为一个个校园抹上属于自己的色彩。

开学啦！孩子们背上新书包、拿上新书，老师们用上新教材。有些师生为了新学期开学，还特意会穿上一套精心选择的新衣服。

已经过去的 2022 年的暑期不太寻常，蒸蒸日上的温度比以往任何一个夏季都要高。打开天气图，全国各地一片通红，处处是高温预警。远远望去，原先碧清绿蓝的水凭空消失，取而代之的是河滩裸露开裂、山区茶田焦黄。金坛经历了 40 多天历史上罕见的 40 摄氏度以上的炎热炙烤，气温终于在"处暑"节气到来时开始渐渐下降。

9 月 1 日，风和日丽、雨水温润、生机勃发，学校如期开学。

这一天下午，我来到茅山老区唐王小学。

杨晔校长很热情地对我说："你是茅山老区唐王小学新学期开学的第一位客人。"

我和杨晔校长开玩笑："祝贺你到唐王小学满一整年。"

2021 年 9 月，杨晔从涑渎小学副校长调任唐王小学任校长，也是目前茅山老区唯一的女校长。今年 37 岁的杨晔，1986 年出生于茅麓下杖村，曾就读于茅麓小学、茅麓中学。用她的话说："我的根扎在茅山老区，是地地道道的老区孩子。"2006 年她在常州师范成为中国共产党预备党员，当年毕业后分配到直溪小学，一待就是 17 年。因为教学能力突出，2010 年先后获得金坛区小学数学教师基本功大赛一等奖、常州市小学数学基本功大赛一等奖。2015 年获得江苏省小学数学基本功大赛一等奖。在取得成绩的同时，她不断带领更多的年轻教师成长，先后成为金坛区草根工作室领衔人、金坛区名教师工作室领衔人、常州市乡村小学数学学科带头人培育站导师。先后获得金坛区十佳青年教师、常州市师德标兵、常州市学科带头人。2018 年入选首批教育部乡村优秀青年教师奖励计划，2020 年入选江苏省乡村领军教师培养计划。

教育系统的朋友告诉我：杨晔老师的优秀事迹先后在《金坛教育报》、新浪手机网"寻找乡村代言人"板块进行过宣传报道。因为对学校管理的贡献突出，2022 年 4 月，《中国教育报》有一篇文章中曾提及她在乡村学校发挥的作用。

2021 年，为表达对乡村学校的信任与决心，她将在城区学校就读四年级的儿子带到唐王小学，和农村的孩子一起学习。很多人表示不能理解，但她却认为乡村学校并不差，乡村的孩子很阳光。在乡村同样能发展。

我问为什么要这样？

她回答道："实事求是有方便照顾小孩的原因，但也有对农村山区教学质量的自信。因为通过这么多年的教师城乡交流，我也看到乡村老师在城区学校同样如鱼得水。况且唐王小学也有许多了不起的好老师。"

是的，这话不假。唐王小学近几年涌现了先后两次出国交流的区优秀教育工作者范琳琳、常州市优秀班主任中小学高级班主任吉小芳，以及受到过金坛区人民政府嘉奖的徐雅琴（2020 年常州市劳动教育优秀指导老师）、区德育先进个人卢明芳、2021 年"小小数学家"评比优秀辅导员周国俊、卢明芳，获得过区课题研究成果二等奖的黄巍松，区优秀班主任、2020 年"教坛新秀""区优秀班主任"杨帆，2021 年获区小学英语基本功比赛一等奖的诸葛云，金坛区优秀人才三级梯队成员张静航以及优秀大队辅导员、获得教育信息化能手荣誉的李桂娜，金坛区优秀教育工作者张志网、热爱读书和写作并且向文学刊物力推学生作品的睢爱春，还有积极奉献、不断耕耘于课堂的丁谢、胡志英、孙伟珍等一批优秀教师。他们既是家庭的希望，又是学校的财富，更是孩子们的星光。

当然，杨晔作为女教师尤其是学校领导，工作、家务两头忙，身上责任担子似乎更重一些。

杨晔晚上回到家，忙完家务夜已深，还要在电脑前学习，提前备好后两天的课，写好当天的教学反思，做好一天的工作日志。阅读一小时的教育教学杂志是每天必须完成的任务。她说，经历过就要留痕，那些敲击的文字，课堂实景照片就是每天教育的痕迹。16 年来，电脑中留存的教育教学资料已经成为她最骄傲的资源。从稚嫩到成熟，文字记录她的成长。对她而言，一学期 15 万字以上的文本表达只是底数，每天 2000 字的书写已成为一种习惯。能够坚持，就是一种力量。因为她的努力，工作 5 年就成为金坛区乡村小学数学 45 周岁以下教师基本功大赛的第一名，之后还获得江苏省小学数学教师基本功大赛一等奖。并因为小组课堂教学第一名而进行了现场课堂展示。因为坚持，她成功了，因为坚持，她成熟了，从普通教师成为金坛区"杨晔名教师工作室"领衔人、常州市学科带头人培育站导师。

她在讲台上带着更多的教育人的梦想一路前行，一路闻香。

杨晔从一名乡村教师成长为一名常州市名师教育行政工作者，同时也接触到更多关于教育现状的问题。

一次，一名家长打来电话，表达了对孩子任课教师的一些做法不满。他说，老师在家长群里问他昨天有没有帮孩子检查作业，孩子作业错误率为什么这么高？这位家长说，他是一名普通的打工者，文化层次低，孩子作业他只能看是否完成。至于是否正确，那不是老师的事吗？杨晔老师在电话中先安抚家长，然后核实事情经过，找到当事老师进行了谈话，对这种让家长错位的做法提出批评。

杨晔不由得想到了前段时间抖音中一个特别火的视频。讲的是一个学生的奶奶在被老师批评家庭辅导不到位后，背上书本去老师家学习，自己学会后再辅导孩子。看完后让她这个教育工作者脸红了好一阵。这类情况不是个例，就在数日前，山西太原教育部门就明确规定：严禁要求家长批改作业、打扫教室卫生、点赞转发各类信息。

杨晔诚恳地说："我们今天一直在提倡家校合作、共同育人。这是因为，一个孩子的成长不可能只靠学校或家庭。但家校之间应该如何合作，应该如何分工？站在学校的角度看，家长要参与到什么程度？需要家长做些什么呢？这里面的边界在哪里？要不要做一个明确的界定？"

杨晔对"家校合作边界"作了探讨。

自己一直是一名乡村小学教师，一直在留守儿童较多的工作环境中摸爬前行，总听闻城区的孩子因为家长素质较高，老师批改作业都会很轻松，而我们这些乡村的孩子，特别是留守儿童，学习只能靠自己、靠老师。随着年龄的增长，自己的儿子也进入学校，既是老师又是家长，慢慢也就看清了很多事实。首先，作为教师，我孩子的家庭教育自然不会太差，该讲的、该帮的我都不会缺席，甚至很多事都做在了前面。但这么做后我发现，有意无意地剥夺了孩子很多自我发展的机会，孩子学习的自主性也弱化了。在几次完完全全地"帮助"后，我开始慢慢放手，让儿子自己去做，尤其是一些自由发挥的小制作、小创作。可是，这么做的结果常常会让孩子失望。他会说，妈妈我的作品和别的同学比实在是太差了，你怎么不帮我？我反复思索，该帮吗？最后我还是坚定地选择了"否"。我不帮儿子，儿子难过，但帮了有悖教育规律，对孩子日后成长和发展不利。为了不让儿子伤心，很多时候我会抽时间用陪伴来弥补儿子。许多家庭小制作我都会和儿子一起做，一人做一份，做完后对比看，谁的更棒。无论儿子做得好与不好、美或丑，都坚持让儿子把自己最真实的作品交上去。然而，儿子的作品总是在班上被"忽视"，他做事的积极性和自信也会受打击。有一次，我鼓励不服气的儿子拼尽全力，很用心地做出了一份手抄报，反反复复用了整整3个小时，虽然还是有点稚嫩，却是他最高水平的作品。我很欣慰。以一个老教师的直觉，能明确地感到，这个作品对比小学三年级可能达到的水平，至少可以说是上乘。第二天，老师在微信群展示优秀手抄报，直到最后还是没有儿子的作品。看着那一件件成熟、美观的作品，我多多少少都会怀疑有家长的参与。从家长的角度看，我当然能理解。可能很多家长都会觉得，这些与"主课"无关的小制作、小实验以及一些社会实践项目，自己代劳也不会影响孩子的成绩，反而能让孩子赚得一些自信和光彩，省了不少"做无用功"的时间，何乐而不为！殊不知，这里面的害处会更多，首先会影响孩子的诚信。长此以往孩子会对说谎不再有内疚之情，真的会相信自己有不诚实的特权；其次还会影响孩子对自己的判断。一次两次问题不大，多了之后孩子会生出一些莫名的虚假自信，但这不是真实、可靠的自信。因为这与他们的实际能力无关，与努力和付出无关，最终他们慢慢会变成眼高手低的人，喜欢投机取巧。

在这类问题中，家长必须看到，学习是学生的事，家长可以进行必要的辅导和引导，但绝不能代替。杨晔坚定地表达自己的想法。

听教师队伍中的朋友介绍过，曾经也有很多城区学校，甚至常州市区也有学校向杨晔老师抛去橄榄枝，她一一拒绝了，依旧坚守乡村。

有人这样评价过杨晔老师：她是用教育智慧来点亮孩子们的学习星火，执着地追逐自己的乡村梦想。

在茅山老区，唐王小学属于微型的乡村学校，只有 16 名教师和 121 名孩子（其中 80% 是外来务工人员的子女）。当初组织上做调整，与杨晔见面时，讲内心话，她有过失落。但很快自己作了心理调整，满怀信心地留在唐王，今天，她正开展项目课题研究，用自己的绵薄之力提升乡村小学的品质，推动学校的发展。（注：2023 年 9 月杨晔任西岗小学副校长"主持工作"。）

杨校长对我说："乡村是个好地方，乡村需要好老师。国家大力支持乡村教育，培育乡村教师，我们不能享受了国家的各项优秀资源后，离开乡村，这样对不起孩子，更对不起自己当初进入教师队伍的誓言担当。我们要做好传帮带，鼓励学校的老师们共同给予这些乡村孩子以教育的希望。利用自己的力量，帮助更多的乡村教师成长起来，辅导学生走向广阔的田野。"

今年唐王小学正在以课题来促进学校教学发展。

杨晔老师介绍说："学校现有省级重点资助课题《小学生数学建模能力培养的教学课例研究》。常州市'十四五'备案课题《以故事为载体的小学德育实践研究》《以中国故事为载体的小学英语阅读实践研究》。2022 年学期，将以这三项课题研究为依托，发挥骨干教师的智慧力量，注重科研实效性，有效促进教师专业的成长。"

突然，我想起这样一段歌词："让青春吹动你的长发，让他牵引你的梦，不知不觉这乡村已经记取了你的笑容。"

把"城市"改为"乡村"，感觉更能表达我此刻对于以杨晔他们为代表的老区乡村教师的敬意。

如今的唐王小学确实是微小学校，可翻阅校史，唐王小学却是有着 100 多年悠久历史的老学校。

自古学风甚盛。"五四"新文化运动之前，唐王有两所私塾。一所在集镇的南头，借用刘氏宗祠的三间房，塾师是本镇的刘竹轩和外地请来的包先生，有 30 多名学生。另一所在离集镇大约有半里路的前店村，读书房还是借用刘氏宗祠的房子，塾师是唐王集镇的刘庚庆，有 20 多名学生。虽说历朝历代都弘扬孔子的"有教无类"，但是真正能读到书的大多是一些有钱人家的孩子。随着进步思想渐渐渗透，有人认为私塾（本学堂）只会教《百家姓》《三字经》《千字文》，或者是《中庸》《大学》《论语》《孟子》，启蒙内容太单一，教学方法不灵活，死记硬背，除了背诵就是默写。于是一些进步人士开始积极筹备办学校（洋学堂）。

1921 年 9 月，在各界人士鼎力相助下，利用街东头的刘氏宗祠——伦叙堂（伦叙堂还拨出 20 多亩良田的收入作为办学经费），创办了唐王有史以来第一所初等完小。当年有四十多名学生入学，课程有国学、算术、唱歌、体育、美术。首任校长吴家宝，教职员工徐汝舟、刘彬、刘竹梅、刘道生、华莲青、黄锡光、陈伯英、陈淑英、虞署锦等。由于学校欣欣向荣、蒸蒸日上，1923 年 10 月，金坛县教育科通过信用班船运来一块 1.5 米长、70 厘米宽的大匾，上面写着四个大字"勤、朴、实、勇"。之后学校将这四个字作为校训，以此教育学生勤劳、朴素、诚实、勇敢。

太阳是一曲经久不衰的歌，当悠扬的音韵潺潺而起时，彩霞便会铺满天地。

黄色的、红色的、蓝色的，眼睛所能看出的色彩，更像是流动的光和流动的风，深入我的内心、深入我的灵魂。

阳光明亮的校园，让我久久站立着。

季节转换，时代飞逝。

此时，校园外的田间已经飘来一阵阵的稻花香，蛙声的聒噪或许会在夜晚打破宁静。

唐王小学度过一个又一个开学季、毕业季，校园的故事却在没有休止符号的时间表中延续。1997 年基于唐王的地域文化，江苏省文化厅命名唐王为"故事之乡"。

10 多年前的秋季，唐王小学校长沙息明开创性地把"故事之乡"的校园故事作为校本教材，之后一任一任传承下去，周国庆校长、戴志洪校长，到张仁荣校长提出"校本课程"，王罗忠校长提倡"前瞻性项目"，直至杨晔校长努力"打造装满故事的校园"。

《小学故事化课堂教学的实践研究》是唐王小学参与常州市教育科学"十三五"规划的一项重点课题。2016 年开题直至 2019 年 5 月结题。由张仁荣、黄巍松两位老师主持，孙伟珍、吉小芳、李国芳、诸葛云、周国俊、丁谢、殷彩霞、张静航、李桂娜、冯雨婷、朱佳明、卢明芳等老师共同参与，将故事作为课堂教学的目的，自始至终辅助教学，依据教学目标，设计教学环节，组织学习材料，构建学习环境。故事化课堂最终有利于激发兴趣，有利于提升素养，有利于合作学习，有利于学科融合。

秋意渐渐抖落了沉甸甸的光线，伴着和风细雨，摇曳出阵阵凉爽。9 月 14 日我又一次进入唐王小学，专题采访课题执笔老师黄巍松（曾获金坛区优秀教育工作者、金坛区教科研先进个人、金坛区骨干教师、常州市劳动教育优秀指导老师）。

世界上没有不爱听故事的孩子，故事是孩子认识世界的一扇窗口，它以丰富奇特的想象和大胆的夸张深深地吸引着孩子。让"故事之花"绽放语文课堂。黄巍松老师面对我的采访，首先表达出他们设计教学理念的初心。

茅山老区薛埠镇连山村紧邻唐王。1997年黄巍松从常州师范毕业分配到唐王小学教语文。虽然教语文，但他是有心人。从教学实践中他产生了联想，试图围绕学校文化建设将故事元素融入整个课堂。他这样想：作为母语教学的语文课堂，是否也能像故事一样，拥有深深吸引孩子的课堂魅力，让每一堂课都成为一次多彩的故事之旅？结合唐王小学的实际，他首先在语文组开展了《小学故事化课堂教学的实践研究》课题研究。当然，刚起步时只是单纯讲故事，后来作了提升，发展演变成融入整个教学体系。

时任校长张仁荣提议：能否"以讲故事的形式，将故事元素贯穿于每个学科"。

故事化课堂教学是指教师通过巧妙地运用故事教学法，使故事作为教学内容本身渗透出教育价值，或者在课堂中把教学整体处理成一个完整的故事，或者对课堂教学做讲故事式的设计，以此来增强学生的学习兴趣，丰富学生的精神世界，进而提升学生的人文素养的一种教学活动。

黄老师说："我是教语文的，不妨从语文开讲。"

小学语文故事化课堂教学不仅能够使得课堂内容更加丰富，还能让学生积极参与到教学中来，从而提高学生的语文水平和语文教学质量。上课伊始，教师精心而巧妙地设计一个故事，可以引发学生的学习兴趣，调动教学气氛，作为切入小学语文新旧知识的衔接点，为教学的顺利进行打下良好的基础。

语文教学中，很多课文本身就是一个故事，教师就可以依据故事内容，布置或创设一个与故事内容相适的教学场景或环境，从而帮助学生更好地体验课文人物或故事角色。

如教《小动物过冬》一文时，教师课前可以将班上小朋友分成三大组，一组做青蛙，一组做小燕子，还有一组做蜜蜂。课上这三组同学就分别以课文中的三个角色投入到对课文的学习中，教师引导学生在课堂上以不同的角色进行对话，学生在这样的故事场景中学得有趣，学得高效。教师可结合教材特点，通过复述故事、故事续编创作、课本剧表演，激起学生对语文的学习兴趣，激发学生的语言智慧，提高学生的语文素养。学生在讲述故事的过程中，会创造性地加入自己的情感体验和思想，好像在讲述自己的故事，情感真切。学生在复述故事的时候有情感的流露，有心灵的对话，有智慧的飞扬，这些将带给学生无尽的愉悦和美妙的实践体验。

在许多次学校调研中，我发现写作文对于个别小学生似乎和做数学题一样可怕。每一次作文题目出来，对于这些学生而言，似乎是一种煎熬。就这类学生的状态，我询问黄老师，是否有什么良策？

黄老师点头，肯定了我的观点："是的。作文一直是学生和教师很关注的话题。部分学生的作文内容空洞，语言干瘪，言之无物、言之无文。有些甚至是家长代笔。是学生身边没有事情发生吗？显然不是，而是学生缺少发现的眼睛。在教学中，我们可以培养学生以真实的笔触记录身边小事，让学生有话可说，写深写透，尽情倾吐感受。"

怎么来解释这个观点？或者说有什么良策来解决？黄巍松老师一下子进入课堂情境。

师：看看老师手上拿的是什么？

生（齐声）：橡皮。

师：这是李同学在四（6）班门口角落捡到的，橡皮丢失三天后竟然又被捡到了，大家可以猜一猜，调皮的橡皮这两天到底有哪些奇遇呢？

生：它从小主人的书包里偷偷地逃了出来。因为小主人总是把它放在书包里，最可恶的是那些课本总是欺负它，嘲笑它，排挤它，它终于忍无可忍了。

师：哦，这是离家出走！

师：同学们的想象真丰富，你们一定还有更多精彩的想象。你看，一则童话故事《橡皮流浪记》就要诞生了，现在拿起你的笔，赶快写一个精彩的故事吧！

采用类似引导方式，可以让学生写作文有话可说，言之有物。

自从确定创作这篇报告文学时，我就开始关注30多岁的范琳琳老师，因为她的两次出国经历，引起了我的好奇。

2009年从盐城师范毕业英语专业毕业后，个性活泼、敢想敢做的范琳琳来到唐王小学。

在 2021 年 10 月底一次江苏省乡村教师培训站活动中，范老师这样表达自己对英语教学的体会：英语课程的目的、目标和内容的变化，会带来英语教学方式方法的改变。核心素养背景下的英语课堂教学应该以学生学习为中心，以发展学生核心素养为目标。过去教师常常注重语言知识和技能的训练，于是，在课堂上，学生语言的使用就是在虚假的情境下，为练语法、句型展开问题讨论。这样的语言学习不仅单一枯燥，而且语言的功能并没有真正展现。语言是用来传递信息、表达思想和情感、再现生活经验的工具。作为老师，必须设计和实施丰富多彩的语言实践活动，让学生们把语言用起来。比如用语言交流信息、表达观点与情感、再现经验、解决问题。这样一来，学生在教师高质量问题链的引领下，将语篇的内容和语言学习结合起来，用学到的目标语言分析、判断和评价，从而激发英语学习的兴趣，实现思维进阶，达到学科育人的效果。

或许这是她有过两次出国交流学习后的有感而发。

范琳琳两次出国的经历过程是这样的：第一次是在推荐的基础上经过严格的考试，获得江苏省"雏鹰计划"的资格，参加了去加拿大的教学交流。第二次是通过国家汉语办公室网上报名（全球范围征招对外汉语教师志愿者），她到上海站参加考试（笔试、面试）。

今天说起这段精彩过往，她很乐观。可是当时前前后后的事让她很紧张、很焦虑。因为考试没有大纲、没有范围，有听力、作文、才艺，内容相当宽泛。参加人员有一部分是研究生，和他们一比较，范老师属于低学历。在现场，范琳琳内心很忐忑，因为形式与内容和以往任何考试都不一样。最后才艺表演演什么，心里空落落的，她心底愈加恐惧。也不知道怎么，突然爆发唱出儿歌《我是小海军》。

现场效果不错。

之后，她又去北京集训，经过外方老师的各种测试，终于达标。

我问："如果现在让你再表演，你还会唱吗？"

范老师笑笑说："不清楚。那时候算是比较勇敢吧，灵光一闪。"

说起范琳琳的勇敢性格，我特地查阅了她的出国时间。第一次出国一个多月，2009 年 12 月是她到唐王小学任教的当年，完全是教育战线的新人；第二次出国一年多，2013 年 6 月，她新婚不久。这样的时间节点，没有一点敢于付出的勇气，一般人不会去尝试。

经历了出国交流的锻炼，不仅仅是见了世面，更难得的是范琳琳的英语语言能力得到极大的提升，教学实践更有信心。于是范琳琳渐渐喜获丰收。2020 年获得区人民政府表彰的"优秀教育工作者"称号，论文《从阅读到"悦读"，丰富学生的阅读体验》获"江苏省教海探航"三等奖。

英语阅读不仅是解码和理解，更应该是"悦读"的过程。

范琳琳老师认为，在培养学生阅读的能力的同时，还要关注他们的阅读体验，帮助他们形成良好的阅读兴趣，积极的阅读态度和准确的自我评估。学生缺乏阅读体验是小学英语阅读教学面临的最大问题。教学时，教师可以通过多层次、多角度、开放性、思维性的问题链来培养学生的阅读思维，适度开展阅读相关活动，丰富他们的阅读体验。在阅读教学过程中，教师通过有质量的提问，引导学生观察图片信息，形成文本概念，理解故事大意，鼓励学生根据上下文并结合自身实际，对阅读材料进行提问或评价，有效提升学生发现问题、分析问题和解决问题的批判性思维能力，从而让学生逐渐产生英语阅读的兴趣，对英语阅读怀抱一种积极的态度，丰富阅读体验。学生在阅读的过程中不能被动地接受信息，而要主动、积极地进行思考。

我的目光随着范老师走出教室而投向走廊，看着阳光流入她的脚底，看着师生们下课后伴着树影欢快奔跑，仿佛是看见一群正在走向梦想的人。

多么希望这是美丽的梦想！

山区、乡村曾是我们教育的薄弱点，曾经从这里走出去许多人，不再回来。但还是有许多人已经走出去了，又回来献身教育。

今年 45 岁的吉小芳就是走出去又走回来的其中一员。

她是唐王人，从唐王小学一直读到唐王初中，1996 年从常州师范音乐班毕业。

当年 8 月，唐王小学大事记里赫然记录：吉小芳、王珍、史建平、高静、沈荣花、王芸伟分配至我校工作。

看来当年茅山老区唐王小学能够分配到正儿八经的师范院校毕业的老师，是一件特别重要的大事。

我问吉老师，这件事她知道吗？

吉小芳瞪着大眼睛，惊奇地说："真的不知道啊。恐怕学校大事记是对我们保密的。"然后她笑着告诉我，"回归乡村教育，应该是我们的义务与责任。回来后由于学校需要，我从音乐老师改教语文。"

一般来说，按照程序，普通班主任、骨干班主任，然后高级班主任，如此一级一级地提升。可吉小芳没有，她直接从普通班主任跨入高级班主任。26 年，她就是这样一路跳跃着走过来。当然，整个过程并不轻松，需要过五关斩六将，需要工作实绩，需要教学成效，需要经历送审、评审的严格程序。2022 年吉小芳老师参与省级融合教育培训，据说获益匪浅。不过吉老师一直以来都是荣誉满满。2007 年被评为金坛第四批中小学骨干教师。2014 年获评常州市"优秀班主任"。2022 年在金坛"学华老精神，做文明新人"主题教育活动中，她所带领的四（1）班获"先进班集体"荣誉。

近年来吉小芳老师对"打造班级文化建设　培养学生优秀品质"方面颇有心得。

文化对学生具有潜移默化、深远持久的影响，优秀的文化能对学生的世界观、人生观、价值观起到重要的塑造作用。打造班级文化的建设，必须从德、智、体、美、劳着手，可以从学习环境开始。教室虽小，但是重在布置。老师可以为同学们设计图书一角，让学生们拥有更多的阅读机会。对于五年级的学生来说，童话故事书以及图画书已经不符合该年龄阶段，教师可以购置一些具有逻辑思维性的书籍拓展学生们的大脑思维，延伸课外知识。也可以通过学生捐书的方式，请每个学生根据自身的情况为班级建设捐赠一定的书籍，贡献自己的一份力量，培养集体精神，把小力量汇聚成大力量。除图书角外，老师还可以安排文娱委员出专题黑板报，设计丰富有趣的图案。例如在母亲节来临之前，黑板报可以出母亲节的主题，传承中华民族优秀"孝"文化。还可以在教室墙壁的空白处悬挂一些名人名言，营造班级文化气息，达到激励学生努力学习的效果。教室的走廊也属于同学们的学习活动范围。将同学们的优秀书法作品、摄影作品、优秀手抄报贴墙上，展示文化内涵。当然还有班级的卫生值日规则、班干管理规则等，都需要制定一定的规章制度来约束同学们的行为。

通过这些班级文化建设，逐渐培养学生们的优秀精神品质。

从走访得知，近年来唐王小学通过重视班级文化，涌现了一大批优秀的学生。有 2020 年、2022 年"江苏好少年"胡平、王一琰，有 2020 年、2021 年、2022 年常州市"龙城好少年"曾大锐和蒋薇薇、刘涛、金宇轩，以及周洲同学。有获"小小数学家"比赛一等奖的朱家豪、徐国杰、金宇轩（河北衡水冀州大吴家寨）、俞思越。还有获科技一等奖、二等奖的学生王靖允、聂涛涛、刘羽彤、刘程雨、朱家豪、胡鑫鑫、史雅娟、周张鑫、刘涛、鲁丁续等。

从采访线索中我发现一位在茅山老区已经执教 30 多年的老师——徐雅琴。

金坛有一个喜好写诗歌、散文的"闻艺金沙"作者微信群，她居然和我在同一个群，只是素未谋面。通过聊天，感觉徐老师很有文学情怀。不过，徐老师的工作经历于波澜起伏中彰显了不平凡。1988 年徐雅琴高中毕业，在唐王的韦家村、方麓茶场小学做过一段时间的代课老师，收入不高，教学不稳定，随时有被打发回家的可能。可她喜欢校园生活。因为喜欢就必须摆脱临时工"打酱油"的现状。工作的第二年，她就努力参加了中师函授，毕业后又继续自考大专。通过教学实践，她也感觉没文凭没学历，不经过像模像样的系统的学习进修，仅凭"半杯子水"晃荡，会误人子弟。于是，她又参加了广播电视大学本科学历的继续教育。一边在学校上课，一边不断地接受高学历的教育，确实很辛苦。

徐老师坦言：别人说做班主任辛苦，可我自从加入教师队伍就一直担任班主任，30 多年，没落下一年。2000 年唐王小学缺数学老师，徐老师服从安排，从教语文改为教数学。她教的学生金宇轩曾于 2020 年在"小小数学家"竞赛中获一等奖。在她负责科学课时，2015 年 5 月唐王小学荣获金坛第一届科学探索系列活动优秀组织奖，她本人获"优秀辅导员"称号，学生代贵元、蒯静、张衡译获"科学探索一等奖"。

明年或者后年，转眼，徐老师的退休年龄就到了，虽然有点遗憾，但她还是很怀念校园，这辈子做老师没有做够！特别是面对外来务工人员子女的读书问题，徐老师很感慨。因为 2021 年一个来自重庆的学生给她留下了难忘记忆。

那一年徐安超读 3 年级，父母离异，和年迈文盲的奶奶生活在唐王。孩子面对家庭困境渐渐有点厌学，学习上不求上进。那时徐老师家住城区，便利用星期日坐中巴车到离唐王街二三里路远的宋家棚，耐心教育徐安超，动员他继续上学。既然把孩子留在学校就必须让孩子学好、学出效果。徐老师平时特别关注徐安超的学习状况，关注他的作业完成情况，并且时常放弃休息时间，抽查孩子学习。那一年期中考试，徐安超数学考 67 分，英语考 80 分，语文差一点。徐老师暗暗地松了一口气，总算是把孩子拉回来了。

说着说着，徐老师拿出手机，给我看孩子们参加科学课活动时开心有趣的画面。

生动的画面，真的也感动了我。

同样是从唐王小学走出来的，今年 43 岁的周国俊老师比吉小芳老师晚两年回到唐王小学。他 2014 年曾获金坛小学数学青年教师基本功竞赛——教学理论与专业知识一等奖、小学数学青年教师基本功竞赛——评课一等奖。

周老师告诉我，他 1998 年毕业于武进师范。那是武进师范最后一届普师。

2020 年唐王小学为充实领导班子，周国俊被选拔为副校长（黄巍松选为教导主任）。杨晔校长介绍他，周校长是唐王小学的活地图，唐王小学的来龙去脉他心里清清楚楚。我便顺势问周国俊："是唐王人，如今还在唐王小学任教的老师有几位？"他掐指排了排，语文老师眭爱春、语文老师吉小芳、数学老师卢明芳（51 岁。2014 年被授予中国名师联盟"希望工程园丁奖"）、数学老师徐雅琴（55 岁）、语文信息科技老师张志网（52 岁）。

周国俊特别解释道，张志网还是他小学时的老师，2013 年唐王小学举行首届"感动校园人物"，他和徐雅琴老师一起当选。

作为数学老师，周国俊很善于调动学生课堂解决问题的兴趣。他认为，使学生经历解决问题的过程，体会通过假设把复杂问题转化成简单问题的过程，初步感悟假设的策略，并能运用策略解答一些实际问题。使学生在运用假设的策略解决实际问题的过程中，初步感受假设的策略对于解决问题的价值，进一步发展观察、比较、分析和推理能力。使学生进一步积累解决问题的经验，增强解决问题的策略意识，获得解决问题的成功体验，增强学好数学的信心。

以下是他结合"故事校园"上数学课的一个实例。

有一次，吴国孙权送给曹操一头大象，曹操十分高兴。大象运到许昌那天，曹操带领文武百官和小儿子曹冲，一同去看。曹操对大家说："这头大象真是大，可是到底有多重呢？你们哪个有办法称它一称？"嘿！这么大个家伙，可怎么称呢！大臣们纷纷议论开了。

一个说："只有造一杆顶大顶大的秤来称。"

另一个说："这可要造多大的一杆秤呀！再说，大象是活的，也没办法称呀！我看只有把它宰了，切成块儿称。"

大臣们想了许多办法，一个个都行不通。真叫人为难了。

这时，从人群里走出一个叫曹冲的小孩，对曹操说："爸爸，我有个法儿，可以称大象。"

曹冲把办法说了。曹操一听连连叫好，吩咐左右立刻准备称象，然后对大臣们说："走！咱们到河边看称象去！"

众大臣跟随曹操来到河边。河里停着一只大船，曹冲叫人把象牵到船上。等船身稳定了，在船舷齐水面的地方，刻了一道划痕。再叫人把象牵到岸上去，把大大小小的石头，一块一块地往船上装，船身就一点儿一点儿往下沉。等船身沉到刚才刻的那道划痕和水面一样齐，曹冲就叫人停止装石头。

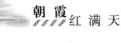

大臣们睁大了眼睛，起先还摸不清是怎么回事，看到这里不由得连声称赞："好办法！好办法！"现在谁都明白，只要把船里的石头都称一下，把重量加起来，就知道象有多重了。

最后老师提问：曹冲用什么方法称出了大象的重量？

这样，用故事的形式，引导学生说出"假设""替换"的数学关系。

当然，这仅仅是众多事例中的一个。

既然，"故事校园"唐王小学将故事元素融入各学科，那么故事如何在体育课中体现？杨晔校长建议我采访张静航老师。

生长在薛埠镇上阳村的张静航 2012 年毕业于盐城师范体育教育专业，2015 年曾获金坛区第五届体育教学设计评比一等奖、常州市"教坛新秀"称号。

"范琳琳老师是你的学姐。"我和张老师开玩笑。他笑笑说："是啊！所以范老师去美国交流一年，还是我代她的英语课。那年我刚毕业，英语基本功扎实，代课没问题。快 10 年过去了，现在再让我代英语课会有点吃力了。"

就"故事教学法"在小学体育课堂中的运用这一问题，我询问张静航老师。

他说："故事教学法是在情境教学法中衍生出来的一种新的教学模式，将故事教学引入体育课堂也是一种新教学模式的尝试。体育课上讲故事、听故事、演故事，根据所讲授的内容穿插些相关的简明、短小的故事、以说明注解强调所讲内容，吸引学生注意、激发学生听课兴趣、启发学生思考，直接从故事中悟到蕴涵的道理，掌握其中的知识技能等，深入浅出。尤其是在我们小学的体育课堂，身为体育教师的我们难免会用到各种体育专有名词，而这些名词多为抽象的，如平稳落地、运球、静止、前滚翻、后滚翻等。高年级的学生能够接受，可是低年级，尤其是一、二年级的学生，他们往往想象不出具体的动作，可一旦给他们讲故事，就会在脑海中出现具体故事画面。想象动作的同时，也是给自己找了些动作的具体参考。"

我很有兴趣地对张老师说："在学校读书期间，我最怕体育课讲得多，练得少。特别害怕体育老师啰啰嗦嗦，时间一分一秒流走了。"

"是的。体育老师一个人在那里口若悬河地讲解，却把学生晾在一边，导致学生都不知道老师讲的是什么，动作怎么做。"张静航老师一边做动作一边说，"比如一堂篮球课的投篮学习，老师如果总是说，投篮怎么重要，需要抬手臂，要多练习等等。可如果引用姚明在季后赛一次比赛中 12 投 12 中的案例，同学们立马心领神会。因为故事所展现出来的就是一个个生动形象的场景，这些场景，能让学生在做动作时有迹可循。比如给学生讲述小刺猬学本领的故事，学生会从故事中联想到前滚翻的具体动作，并且练习到生活中去。大故事有小哲理，小故事中有大道理。"

最后张老师略有所思地说："故事教学模式是情境教学法中一种新的尝试。从目前看来，它的作用并没有完全开发，客观上也存在着许多不足。不是每一节体育课都要上成故事课，也不是每节体育课中都要有故事存在。善用是关键，使用不好，或者泛滥使用，变为形式主义，则会让原来的体育课不伦不类。所以，故事课堂，尤其是体育课，只能将故事当作体育课堂中的某一个特定元素，还不能作为主体使用。可以尝试，最终还需要我们在实践中不断完善、不断探索。"

2020 年 10 月，在金坛区学生运动会上，张静航老师辅导的六年级学生王靖允（贵州毕节）获得小学男子乙组三项全能（实心球、跳远、短跑 100 米）一等奖。

我提及这件事。张老师露出谦虚的笑意。"培养一名学生出成绩真的不是一件容易的事。老师要付出、学生要付出、家长要付出。现在这名孩子快初中毕业了，但愿这次获得的奖项，能够伴随他不断健康成长。"

走出唐王小学大门，我又深深地回望校园。

太阳渐渐向教室屋后退去。

秋日，午后的天空显露出一丝淡淡的粉色。校园长廊两边的画以及教室墙体上有几排字非常夺目，"以靓丽之'我'，筑梦新未来""教育，从学校装满故事开始"。

它们，像是一种召唤，更像是出发前行的号角。

第十五章　光阴诗卷让星星闪耀

　　寒露，二十四节气中的第十七个节气，表示天气正式变凉，据说是时节归乡的宣言。

　　摇曳着秋日时光，和那些广袤田间千顷万波的沉甸甸的稻穗一样，温润于农家心间，顿时世界满溢香喷喷的气韵。

　　带着这样饱满、丰腴的农事情怀，2022 年 10 月 10 日上午，我来到位于朱林镇南面的西岗小学。

　　与校长朱明方聊天时，此篇文章的题目不知不觉从我的脑海中冒出。

　　多年前的一个暑假，酷爱学习的朱明方闲暇中捧读叶嘉莹先生的《顾随诗词讲记》，当他读到宋代著名诗人陈与义的佳句——"客子光阴诗卷里，杏花消息雨声中"时，不禁怦然心动，好美的诗句啊！他偶得佳句，品读揣摩。好一个"光阴诗卷里"！能将"光阴"尽耗在"诗卷里"，何等潇洒，何等幸福。试想，"光阴"已然"诗卷里"，哪还有工夫去蝇营狗苟、溜须拍马？哪还有闲暇去花天酒地、醉生梦死？不学无术、趋炎附势之徒才有时间去"朝扣富儿门，暮随肥马尘"。

　　细细品味"光阴诗卷里"，真是爱不释手，虽是炎热当空，心里却生温馨凉爽。多好哪！总是有些诗句提醒你，生活还可以这样诗意地栖居——捧一本书，心无旁骛，小小的心田满溢着欢欣抑或忧愁。"客子光阴诗卷里"——"客子"，羁留在外，寂寞难耐，与书为伴——"光阴诗卷里"。

朱明方问自己，那么"莘莘学子"呢，是否理当"光阴诗卷里"？他深深地自责，放眼当前教育之现状，学子们的确做到了"光阴试卷里"。可惜，此"试卷"非彼"诗卷"。一字之差，谬以千里，何其悲催！整天写作业，成天做习题，教辅材料三五套，练习册子一大堆，学生学业负担重，孩子厌、家长烦，全是试卷惹的祸。真的是光阴"试卷"里。孩子哪还有闲暇广泛阅读？朱校长认为：校园该是读书的地方。记得一位名人曾经说过：阅读不能改变人生的起点，但能改变人生的终点；阅读不一定能改变人生的长度，但可以改变人生的宽度。

于是，他挥笔写下一篇《学子光阴诗卷里 师生闲暇书香中》呼吁校园师生：赶快抛开"试卷"，远离"题海"，热切拥抱"诗卷"，浸润"书香"！"让孩子爱上阅读"是我们老师的神圣职责和应尽义务。我们亟待"悦读""书香"这些种子在教育的田园里发芽、长叶、开花、结果，并散发缕缕芳香，让师生的心灵得到美的熏陶和滋养，让我们的校园响起更多的琅琅书声！

朱校长的愿望是大家打开书籍——光阴诗卷里，闲暇书香中。或许，难以立竿见影，但我们相信终会有潜移默化的效果，师生该有自信和耐心。

就在朱明方写下那篇肺腑之言的 4 年后，2021 年 7 月，教育部出台"双减"政策。而 2022 年西岗小学获常州市中小学"双减"工作暨重点实验项目评比三等奖。不得不说，这些并非巧合。

有工作热情、生活激情的朱明方出生在茅山老区茅麓神亭村，今年 55 岁。据传，神亭是三国时期的一个古战场，至今还流传许多令人神往的故事。朱明方 1987 年从武进师范毕业后分配到茅麓小学，5 年后到西旸小学，2011 年后到薛埠小学担任了 7 年校长，与如今在茅麓小学任校长的陈金明共事。他除 2018 年至 2021 年在河头小学任校长外，工作以来大部分时间与茅山老区结缘。他自嘲：算是老区的老同志了。

西岗是一个有着深厚文化底蕴的村落。据 1984 年 5 月考古发掘，清理三星村墓葬 1001 座，出土陶器、玉器、石器、骨器等文物 4000 余件，出土的碳化稻标本对研究水稻的人工栽培、原始农业的起源等学术问题具有相当重要的价值。西岗三星村为新石器时代（距今 6500 年）的一处重要遗址。

"启蒙养正，润泽人生"是西岗小学传统的办学理念，学校文化与校园文化建设一直是朱明方着力打造的实践范本。

结合办学理念、传承西岗三星村文化，他着眼西岗小学的校园文化建设，希望用"精神理念引领人，丰厚底蕴滋养人，特色细节熏染人"竭力构建一个学风浓郁、育人高效的文化校园，"让每颗星星都闪耀"，使校园真正成为自然与人文交融、教师与学生谐处的雅善之地、幸福家园。

崇德尚文在西岗这方水土有着相当深厚的底蕴。

西岗小学本身就是一座有"崇德尚文""厚德载物"精神的百年学校。

1912 年，西岗绅士杨立本（举人）、于炳国（举人）、李少怀、李印先等秀才积极筹创办学，利用西岗集镇西北侧李家祠堂内的"启源堂"，办起了今日西岗小学的前身——"启源初等小学"。1941 年，溧阳县抗日民主政府与地方筹款，在原校扩建校舍，一并扩充中学部，称自醒中学。原西岗小学随之更名为自醒中学附小。1944 年秋，校舍遭敌伪拆毁，被迫停办。1945 年 9 月抗战胜利，地方青年募捐，重建校园，恢复西岗中心小学，由朱春桃任校长。

在校园里，我见到了开创西岗小学的于炳国的后裔——副校长于永刚。我询问："金坛于氏因于敏中老先生而成为一代望族，西岗于炳国先生是你的哪一辈？"于永刚回答："应该是我父亲的太公（于氏福谦堂十九世孙）。算起来，我是金坛于氏二十四世孙。"

于永刚走上教师岗位虽属偶然，但归根结底血脉里还是流淌着教书育人的基因。1996 年，他从常州师范毕业后在西岗小学村小三星小学任教，第二年回到西岗小学。

二十四节气的第十八个节气是霜降，也是秋天最后一个节气。农谚"十月寒露接霜降，秋收秋种冬活忙，晚稻脱粒棉翻晒，精收细打妥收藏"，这是对农事的生动写照。"霜降"后的第三天，10 月 26 日，我闻着浓郁的稻谷香气，再一次走进西岗小学。

作为乡村学校，西岗小学近年来获得过不少区级以上荣誉。譬如获得金坛区第十届中小学科学节"优秀组织奖"、中华经典诵读一等奖、"争当守法小公民"视频评比一等奖、金坛区小学英语大单元教学设计评比一等奖、金坛区中小学研究性学习成果小学组二等奖、常州市中小学"双减"工作暨重点实验项目评比三等奖、常州市小学语文基本功一等奖。朱校长解释道："西岗小学能够取得这些成绩，要感谢历届前任打下的扎实基础，同时我也深深地体会到学校的温馨，老师们善良淳朴、不计名利、十分可贵的奉献精神。"

通过采访刘玉彬老师，我对朱明方校长这段意味深长的感慨，有了更贴切的体会。

今年46岁的刘玉彬1996年从常州师范毕业，和于永刚副校长同届。在西岗小学的26年时间里，他因为教学需要，不得不多次调换任教岗位。起初，学校缺数学老师，刘玉彬开始教数学；2001年学校缺英语老师，刘玉彬改教英语。教了20年英语，以为可以稳稳当当教下去，不料，2020年学校领导找到他，动员他再改课，教语文。于是服从需要，任教语文课。2022年学校人员调整，缺英语老师，刘玉彬又回到英语教学岗位。不过，这次学校还动员他负责兼管食堂后勤，还要再增加一门信息技术课的教学任务。

刘老师很诚恳地告诉我：英语教学可不能糊弄学生，虽然读师范期间自己选修过英语课，有一定基础。但还是利用暑假去江苏大学、常州教育学院进行学习培训，经严格考试合格拿到上岗证，才敢站上讲台。之后又继续进修，提高自己的英语专业水平。为进一步提升自我，他参加了继续教育，2009年取得本科文凭。

可以用这样一个词来形容刘玉彬每天在学校的状态：风风火火。

起个大早，从城里将菜买回送到学校食堂，接着准备当天的教学课程。中午一下课就赶紧去食堂，注意学生进餐情况。学生喜欢吃什么？对什么菜感兴趣？荤素搭配如何？卫生情况是否达标？他都要一一掌握，以便第二天做菜肴调换。下午得空，批改学生作业，安排教学、备课。每天回到家什么都不想干，躺下就不愿起来。幸好女儿已经上大学，幸好爱人很理解自己，省去许多事，不然还真的难支撑住。

于永刚副校长告诉我：这位老同学任劳任怨，学校人手紧张，他一个顶俩还不够，还要一个顶仨。

2022 年 10 月，刘玉彬获"茅山老区优秀教师"荣誉称号。

"双减"背景下教学如何进行？如何提高学生的学习效果以及学习效率？语文教研组长、优秀青年骨干教师刘峥有自己的理解方式。从语文教学的角度，她认为需要教师对语文教学方式进行整体规划与设计，优化作业设计方式，在不增加更多课外负担的前提下提升课堂教学效率，实现高质量教育。

那么，课堂时间有限，如何在短短 40 分钟里行之有效地培养和提高学生的语文实践能力是摆在所有语文老师面前的一个大课题。

于是，她组织语文教研组在课前、课中、课后"减负提质"环节上进行了探索。

一是课前"三分"，教学渐入佳境。课前三分钟根据当天教学或近期的教学内容进行精心设计：如古诗《四时田园杂兴》，课前三分钟安排学生将延伸阅读中诗人范成大的故事自己读一读，画一画，为学习古诗做准备。避免老师在课堂中看着资料卡生硬地介绍诗人。

二是课中"淘金"，学生学有所得。教师要善于发现文本语言有特色的地方，并通过恰当的设计把学生引入仿写之中。细读课文《搭船的鸟》，一个是对翠鸟外形的观察，还有一个就是对翠鸟捕鱼时动作的观察。看课本后习题，聚焦课文第四自然段，通过关注带点动词来想象翠鸟捕鱼的场景，引导学生运用动词进行描写。

三是课后"多样"，作业妙趣横生。作业设计一直都是教学的重要内容。语文作业设计，教师要用心，精简内容，丰富形式。关于作业设计，语文老师们也花了许多心思，如：一年级的孩子刚学拼音，每天死记硬背地读、背、抄也许会影响孩子的积极性，老师们便交代孩子回家动手，用笔、树枝、牙签、橡皮泥等来拼拼、捏捏今天学会的拼音，或者是拼一拼自己的名字，潜移默化中，让当天的学习内容得到了巩固，学生也乐在其中。

和刘峥老师一样，2019 年获金坛区"优秀教育工作者"称号的孙锁刚老师也在探讨"双减"背景下如何优化小学数学作业设计。

孙锁刚 1992 年从常州师范毕业来到西岗小学。当年学校有 1500 多人，因为工作需要，他担任了 3 年体育老师，1996 年开始教数学。近年来"双减"已经成为中小学的一个热点话题。

我说："是不是可以理解为减负的同时就是增效，提高教学辅导质量。"

孙老师点头同意这一观点。是的。大多数教师都比较重视课堂教学的创新。其实作业是课堂教学不可或缺的重要组成部分，是对课程意义重建与提升的创造过程，是学生对课堂教学的深化。可是目前学生作业严重地存在注重作业格式化、规范化的倾向。

他担忧道：有的教师为了应付各级检查和评比，甚至让同学抄写课本中的例题例句。虽然作业工整规范，极具观赏性，但遗憾的是千篇一律，疏忽了作业是学生的智慧、知识、能力、情感、态度、价值观等最理想的生成过程和体现过程。结果，作业自然就成了学生的沉重负担，无助于学生的成长。这样的作业极大地限制了学生学习活动的空间，挫伤了学生的学习兴趣，制约了学生的个性发展。就当前小学数学作业布置情况来看，大多教师仍摆脱不了"题海战术"的策略。虽然通过大量的试题练习，学生确实可以提高对知识点和题型掌握的熟练程度，但是倘若学生一直这样"负重前行"，难免遭遇思路短板，创造性思维也难以启发。

在形式单一、内容枯燥重复的作业重压下，学生的学习主动性极易被挫伤，而这也绝不是教育者的初衷。诸多的作业确实让学生们不堪重负。那么，数学减负应该从哪些方面着手？我提出这样一个问题。

首先应该从压减作业的数量开始。体格壮硕的孙锁刚坚定地说。按规定小学低年级学生不应该有家庭作业，做书面作业一般最多 35 分钟，作业设计应紧贴学生实际，联系学生学习生活环境，使"数学生活化"。让学生在具体的、丰富多彩的实际问题中去应用数学解决问题，体验数学与日常生活的密切联系，发展学生的应用意识。如学习关于"人民币"的知识后，让学生自己购买一本笔记本，用不同面额的人民币付款，体验人民币面额的不同，鼓励付款方式多样化，然后在课堂上交流。有的说他买的是5元的笔记本，用的是一张5元的人民币；有的说他买的也是5元的笔记本，但用的是5张一元的人民币；还有的说付5元还可以用两张2元的和一张1元的人民币。课堂上同学们交流了自己在生活中真实的体验。让学生在课外进行调查、观察以分、角、元为单位的人民币各有哪些（包括纸币、硬币）。数字的概念、计算的概念，便潜移默化地深入孩子们的脑海里。

孙锁刚老师还认为，减负就应该多设计探索性的作业。教师要根据教学内容以及学生已有的数学活动经验，设计一些以学生主动探究、实验、思考与合作为主的探究性作业，使学生在数学活动中成为问题的探究者。有效的数学学习活动不是单纯地依赖、模仿与记忆，而是靠动手实践、自主探究与合作交流。

同样是1992年毕业于常州师范的吴国兰，先落脚在唐王小学。1994年和读师范期间就暗送过秋波的孙锁刚喜结良缘，调入西岗小学。2017年因工作需要，夫妇俩还共赴盐城市楼王镇楼王小学支教一年。

我采访时偶然听说这段佳话，便向吴国兰老师提出："把你们的事写入文章中，不会反对吧？"端庄活泼的吴老师大大方方地回答："没事。好事让大家都知道，何乐而不为？"

一旁的赵霞老师好奇地插话："只知道你们是夫妻，真的不知道你们还是师范的同班同学，更不知道你们在同学阶段就萌生情愫。"

因为同在一个学校，又分别教小学高年级的数学与英语，孙锁刚、吴国兰夫妇难免遇上搭班。

我问大概有多少次这样的搭班机缘？

吴老师想了想回答：有许多次搭班，没具体统计。印象最深的是2013年搭班教5年级。夫妇搭班有利有弊。利在可以沟通方便，弊在家里遇上意外的事需要请假，无法分开，难以处理。所以学校领导一般不让夫妻搭班。

英语应该如何减负？

吴国兰老师曾从小学英语混合式作业模式分析入手，探索如何通过作业的分层布置有效作业、趣味作业等途径，进一步激发小学生的英语学习兴趣，同时提升小学生的英语学习质量。

她认为，课堂是学生学习和交流的主要场所，而课外则是小学生自主学习、有效提升的一个重要渠道。减负增效背景下要求小学英语教学要降低同质化作业的数量，同时要提升学生课外学习的质量。小学三年级开始的英语学习，主要侧重于听、说、读的训练，写的任务相对而言比较少。如果单纯通过线下作业的方式来让学生开展课外学习，很多学生就会忽略听、说、读的任务，会使学生对英语语言的掌握不够扎实，不良的作业习惯会严重影响学生后续的知识学习。根据这种情况，教师可以采用线上线下混合模式，分层为学生设计一些个性化作业，让学生自主完成，同时通过一些线上的评价手段来有效量化学生的学习成果。

认真教学、善于思考的吴国兰老师最初一直教语文，由于在参加自考本科的过程中对英语产生了浓厚的兴趣，于是在 2003 年经过专业培训拿到英语教学上岗资格证书，主动提出教英语。

我满怀好奇，突兀地问道："你半路改行教英语，成效怎样?"

她 2014 年、2018 年教的小学毕业班，学生毕业成绩均获全区第一名。2021 年全区 5 年级学生学业水平抽测，学生成绩获全区第一名。2022 年刚送走的毕业班，总成绩获全区第三名。说到这里，吴国兰老师露出的表情，自豪间略带腼腆。

站在一旁的几位老师满脸笑容，赶紧插上话："可以这样说吧，只要是我们吴老师教毕业班，英语成绩在全区基本是名列前茅。"

难怪朱明方、于永刚两位校长背后夸赞吴国兰老师是西岗土地上的一株茁壮的幽兰。

从教育实践探索方面说，无论是刘峥老师、孙锁刚老师、吴国兰老师，还是其他老师，渐渐有了体会。自"双减"政策实施后，家长和孩子们都在适应新变化。学生有了更多的课外时间参与阅读、实践活动，校园中的学习形式渐渐变得更加多样、更加丰富，学生们学得也更加轻松。

与普通话说得相当流利的赵霞老师交流，是一种享受。从她口中吐出的每一个词、每一句话似乎都由内心发出。

不由地我问道："你是哪里人?"

"我是金坛茅山老区花山人。"

我赞叹："你普通话说得真好!"

赵霞老师一笑,说:"我是从金坛第四中学考上大学的。2015 年从扬州大学毕业,当年金坛没编制,我便考入宜兴太华小学。但归乡心切,2017 年通过考试,终于来到西岗小学。"

从农村成长再回到农村学校。因为教语文,赵霞老师对农村小学学生课外阅读的重要性深有体会。

"十三五"期间西岗小学《以小学语文延伸阅读为依托,培养农村学生阅读能力的研究》作为金坛区教育科学规划立项课题,赵霞与丁玲老师同为组长(参加成员有张雪媛、刘峥)。

随着新课程改革不断深入,课外阅读是小学语文教学的一个重要组成部分,是学生进行语文实践的重要途径。赵霞经过一段时间的研究,并对农村学生的课外阅读情况进行了问卷调查,有 60% 的学生认为应该多看课外书,觉得看课外书会有很大的好处,应该提倡学生主动地阅读课外读物。于是,她依据新的语文课程标准和调查结果,对解决农村小学生课外阅读存在的问题提出了初步的对策。

她觉得如今学生的课业负担过重,学科越分越细,小学的科目越来越多。面对考试的压力,学校对老师和学生的评价标准以学生的学习成绩为主,使得学生的课外阅读时间被课业所占。而绝大多数家长自己没有阅读的习惯和购书的意识,对子女的课外阅读支持与指导也不足。许多学生阅读目的不明确,大部分学生没有精读意识。

"从教学实践看,你认为应该用什么方法或者说采取何种措施来提高农村小学学生课外阅读能力?"我问赵老师。

赵霞老师说:"我认为要想有效地进行课外阅读活动,提高学生的阅读能力,养成学生良好的课外阅读习惯,要从以下几个方面入手:一是教师、学生、家长都要实现观念转变,教师要关注学生的终身发展,形成课外阅读蔚然成风的格局。同时通过家校努力，让家长能积极支持孩子进行课外阅读。二是解决好书源。帮助学生选择读物，注意配合教学进度大力介绍有益读物，帮助学生多渠道筹集课外读物。可以开放学校图书室，或建立班级图书角。三是培养学生课外阅读兴趣。'兴趣是最好的老师'，学生只有对课外阅读产生了浓厚兴趣，才能以积极的心态投入课外阅读中。平时我们注意激发、培养学生的阅读兴趣。结合学生喜欢听故事的特点有意识地挑选一些精彩、生动的儿童读物的故事片段，在课余或课堂上讲讲，从而激发学生对阅读这篇文章或这本书的兴趣。在指导学生课外阅读过程中，教师要善于运用各种奖励手段，催化学生强烈的求知欲望，激发其课外阅读兴趣。"

采访中我发现西岗小学有许多老师分别从不同的角度，对小学低年级阅读进行了关注与探究。许晶老师从亲子阅读角度、何露娟老师从语文体验式角度，还有的老师从培养学生阅读能力、趣味阅读等角度进行思考。那么这样的探索出发点是什么？应采取怎样的阅读方法？

许晶老师认为：亲子教学可以作为课堂阅读教育的补充，帮助低年级学生提高阅读水平。

目前小学低年级阅读现状中存在很多问题，小学生的阅读兴趣不高、阅读量少、缺乏正确的阅读方法，关键是缺乏家长的陪伴。新课程标准要求低年级学生的阅读量为五万字，难度比较大。因此在阅读中教师和家长的引导是必不可少的。课堂的阅读教学受时间空间的限制，只能起到引导教学的作用，需要借助亲子阅读，选择适合儿童阅读的书籍，帮助学生增加识字量。家长跟孩子一起进行阅读，在增进亲子关系的同时，帮助孩子增加阅读量，长期坚持，学生的阅读水平和阅读量都会有突破。

2020年获"常州市优秀教育工作者"荣誉称号的何露娟老师却是从体验式的角度来认识低年级学生的语文阅读重要性。

对于低年级学生而言，体验式阅读教学很值得尝试。在创设阅读情境时，不同类型的文章适合的方式会有所差别。如果是故事情节十分丰富的文本，何老师就利用短视频。如在教学《雷锋叔叔，你在哪里》时，在教学前先给学生呈现一段视频。一个下着大雨的傍晚,雷锋在回家的路上,看到了一个怀里抱着孩子、身上背着包袱的大嫂。大雨中,大嫂一步一滑艰难地走着,她要去十几里地之外的樟子沟。雷锋了解情况后,马上把自己的雨衣给了大嫂,然后抱起大嫂的孩子一路往前走。两个多小时后,最终把大嫂送回了家,自己早已全身淋透。看完短片,学生被故事中人物的行为深深感动。有了这个良好的教学开端,再给学生分析解读文章内容,学生理解起来会更加轻松直观,阅读教学的综合实效也会更好。

各种方式方法的阅读,使西岗小学的学生们取得了一些明显成果。学生吴充获 2019 年度"红领巾读书征文二等奖",学生强业轩获"不一样的春节"主题征文三等奖,学生陈玉轩获"不一样的春节"主题征文优秀奖,学生周雨涵获"黄冈小状元同步征文"活动优秀奖,学生周彬彬获"童心向党筑梦百年"寒假读书征文一等奖,学生张志铭获"童心向党筑梦百年"寒假读书征文二等奖,学生耿新获"中华一家亲,共产党的百年华诞"征文大赛二等奖等。

李红芳老师曾获"金坛区优秀教育工作者称号",除了教数学还兼教综合实践课,她递给我一张纸,上面记载着经她辅导的学生们获"教育教学科研成果奖励"的成果表。曹雪(徐州)获"迎新年小数论文二等奖",鄢雨轩(湖南)、田欣辰、孙佳倩(河北)、张婷(湖北)获"劳动与技术现场团体赛一等奖",陈玉轩、张子轩获"现场比赛手抛飞机一等奖",单子皓(湖北)获"现场比赛手抛飞机二等奖",以及耿发彪(云南)、王鑫怡(湖北)、瞿乐(湖北)、柯尊帅、田欣辰、冉子顺(河南)等学生。

另外像 2021 年获金坛区英语大单元教学设计一等奖的顾华老师以及何露娟老师、杨帆老师、丁玲老师、赵霞老师、司马琴老师、宋卫俊老师、于永刚老师,都辅导学生先后获得"红读征文奖"、金坛区整班朗读"优胜班级"、金坛区寒假读书征文奖、"小小讲解员"奖、英语整班朗读比赛奖。

随着与老师们交流的深入,她们兴奋地向我透露:今年暑假期间学校有三位女教师先后成家。

这三位老师是:许晶老师、张雪媛老师、周任远老师。

"空中弥漫着快乐，梦里满含愿望，期待小小的祝福，期待问候的仪式，岁月甜言蜜语，将成为新人的童心。"

我写下这样一段小诗，衷心地祝福她们！

由于距离城区较近，西岗小学 329 名学生中，新市民子女有 218 人，占 66.3%。当然，在教育资源共享、教育体系一体化的进程中，还有许多老师作为新市民来到金坛。

比如许晶老师，2017 年从南京师范大学毕业后在如皋教学 3 年，2020 年调入西岗小学。她告诉我，如今她教的这个班差不多有 80% 的新市民子女。

比如张雪媛老师，连云港人，2017 年从淮阴师范毕业后考入西岗小学。张老师从一年级起教语文，并一直担任班主任，一个循环，目前正好执教六年级。2020 年 4 月，在金坛区小学综合实践基本功活动中，她荣获"单项一等奖"。

常州市教育科学"十四五"规划有一个语文课题《以"快乐读书吧为依托的阅读微课程的构建与实施"》的项目，许晶和刘峥为课题具体负责人。2022 年 10 月开题，将于 2025 年结题。赵霞、张雪媛、王丽晨、梅锁琴、刘云芳（2016 年常州市优秀教育工作者）、梁文洪（2021 年茅山老区优秀教师）、何露娟老师等参与了这项课题研究。

于是，我分别采访了其中的王丽晨（2021 年金坛区优秀教育工作者）、梅锁琴老师（2018 年常州市优秀教育工作者）。

我知道王丽晨老师 2021 年曾就"如何优化图画阅读"进行过一些教学实践，于是，便以此作为采访主题。

西岗小学是王丽晨的母校。

从西岗中学毕业之后考入师范，又回到西岗小学教学的王老师对图画阅读是这样理解的。

图画教学是一个对话的过程，是学生、教师、文本之间的互动交流。教师要珍视学生独特的感受、体验和理解，要关注学生在图画书阅读中表现出来的某种程度上的首创性，允许并鼓励在自主读图、阅读讨论中自由表达、各抒己见，从学生对故事情节、人物、构图设计的总体把握、对隐藏细节的发现以及对画面内容的多义解读中，了解学生阅读的真实水平，

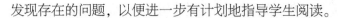
发现存在的问题，以便进一步有计划地指导学生阅读。

她感觉，这样的教学过程首先要做到尊重与欣赏，每一个学生的意见都弥足珍贵。对低年级学生来说，"说来听听"的阅读讨论尤为合适，轻松自然地分享被图画书激发的想法和热情。在图画书阅读及讨论的过程中，学生能够对阅读的文本提出问题，把阅读感受用口头语言表达出来，本身就是一个有价值的阅读行为。"说来听听"希望做到的是互相帮助的讨论，教师和学生共同参与，一起去挖宝，挖掘大家对文本的理解和思考。学生在集体讨论中分享图画书阅读心得，对图画阅读提出自己最想表达的观察和想法，由此学会与别人分享阅读的认识和理解。学生希望教师帮助他们理清自己要表达的见解，而不是替他们回答或发言。教师要利用这样的机会，提出自己的见解、认知，判断学生图画书阅读的得失。

"梅妈的孩子是个宝"，这是西岗小学学生们对"常州市优秀班主任""常州市优秀教育工作者"梅锁琴老师的印象。

我实录下梅锁琴老师的一次家访，用以说明"梅妈"这个称谓的真实意愿。

晚霞余晖映照着沉醉的蓝天，无比绚丽，家访就此拉开了序幕。

一直以来，王一军都因为没能登记户口而没有正式学籍，只能以其父亲的身份证号码入临时学籍，这也造成了孩子在班级里没有归属感，因此显得自卑而且内向。每次问起孩子的户口问题，孩子父亲总是说在办理中。一晃，两年过去了，孩子的户口仍然没有着落。因为防疫需要，孩子需要上交健康码，没有身份证，连个健康码都申请不了，给防控工作也增加了难度。平时，孩子都是由爷爷奶奶接送，两位老人家对孩子的户口问题也是闪烁其词。于副校长得知此事，立即带我们组织家访。汽车开了十几分钟，路越来越窄，柏油路变成水泥路，随后又变成石子路，最后，竟然山穷水尽。绕过一片竹林，在惊叹中，看到了一排矮矮的旧瓦房。

跟着主人，转到屋前，一张边长三四十厘米，高约五十厘米的小方桌就是王一军平时学习的桌子。王爷爷介绍："因为靠着门，光线好一些！"然而，门是木头的，并不透光啊！墙壁上贴了几张孩子的奖状和旧年画，显得很落寞。

王一军见大人们聊事，便躲进房里，关门学习。孩子和爷爷、奶奶一起睡在一张由两张床拼起来的大床上。孩子倚着床，搬了一高一矮两把凳子，趴在上面，拿起一个手电，照亮，开始写作业。

　　于校长从包里拿出了一沓登记户口的若干指南册子，上面还用红笔特别标注了一些要点。两位老人见学校如此诚心，不禁潸然泪下。原来，孩子勉强四个月大的时候，他母亲便离开了这个家，从此杳无音信。由于孩子父母没有领结婚证，孩子上户口的事便不能进入正常程序。不过，这丝毫也没有影响二老对孩子的爱，反而越发地疼惜这个从四个月就开始用奶粉喂大，没有享受过母爱的孩子。

　　因受打击，加上年事已高，王爷爷脑梗发作，并越发严重，只能在家和奶奶一起做做农活。家庭的重任都落到了孩子的父亲身上。于是，他到苏州打工。因为忙，经常联系不上。

　　弄清了事情原委，家访结束。祖孙三人跟在车子后面送了好远，最后留在了那一片忽明忽暗的灯光中。

　　返校后，于校长立即向朱校长汇报了此次家访的情况。朱校长与朱林镇政府积极沟通。经过磋商、调查、搜集整理材料，王一军的户口问题已在落实中。学校还给王一军赠送了一套课桌椅、一盏台灯。另外，少先队大队辅导员司马老师也与区团委取得联系，积极落实给王一军打造一间"爱心小屋"。听到这么多好消息，孩子笑了，爷爷和奶奶笑了。

　　乡村激荡着月色，并鼓起一缕缕温暖的风。

　　黑夜如同一条沉默的河，班主任梅老师像岸边的听众，晚风把田野的声音放大，她便是一名聆听者。那么多的孩子，捧着月光倾洒给老师们，让老师成为一个熠熠的发光体。

　　家访，也许不是一个新鲜名词，但每当采访中得知老师家访的信息，我都会感到新奇。特别是茅山老区的家访，不说小村小道行路难，仅仅是寻找一个孩子的居住方位，都需要提前一个星期做导航准备。梅老师1996年毕业于常州师范，1995年曾在西岗小学顶岗跟着李学俊老师实习。工作后还与李学俊老师搭班4年。老教师言传身教的敬业精神，待学生如亲生孩子般的体贴，给了梅老师相当多的启示。梅老师很认真地对我说，目前教的四年级是从一年级带上来的，28 个学生，有近一半来自离异家庭。看着孩子们，她的责任心无形地在增强。

从上弦月等到下弦月，从霞光等到日顶头，从初心的心跳等到这一刻的忐忑，时针不急不缓，却加重内心的思念分量，此岸到彼岸的距离被梅老师反复丈量。或许只是一个不经意的转身，或许只是一次简单的家访，她却如母亲一般静静地站立于孩子们的眼前。晶莹的明眸，照亮逐渐暗淡的暮色。

2020 年获金坛区"优秀教育工作者"荣誉的郭志宏老师既教数学又教五、六年级的科学。当年在西岗，他从高桥村小考入西岗中学，1994 年从常州师范毕业。

当与郭志宏老师面对面时，我询问他："以你多年的教学经历，知道学生对数学最害怕的是什么吗？"

他回答："运算题。"

那么，课堂教学中如何提高学生的运算能力？

郭志宏老师说："数学课程中应当注重发展学生的运算能力。培养运算能力有助于学生理解运算的算理，寻求合理简洁的运算途径解决问题。计算教学是数学教学的一个重要领域，它直接关系着学生对数学基础知识与基本技能的掌握，关系着学生观察、记忆、意志、思维等能力的发展，关系着学生学习习惯、情感、意志等非智力因素的培养。"

那么，郭老师在教学中是如何激发学生的学习兴趣、引发学习动机、调动学生学习积极性的？

创设一定的教学情境是郭老师教学的第一步。

教学中创设一定的教学情境，可以给学生讲述中外数学家的典型事例或与课堂教学内容有关的生活小故事，以此激发其兴趣。例如在教学开始前，给学生讲述数学家高斯创造性地解答"$1+2+3+\cdots\cdots+99+100$"这 100 个自然数之和的故事，使学生产生对数学家的敬仰之情，激发其学习数学的兴趣。

讲清算理，让学生掌握计算方法，提高计算教学质量是郭老师教学的第二步。

小学阶段学好数学与计算的基础知识，并形成一定的计算能力，能终身受益。教师要重视讲清算理，揭示计算的规律，使学生既"知其然"，又"知其所以然"。算理的抽象是小学教学中的难点，教学中尽可能通过直观演示等手段，化抽象为具体，深入浅出，明确算理。如学生在做加法时，把大块的和大块的放在一起，把小块的和小块的放在一起，把单根的和单根放在一起，很直观。这实际上就是把算理具体化和形象化的过程。

重视估算教学，培养学生估算意识和能力，保证计算准确率是郭老师教学的第三步。如新课标中的教学案例：学校组织 987 名学生去公园游玩。如果公园的门票为每张 8 元，那么带 8000 元够不够？本例的目的是希望学生了解在什么样的情境中需要估算，知道"凑整计算"是估算的一个重要方法。学生估计的结果可能比实际的结果多一些或者少一些，取决于学生将题中给出的数据加上几后凑整还是减去几后凑整。教师要引导学生运用自己的语言解释估算过程。

最后郭老师笑笑："说了这么多，其实提高学生的计算能力是数学教学永久的主题。作为小学数学教师要从学生的长远发展出发，切实加强对学生计算能力的培养。从每一节课做起，严格训练，科学训练。久而久之，学生的计算能力就会逐渐增强。"

"好的教育，需要学校去实践"，这是江苏省锡山高级中学校长、江苏省校本课程开发研究所所长唐江澎对学校现代化建设喊出的口号。是的，所有的学校教育理念必须通过老师们的亲身实践、积极探索来实现。西岗小学的老师们面对农村经济发展现实、面对一个又一个家庭、面对不同个性的孩子，认识到书斋式理论很难解决实际问题，只有教育现场的实践行动，才能帮助我们提高农村的教育质量、教育水平。

我感觉西岗不是一块石头，西岗是一片绿茵草地，是一个荡漾着快乐童年、闪耀着星星光芒的校园。从老师们、学生们唱出的快乐飞歌，我认识了浇灌、我认识了雨露，看到了神采飞扬、乡美乡韵。方才悟出校园充满诗卷气息、闲暇书香，"种竹交加翠，栽桃烂漫红"的特色内涵。

第十六章　追求，没有停顿的剪影

我感觉，这篇文章的起笔从一千多年前开始似乎遥远了一点。

北宋末期，朱林农村一带尚是茂密森林，极少有人家。在稀稀拉拉的住户中，有一个人姓宋，名时鹏。孤独的宋时鹏经过深思熟虑，便与偶尔有来往的、居住宜兴的大家族蒋氏沟通，希望他们能够来朱林共同垦荒。蒋氏一族经过几番考察，确定拖家带口来到朱林，并扎根于此。历尽千辛万苦凿山劈地，高处种桑栽麻，低处建渠挖河造田。几百年，多少代过去了，渐渐朱林荒蛮之地成为鱼米之乡。清朝初年，战事较少，人人安居乐业，康宁富足，许多家族产生了求知识、夺功名的念头，读书便成了光宗耀祖的通道。可惜，一直到清顺治年间，朱林区域内没有一间哪怕再简单不过的读书房。即便是曾经夺取过探花头衔的蒋超，幼年读书也只能奔赴他乡。乾隆时期被称为书法大家的蒋衡亦如此，穿着草鞋、带着干粮、夹着书袋，行走于乡间小道，去远处的乡镇念书。据说，蒋衡的儿子蒋赤霄有过创办义学的念头，然而后来随父亲迁居北京，之后又移居无锡，颠沛流离，兴学之志终究未成。一直到蒋衡之孙蒋和成名后，于1765年回故里探亲，言听乡亲们议论办学之事，才有了想法，和一帮亲友商议，能不能在朱林街上开办书房。这一提议得到众人的响应，特别是蒋姓族人，尤其支持。于是，蒋家捐出"蒋氏宗祠"西面的九间三进房屋，作为"松山义学"校舍。

距今 257 年。即今日朱林中心小学的前身。

与任何一个学堂的初办过程一样，"松山义学"也有明确的办学目的，那就是教者有方，来者不拒。使贫乏而有志者亦护所凭依。从今以后，听多讲求，日积月累，蕴为道德，发为功名。自义学兴起时，便形成尊师之风。严格选拔师资，要求先生不仅要有较高的知识修养，还要为人老成。所谓师道立善人多。蒋和认为，只有"严师殷勤督责"，子弟才能在学习上"孜孜不倦"。在教学上，创办者蒋和提倡师生共研，提倡开拓学生思路，提倡美化学习环境。虽然处于贫富差距甚大的封建社会，但蒋和办义学亦为贫苦家庭着想。他认为，富户能请塾师教其子，贫户却不能；贫者子弟，有智力者，无学习之机；富者子弟智愚不分，皆有求学之机。这不公平，不能达家族"欣欣向荣"之目的。

1883 年，朱林七图董（中国旧时农村基层行政组织的半公职人员。清朝南方各省县以下设乡，乡设乡董，图设图董，总管一乡、一图事务。）之一的王祥麟长年生活在乡村，对于乡村现状有比较深切的了解。他深感乡村缺乏教育，要改变乡民的愚昧无知，必须办学。于是，他筹办了"朱林初等小学堂"，学舍位于朱林集镇东首的财神庙内（目前中心小学的校址）。1886 年改名为公立义塾学校，并得到县府的表彰。多年后由于遭朱林地方权势不断威胁，义塾学校不得不停办。1911 年孙钜川在原校址上办起了"养正初等小学堂"。6 年后孙钜川被军阀张发奎调任军职，学校停办。之后，开明人士蒋欣斋受新思想影响，创办"新民小学"，1927 年毛仙任校长，改名"朱林初级小学"。1940 年在热心教育的黄志馨动员下，各界人士纷纷捐献稻谷数百担，复建朱林校舍，校名为私立培基小学。1945 年新四军第一次解放金坛，8 月，中国共产党西塘区抗日民主政府派冯宝文接管"培基小学"，分五个班，附设一个初中班。教材内容多为唤醒民众爱国爱民，鼓励人们走革命的光明大道。继而在朱林播下了红色的种子。1946 年 1 月，新四军北撤，学校停办。1949 年新中国成立，朱林中心小学在原址正式开学，管理当时西岗、唐王、薛埠、屯山、河口、巷头六个乡的中心小学。经过几次整顿，学校解放了师生的进步思想，加强了革命性，清理了教师队伍，成立了教育工会。从此朱林中心小学融入了社会主义大家庭，并成为其中一员，获得新生。

风风雨雨，一代接着一代，祖祖辈辈，他们用幽梦淘洗办学的岁月，用一支长篙把最初的愁绪穿入无尽的夜色。于盈满的枝间，曾经的万千执着变成跳跃的音符，同样汇聚了鸟鸣与沧桑，追求没有停顿，没有淹入夜幕的影子，就如时空没有湮没我的梦乡。从此，校园琅琅书声，嬉闹喧笑，不绝于耳。

2022 年 11 月 9 日，当我进入朱林中心小学（2019 年我曾来到朱林中心小学，张俊时任校长。），一边与高平华校长交谈，一边仰望被秋阳照耀的天际，湛蓝湛蓝；云漫漫，意境深远。

粉刷不久的两座楼，为纪念蒋衡、蒋和两位先贤：一座教学楼，"衡美楼"；一座综合楼，"和美楼"，深深地扎在土地上，很是醒目耀眼。

仿佛，所有的百年的光阴，记录了昨天与今天，校园同日月坦荡吟唱，无言间，彰显了辽阔的胸怀。

如今，朱林中心小学有教师 51 人，本科学历教师 43 人、高级教师 8 人、一级教师 31 人；学生 549 人（新市民子女占 60%）。学校本着"小处着眼，点滴入手"的原则，正在形成一个"教书育人、服务育人、环境育人和学生自我评价为一体的、科学高效的工作运行机制"。并且把"抓细教师专业培养，掌握教师成长动态"作为方法，培养更多的骨干教师，提升教学质量。

2020 年 8 月秋学期开学前，高平华从后阳小学调入朱林中心小学，担任学校党支部书记、校长。

那个天热啊，每一年的暑假都是高温袭人，可 2020 年的暑季特别热！高平华回忆自从 1996 年从常州师范毕业回到生长的地方——后阳许巷小学任教，之后又到白塔小学任副校长，2017 年至 2020 年再一次回到后阳小学。一路走过来，还是第一次在茅山老区的学校工作。因为朱林小学是百年老校，又地处经济快速发展的乡镇，办学规模相对于其他农村学校来说，算是比较大，为此，他深感自己肩上的担子重了许多。

高平华校长在朱林小学快三个年头了，他的座右铭是"相信行动的力量"。他执着教育，深耕课堂，成果不经意地跃然而出。高平华校长的 2 篇论文获省一等奖，《基于 STEAM 理念的乡村小学"田园+"课程的开发与实施研究》成功申报省规划办重点课题。在学校施行多年的"幸福教育"的基础上，他确立了"均衡发展、和美生长"的办学理念，向着振兴乡村教育的美好梦想奋进。成长每一个、成就每一群。本着"执着乡村梦，浓厚田园情"精神，他在"立德树人"的路上前行。在 2018 年朱林小学成立"青年教师成长共同体"的基础上，2021 年他发起成立"林愿"青年教师成长营，同时力荐青年教师加入区级以上各类研究团队，使青年教师的专业素养得到有效提升。朱晨款、李云仙等多名老师获区评优课一等奖，入职一年的蒋乐老师开始执教常州市范围内的英语教师公开课，朱晨款老师被评为常州市教坛新秀，蒋云华老师被评为常州市骨干教师，王美芳、周国芳被评为"金坛区学科带头人"。三年来高平华作为一校之长（常州市第五批中小学骨干校长），积极变革教学，实现课堂转型。学校在"减负"背景下，积极尝试低、中、高年级"四有课堂"的教学改革（低年级课堂要有规有矩、有模有样，中年级课堂要有声有色、有情有趣，高年级课堂要有张有弛、有理有据）。2021 年，在"双减"背景下，学校围绕"作业设计""1+X"等成立专项组，且行且思，不断创新。《基于"双减"的"小快灵"作业设计研究案例》获金坛区一等奖，并推送常州评比；社团和延时服务专项组整合资源，合并实施，减了人力、增了效率。空竹、机器人、足球、电子百拼、太极拳、"15 号无作业看电影日"等社团活动，深受学生喜爱。

面对老区学校地处乡村，近 60% 的孩子来自其他省份，家长文化知识水平普遍不高、流动性极大的现状，以及没有可选择优质生源的前提下，高平华只能带领老师们选择坚守、选择突围，在"微"字上做文章，在"小"字上求成效。学校开展"岗位公益员""值日小校长"等学生实践和体验活动，给学生创造改变自我、展示自我、实现自我的路径。在区科协的指导下实施"小科学家"项目，开展车模、航模、动力飞机、机器人等课程的学习，于 2021 年被评为"常州市科技教育示范校"。在学习空间上，学校精心设计布置了"阅读长廊""益智长廊""乒乓长廊""朱林故事角""童话故事屋"等区域,鼓励和组织学生进行非正式学习,促进学生身心健康发展。

课程是学校培养人才的施工蓝图,也是学校竞争力的核心。朱林中心小学的领导团队紧扣育人目标,将国家课程进行校本化的重构,设计"育株成林"课程框架,"主干课程""分支课程""特色课程"的联动、联合,不断提升课程实施水平。

我们不说来路与去处,不讲艰辛与勇气。只要默默攀登,即便站在巅峰,也只是从一个欢欣角度看世界。当然,敬畏每一次攀登,敬畏每一个山巅,敬畏每一段过程。这是我采访当日写下的日记,因为我难以忽视朱林小学校园的读书氛围。

戴着眼镜,衣着朴素,身子稍稍有点瘦弱,说话时不时会发出愉快的笑声。这就是有着24年教学经验的王美芳老师,2022年金坛区"学科带头人"。获得过金坛区教海探航论文一等奖、小学英语年会评比一等奖。《小·快·灵:指向深度学习的英语实践》一文获第32届江苏省"教海探航"征文竞赛二等奖。可是很少有人知道,王美芳并非英语教学专业。我也是采访到最后,突然王老师告诉我:"其实,我教英语是半路出家。"

王美芳1998年毕业于常州师范幼师专业。农村学校缺教师,当年她们那一届40多名幼师全部分配到小学任教。她是花山人,便回到花山小学,任语文老师。2001年因为义务教育规定,农村小学从三年级开设英语课,可花山小学紧缺英语老师,时任校领导的赵锁庆动员她改行,教英语。王美芳内心很矛盾,一面是学校教学需要,自己年轻应该挑起担子;一面是自己从来没有英语教学的经验,怕误人子弟。最终在领导和同事们的鼓励下,她还是挑起教英语的担子。为了弥补英语教学基础不足,王老师用了3年时间进修南京师范大学的英语本科函授。那时王美芳的孩子还小,只有3岁,十分依恋母亲。但没办法,不能分心,要抓紧一切时间,既要完成学校课程教学内容,又要完成函授的复习内容。两边忙,孩子只能托给公公婆婆照顾。2004年由于家庭原因调至朱林小学,她依旧教英语。

王老师打趣说:"当了24年老师,教了18年英语。"

由于教学成果突出，2018 年王美芳获常州市"师德模范"荣誉称号，2021 年获"常州市龙城十佳乡村教师"称号。近年来，她作为中小学高级教师，一直执着于"小快灵"英语教学范式的研究。

那么在当前双减背景下小学英语教学应如何启思，寓教于乐？

王美芳认为："双减"政策的实施，不仅对于现阶段的教育领域是一次冲击，随之带来的也将是教学模式的重组。在这一背景下，如何有效地利用课堂来提升学生的英语学习效率，如何优化学生学习英语知识和技能的过程，是现阶段教师所需要思考的问题之一。

通过思维导图的方式引导学生对内容进行思考和学习。这是王美芳老师思考并且实践的思路。

她认为：思维导图作为一种学习策略，对于学生学习效率以及自主学习能力的提升有很大的帮助。在"双减"政策的背景下，运用以图启思、寓教于乐的教学策略来创新小学英语的课堂，既有利于学生语言能力和思维发展的提升，又可以减轻学生的学习压力，从而打造一个趣味的英语课堂。

怎么来理解以图启思在小学英语教学当中的意义？

她这样回答了我的提问。

小学阶段的学生正处于英语知识学习的初步阶段，其主要的目标就是借助新鲜趣味的学习方式，在正确科学的引导下，更好地掌握英语学习的规律，同时培养学生的学习兴趣，提高学习效率。以图启思则是实施寓教于乐的学习方法之一。随着新课标以及双减政策的实施，小学英语的课堂早就摆脱了传统的教学模式，更加注重学生的主体性，教师围绕课程主题进行分支教学，为学生创设一个真实的语言环境，让学生积极参与到课堂上进行交流互动，通过沟通合作形成一个良好的学习氛围。

王老师在与学生沟通和交流时发现大多数学生不喜欢英语，主要原因是英语课堂上有很多需要背诵的词汇，找不到巧妙记忆词汇的方法。王美芳老师由此想到，课堂的质量和效率务必要提高。如果教师运用思维导图来引导学生归纳和总结词汇之间所存在的联系与规律，那么将会有效地提升学生的学习兴趣和效率，构建一个高效的英语课堂。

比如，在低年级的词汇教学当中，可以通过拼写的方法来引导学生找到规律，结合规律总结归纳词汇的特征。从词汇"father，mother，sister，farmer，driver，teacher"中，可以发现每一个单词的尾部都是由"er"构成的，在学习完一些家人的称呼词汇之后，还可以将词汇拓展到职业类型的知识点。学生们发现这些规律之后，便可以快速掌握词汇，并且便于记忆和理解。再比如，高年级的学生已经积累了一定数量的词汇，便可以运用以图启思的策略来实现词汇的拓展和延伸。在牛津译林版五年级下册unit6教学中，本单元的主题是"In the kitchen"，教师则可以根据食物这一话题来设计思维导图，食物的种类有肉类、蔬菜类、快餐类等。在学习过程中除了掌握教材上所涉及的词汇之外，还可以进行相应的拓展，结合目前比较受欢迎的食物来激发学生的兴趣，比如小龙虾"crawfish"、珍珠奶茶"pearl milk tea"等。通过这样的形式，能够有效调动学生的积极性，激发学生的思维。

最后她诚恳地告诉我，所有的教学实践都需要一个认知过程，她成为"学科带头人"不仅仅是荣誉，更是对自己今后教学实践的一种鞭策吧！

与王美芳的交流触发了我内心的一点想法，到底如何叙述这样的想法，没有寻求到很好的文字。不过，我可以触摸到极富温度的"责任"二字，在茅山老区乃至所有老师们的心里，"责任"二字的分量真的是沉甸甸。

从学校提供的典型材料里我发现一个非常有趣的名字——朱晨款。朱老师开玩笑给我解释道："可能是父母希望我今后越来越有钱，所以用款字作名。没想到做老师，很清贫。"

27岁的朱晨款来自武进区，在农村学校中应该是比较年轻的一位老师。一心想干教师行当，路途却不是那么顺利。师范学院毕业后，在常州郊区学校做了一学期5年级的数学代课老师，2018年考入金坛小学（小学高端）编制，进入朱林中心小学。因为城区新学校扩张，紧缺老师，他还在华罗庚实验学校新城分校交流了两年。2020年正式回归朱林中心小学教三年级，2021年教四年级，今年跨过五年级直接教六年级数学。

是的，朱老师很年轻，可教学上确实认真而且有方法。2021年朱晨款老师获"常州市教坛新秀"荣誉。

我与朱老师探讨：在传统的小学数学教学过程中，有一个主要问题，就是学生缺乏学习自主性，而大多数教师对学生的教学集中在知识全面覆盖上。这种被动学习的状况下，学生学习的问题往往会不断叠加。在这种情况下，有些学生开始思索自身学习模式的不合理性，但是对于教师的教学方法依旧难以合理地接受，导致相应的学习进度十分缓慢，很难跟上教学步伐。这恐怕就是许多学生害怕数学的原因。

兴趣是驱使学生进行知识探索与学习的动力。学生学习数学知识时，老师应根据学生对知识的掌握程度与情感取向，设置适当且有趣味的问题，并引导其积极探索。例如，教师讲解"10以内加减法的应用"时，可以从创设情境开始，避免枯燥的理论教学。说到这里，朱老师声情并茂地表达起来："小朋友们，现在小白兔有一个问题想要大家帮忙，兔妈妈在超市里买了7个苹果，小白兔吃了2个后，还有多少个苹果啊？"

接着他解释，这个小问题具有一定的趣味性，可以激发学生解决问题的兴趣。学生使用不同方式进行计算，最后得出剩下5个的结果。

朱晨款老师敢于探索教学实践，创新小学数学教学方法，而且很有想法。这或许就是年轻教师的朝气与活力。

2021年朱晨款老师的论文《浅析指向学科核心素养的数学教学设计》获金坛区"教海探航"一等奖，个人获小学评优站青年教师优质课评比二等奖。

难得的一场朦朦胧胧的暮秋之雨，飘落在11月22日小雪节气这一天。我无意趁雨天出门，恰恰是这场贵雨，将天地间冲洗得清澈透明。清爽的空气，是走进美丽而充满青春气息的校园的好时机。于是，我再一次来到朱林中心小学。学校办公室主任、科学课老师罗健接待了我。他建议我写写学校的足球队。2017年朱林中心小学获评全国足球特色学校、常州市足球试点学校。

茅山老区以前比较有知名度的足球特色学校是西旸小学。由于生源减少以及负责项目的老师岗位的变动，西旸小学的足球队渐渐沉陷于人们的记忆里。朱林小学的足球，到底能引起我多大的兴趣，心里没底。

不料，经过采访体育老师万华平，以及查看了学校资料和座谈了解后，我得出一个结论：实至名归。

话题需要从 2005 年万华平从南京体育学院（兼修足球专业）毕业说起。

同样因为没有入编，当年万华平大学毕业后，只得去距离金坛不远的武进区湖塘中心小学代课。两年后与大学同学姜辉老师（田径专业）一起进入朱林中心小学。2010 年万老师对 3 至 6 年级的学生做了一项调查，调查得知，学生很喜爱体育活动，但家里没大人陪玩，也没小伙伴一起玩。另外又调查了"你喜爱的项目"。"足球、篮球、乒乓球"中，乒乓球、篮球受场地限制，参与人数较少。而农村家庭家家户户门前几乎都有一块水泥场地，便于孩子玩足球。足球，可以一人玩，也可以几人玩。因此，万老师与体育组的老师们就想：能不能在农村学校推广和开展校园足球运动？针对乡村少年宫的社团活动，结合学校外来生源多的特点和自己的专长，万华平老师建议学校从 3 年级至 6 年级，选拔学生成立足球队。这个建议得到时任校领导的支持。

于是，他组织成立了足球社团。

作为农村小学，通过足球游戏的开发，最终达到让孩子既喜欢足球又练就了技能，促进了身心健康发展的目标。从这个意义上来说，足球游戏的校本课程研发显得尤为重要。学校在原有塑胶化足球运动场的基础上，推动"134"工程建设："1"即新建"1"个封闭的 5 人制足球场、"3"即建设 3 处自主学习平台、"4"即建设 4 处实践体验场地。

当然，所有的指向与过程，我希望得到一个最终结论，那就是朱林中心小学农村孩子们的足球能够取得多少成果？

万老师给我讲述了一个故事，解答了我的疑惑。

这是发生在 2019 年 8 月 18 日的常州市中小学生运动会足球冠亚军决赛的一个场面。之前朱林中心小学男子足球队过五关斩六将，最后与横山桥中心小学（其中有许多常州市队队员）争夺冠军。开场不到十分钟，朱林小学队就被对方连灌两球，0：2。落后的朱林小学足球队的孩子们没有气馁，依然奋发突围勇猛争抢，之后凭借两粒前场任意球，将比分扳平。时间好快，如果朱林小学足球队不能超越比分，等到最终点球决胜负，麻烦会很大。比赛还剩5分钟，突然后腰刘苏江同学带球突破，接连过了2人，"嗖"的一记世界波，将球踢入门框死角。凭借这粒入球，朱林小学足球队以3：2战胜对手，夺得常州市锦标赛小学男子甲组冠军。

说完，万老师长长地吸一口气，感叹："这次比赛有几位同学给大家留下深刻印象，守门员朱子华、后卫黄涛、后腰刘苏江、右边前锋陈天赐。说他们是足球少年，一点都不过分。"

2020年8月，万华平老师被评为"常州市优秀教育工作者"。学校男女足球队在区全运会小学组、中小学足球比赛中数次获冠军。

有一首歌是这样唱的：绕过高山，穿越大漠，征途上还有无尽的跋涉，不要说大路坎坎坷坷，酸甜苦辣都会是歌。

我想把这首歌送给万华平老师，希望他不忘初心，为老区的教育事业继续坚守，为孩子们的快乐学习奉献一份力量。

自从2006年从师范毕业做老师起，无论是唐王小学的10年还是朱林小学的6年，沈荣花一直是班主任。一年级至六年级的大循环经历过两轮。刚踏上教师岗位时，学校的外来务工人员子女只占三分之一，目前已经占百分之六七十。随着学生人员结构、成分的变化，沈老师也在教学中渐渐适应这种变化，并与孩子们融洽、融合在一起。

我不清楚是沈荣花老师内心固有孩童情结，还是她作为女教师天生有一种似水的柔情？她曾在一篇教学日记中这样写道：四季如春的校园里，孩子们像娇艳的蔷薇，他们时而俯下身子，贪婪地吮吸晶莹的雨露；时而张开双臂，沐浴着晨曦；时而迎着微风，两个一伙，三个一群，摇曳欢舞。他们幸福的身影遍布整个校园。瞧，一群孩子从二楼西楼梯旁的教室向你飞奔而来，有的冲着你咯咯咯不停地笑；有的顾不上师生之间的身份不同，对你连抱带挽，就像拉着亲人一样；有的虽不讲话，却不住地往你跟前贴——他们就是热情的四（1）班的孩子们。天底下最迷人的微笑在他们的脸上装扮着，孩子们簇拥着令人羡慕的幸福童年。

生日是每个人每年最期待的美好时刻。对于孩子们的生日，沈老师以女性特有的细心精心去安排。她不局限于孩子们在自己的家庭中和亲人的欢聚，作为自我意识高度萌发的小学生，孩子更希望能和同学们一起度过这美妙时光。这对于他们来说是一件最幸福的事。几年来，沈老师为孩子们陆续地演绎这种童年的幸福。那场景，那种满足是无法用语言表达的。

沈荣花满含深情地沉浸式地回忆。

第一次生日会是媛媛的。一年级的下半年。

那天，媛媛妈妈跟媛媛的阿姨带来了34份包装精致的小蛋糕，分发给每一个同学。在同学们真挚的生日祝福歌中，媛媛眼中闪着幸福的泪花。她轻轻地闭上眼睛许下了愿望，随即睁开眼，深深吸了口气吹灭了生日蜡烛。讲台上的媛媛，凝视着坐在角落的妈妈，突然大声地对妈妈说："妈妈，老师在思想品德课上告诉我们，当我们幸福过生日的时候，不能光顾着自己的快乐，要记住我们的生日也是妈妈生我们的受难日。是妈妈用生命的风险，用难以忍受的疼痛，把我们带到这个幸福的世界上。谢谢您，妈妈，没有您就没我。妈妈，我爱你。"听完了媛媛感谢的话语，媛媛妈妈激动地流下幸福的泪水，媛媛跑过去，紧紧地抱住妈妈，大声地哭起来。大家也流下了感动的泪水，并把最响亮的掌声送给她。这样的场景常在电视剧中出现，现实版我还是第一次见。我也禁不住被她们感染得喜泪直滚。这次生日会的效果，赋予了孩子成长中一个新的烙印。它把孩子与母亲的心拴得更紧，让孩子感受到生命的美好与珍贵，让孩子懂得母爱是如此伟大。母亲是爱我们的。妈妈们的眼里除学习成绩外，她们更看重孩子们的健康与快乐。虽然是一次简单的生日活动，却赋予了更多的精神实质。生活里浓浓的亲情，永远是孩子们的幸福所在。

当然，这仅仅是沈荣花老师班主任工作中的一个缩影、一个片段。当与沈老师面对面交流时，从她的言谈举止间，以及之后的微信聊天中，我能够感觉到一位农村教师对待学生的真诚。其实早在2018年，沈荣花就获得过金坛区"德育先进工作者"荣誉称号，之后2020年又被评为金坛区

"优秀班主任"，2021 年被评为"金坛区优秀教育工作者"。

结束对沈老师采访的间隙里，我在日记本上写下了这段体会：小学生正处于人生观和世界观不稳定的年龄段，可能有许多行为往往是幼稚可笑的，甚至是荒诞不经的，但也是单纯的。在世界观、价值观都尚未塑造成型的懵懂期，一个好的小学老师可能会影响孩子的一辈子。且不说知识传授有多大的收获，即便是"用心""用情"、宽容大度，也能让孩子们终身受益。

如果不是高平华校长的特别介绍，我真的不知道杨立兵副校长曾是援疆老师。这件事触发了我对杨立兵的兴趣。

生长于朱林的杨立兵，1993 年从常州师范毕业回到了朱林，安排在村小——五联小学任教，4 年后调入朱林中心小学任教。他亲眼见证了朱林中心小学近三十年来一步一步发展成长，无论是教学质量、师资水平、校园环境都逐步在提高、改善。时间到了 2018 年，国家实行"万人援藏援疆行动"，教育系统动员学校老师援疆，身为已经担任了 10 年副校长、有着近20 年党龄的杨立兵立即主动报名。

我问过杨立兵校长："你知道新疆吗？你了解新疆的教学质量吗？你能够适应新疆的环境吗？"

"那时我真的什么都不知道！也没想这么多！"杨校长很干脆地回答，"我一直有一个边疆心结，一直想去感受另一个世界的时间。家里孩子大了，爱人支持我，没什么牵挂，我也敢想敢去做了。"

一年半。2018 年下半学期和 2019 年一学年。杨立兵由刚开始的不适应，渐渐融入了处在帕米尔高原上海拔 2200 米的祖国西极——新疆克州乌恰县。他作为克州乌恰县实验小学挂职副校长（分管教学），带领来自常州地区的 20 名老师（杨立兵是金坛区唯一）形成合作友爱的团队。新疆地方政府对援疆老师们的安排也很周到，食宿都尊重常州人的习惯，专门聘用适合援疆老师们饮食习惯的厨师。学校很大，有两千多名学生、二百多名老师。开始上课了，杨校长和老师们发现，当地师资力量薄弱、专业素养不高，许多老师与学生听不懂普通话。于是，他带领团队积极开展实施

"说好普通话，写好中国字"的主题项目。他们20个人负责20个班，从语言交流、学习习惯、待人接物的礼仪，一步步慢慢地带起来。半年后，学校师生们使用祖国语言文字的能力得到明显提升。这里的学生有住校（最远的20公里）、有走读，为此，杨立兵在当地人的陪同下带领老师们家访过两次。这种家访不是早出晚归，不是"蜻蜓点水"做形式，而是要去学生家"结亲"，同吃、同住、同劳动几天。

这是杨立兵老师提供的一篇日记，我摘录如下，由此可以窥见他援疆期间的心路历程，以及与孩子们浓厚交融的情感。

今天学校的下午和上午大不一样。一改上午的书声琅琅，整个校园一片欢声笑语。孩子们都在庆祝元旦节！

突然办公室门打开。"老师，请您吃蛋糕！"五（7）班非常优秀的小女孩努尔达娜扑闪着美丽的大眼睛热情地望着我。蛋糕上水果的五彩颜色就像她美丽的脸蛋上灿烂纯真的笑容。

孩子们的一片盛情，我无法拒绝。小心翼翼地拿起了叉子，认真地挖了两小块尽情地品尝着！留下上面鲜艳的装饰水果！

"老师，参加我们的节目哟！我们跳舞呢！"说着，她飞快地走了。

过了一会儿，努尔帕丽来了。

"杨老师，快点呀！大家都等您呢！"

"哦，好。等你们跳舞时我去看看。"我应付着。说心里话，也真的想看孩子们跳跳舞，都说新疆少数民族能歌善舞。

转眼工夫，另外一个小女孩努尔比亚又跑来说："杨老师，您快点！您一去，我们就跳舞！"

她拉着我向班级走去。

哇，当我推开教室门，孩子们一下子拥过来，紧紧地围住我，把我往教室中心（舞池）拖。

随着音乐的旋律，孩子们尽情地跳起来。看，小男孩夏提曼和小女孩迪丽娜孜在对舞呢！一上一下，前后左右，随着音乐的旋律在自由快乐地舞动。其他孩子也在随着音乐的旋律尽情地舞蹈。

我在旁边笑着！欣赏着！

"杨老师，您跳呀！你们跳！"孩子们七嘴八舌地说。

"我不会呀！你们跳，我看！"我笑着，大声说。

"没事，我们教您！"

就这样，我认真地学起来！当然，也可以晚上在学校元旦节庆祝会上表现。我被孩子们拉到了舞台的中心！有了一种想学民族舞蹈的愿望，可快乐，觉得时光很短暂。看着天真活泼可爱的孩子们，我真的无比感动！巴合提古丽，努尔比亚，迪丽娜扎，夏提麦等孩子们，是那么热心，耐心地教我，鼓励我。和新疆的孩子们在一起我很幸福！我很快乐！

情系克州，奉献边陲，接受支教顺利结束后，杨立兵得到了江苏省对口支援新疆克州前方指挥部，克孜勒苏柯尔克孜自治州教育局以及中共克州党委政府的表彰。因支教期间建言献策，还两次荣获"江苏省教育援疆十大金点子"奖。

我朝窗外望去，校园被朦朦胧胧的雨雾笼罩，两棵硕大的、充满昂扬生机的银杏树在雨露的滋润下，正吮吸着土壤的养分，显示出蓬勃生机，茁壮成长。许多年，许多次，这两棵不知何时，不知何时栽下的银杏树，已成为孩子们遮风避雨的"遮棚"。《管子》中有这样一段话："十年树木，百年树人。"几千年来提示了无数代人，庄稼一经培植收获一倍，种树需要洗礼，修剪，一经培植收获十倍。而培育人更是如此，一经培植可以收获百倍。

我相信银杏树在自我成长的过程中，同时也见证了孩子们的成长。同时，从杨立兵援疆的经历，我更相信，教书育人没有地域限制。

2020年时，朱林中心小学拟定了《培"林"育"林"，成株成材——2021年至2024年第五轮学校三年主动发展规划》其中提出培育儿童是"芽"，是处于人生重要的启蒙阶段的"嫩芽"，培育好比培育嫩芽。只有在童年时期为学生打好人生底色，满足学生生长需求，给予适合的生长环境，让学校要尊重学生生长规律，习可以聆听到生命拔节的声韵。为此，粒粒嫩芽都能在生动活泼的教育"场"中得到主动的、全面的发展。

村人育人的答案我在这里找到了。

百家姓中是否有"东"姓，我不知道。所以，当我看到朱林小学的村料中有一个"东"姓的教师时，第一个反应认为是不是学校打印错误，漏了前面的姓。那天中午在学校食堂和高校长、罗老师一起用餐，我顺口问了一句："你们学校有姓东的老师？"他们马上回答道，有啊！旁边那位女教师，就是东梅。

2021年金坛区进行了第四届"十大最美教师"评选，朱林中心小学的东梅老师当选。

英语老师东梅来自安徽安庆，在朋友的介绍下认识了金坛的小伙子。作为年轻的老师，她在教育局和学校的安排下，先后与河滨小学的蔡文秀老师，本校的王美芳老师结对师徒。由此，教学经验不断得到积累，教学成效不断显露。2014年辅导学生获金坛区小学英语作文比赛一等奖，2016年获第七批常州市中小学"教坛新秀"称号，2019年获金坛区政府嘉奖，2022年春学期金坛区小学英语大单元整体作业设计评比获一等奖，2020年获金坛区政府嘉奖，2018年，获一等奖。先后在刊物上公开发表文章6篇以及多篇获奖论文。

2019年三次参与金坛区教育科学"十三五"专项课题与规划课题研究。

小学英语阅读是学科教学的重点，完善小学英语阅读教学方法是提升学生英语综合能力的重要手段。英语阅读教学能有效提高学生的信息获取能力，对文字的感知力，有助于学生增加词汇量，可促进其听、说、读、写能力的全面发展。

这是东梅老师对于英语教学的一段体会。

作为农村学校的英语教学，我们应该正视小学英语阅读教学课，深入思考，摸索新的教学模式，追求对语篇的深入解读，不能让它流于形式，而必须成为激发学生学习英语的兴趣，培养学生良好的阅读习惯，提高阅读能力和自主学习能力的主要途径。

非常难得，我终于遇上一位老家是茅山老区脱贫致富先进典型的黄金村的老师——周国芳。

今年 43 岁的周老师从唐王中学考入师范时黄金村是江苏省出名的贫困村，他考上师范，在村里确实是一件轰动的事。1998 年师范毕业后，他作为委培教师被安排进入薛埠中心小学，一待就是 15 年，2013 年调进白塔小学，与高平华校长共事。2015 年才调入朱林中心小学。金坛区骨干教师、金坛区第六批学科带头人——周老师告诉我，这个学科带头人可不是随随便便推荐，而是要经过资格初审、上教学课、考察基本功、现场答辩等环节，前后经历了许多天。

我知道，这份荣誉里浸润了他多年来不间断的努力。谈到周老师的教学成果，他喜滋滋地说："2013 年在薛埠小学教 4 年级，班级数学成绩平均分与最高分相比，只相差一分。2020 年在朱林中心小学教 4 年级数学，全区抽测，成绩排名第九。"

我问周老师："这么多年的数学教学，你认为小学生学数学最需要掌握的基本功是什么？"

"计算能力。"周老师很认真地回答道。计算能力包括口算（笔算）、估算和简便运算的基础。不过口算能力高低对人们的学习、生活中有着较大的影响。特别是在学生的学习阶段。是孩子提高数学学习成绩，提升数学学习能力，培养数学思维品质的重要途径。口算实际上贯穿学生的整个义务教育阶段；在教材编排上，每学期学生都有配套的口算练习材料；在能力考查上，所有阶段性测验都占有 10% 的分值，还有专项口算质量调研等。口算在我们日常的课堂教学中，经常处于边缘化的位置，不管教师的教还是学生的学，特别是家长的关注点主要都集中在课本上的知识点。教师在课堂上只会利用一些"边角料"的时间象征性地进行口算练习，或者是让学生课后自己练习，从而影响学生的学习兴趣和学习自信心。其实口算并不是我们通常理解的"直接计算"，其有一定的计算技巧和计算模板。并且通过一定的训练可以大大提高口算能力。让学生能够快速而正确地口算，需要培养学生善于观察，抓住每个算式的特点，然后根据每种算式的特点采用不同的口算方法。①例如像 67+106，331-98，88-59，199+398 这类算式就可以采用"割补法"，67+106=67+100+6，331-98=331-100+2，88-59=60-59+28，199+398=200+400-3；②再例如像 25×12，15×18……这类的算式可以采用"公式法"，$25×12=25×4×3$，$15×18=15×2×9$；③对于$26×4$，$7×19$，这类算式可以采用"乘法意义法"，$26×4=25×4+4$，$7×19=7×20-7$；④再如像$81×9+71$可以采用"拆借法"，$81×9+71$如果把71拆借10就得到81，这道算式就可以看作9个81加上1个81，一共10个81，由于10是拆借过来的，所以$810-10$就可以了。⑤$147+85-46$，$56×13÷7$这类算式，我们可以采用"算理法"调整运算顺序得到$147-46+85$，$56÷7×13$，这样相对就比较容易进行口算。其实口算的方法有很多种，只要注意观察，结合算理，充分利用运算定律，这样就能大大提高我们的口算能力。

培养学生计算能力，应贯穿于整个小学数学教学过程。数学教学首先是"数"的教学，数感品质的高低影响的不仅是数学的学习，与生活、工作都有密切的关系。佐藤学《静悄悄的革命》提出：课堂改变，学校就会改变！套用这句话，在双减背景下，数学学习方式的改变，首先是计算能力的改变，才能从根本上解决关于作业、练习、延时服务等问题，才能让"双减"真正落地生根。

2022年教师节到来前夕，我从微信朋友圈读到许多赞叹老师的诗歌和文字。同样，我在朱林中心小学也读到了蒋黎俊老师（2019年金坛区优秀教育工作者、2022年常州市先进工作者）、王斌老师（获金坛区教海探航论文一等奖）、李云仙老师（金坛区信息化能手比赛一等奖、常州市信息化能手比赛二等奖）、蒋爱兰老师（常州市优秀班主任、金坛区数学学科骨干教师、金坛区优秀共产党员、常州市德育先进。光荣在岗三十年）、王继明老师（金坛区学习型家庭）以及姜小妹、蒋乐、周玉华、吕桦、吴倩汝等一大批老师们奉献给教育事业、奉献给孩子们的真实心境的诗句。他们年复一年、日复一日，将光阴留在讲台上、学生的书本上。岁月浸染汗水与泪水，光阴白了鬓发、碎了心魂。教书立德，善教乐研。也许，没有诗歌、没有文字，因为他们把波涛汹涌的篇章写在内心。

是他们把爱和美种成一朵花、育成一棵树，是他们把一朵云堆成另一朵云，将一个灵魂塑造成另一个灵魂，给老区的孩子们新的生长和希望。他们是一所百年学校不断延续青春、延续智慧、延续教学课程的力量，是不断变幻的时光的剪影。

第十七章　张开翅膀，我们就能飞翔

有一条河，突然从我心里奔涌而来，由此我沉睡的心被激活了。仿佛，我一直就是这样，只要看见或者听到水流的声音，眼睛顿时会放出闪亮的光芒，身体会产生飞跃的幻觉。也许，是水流淌产生的各种声音将我的魂魄勾住、将我的目光牵引得越来越远。

通济河就是以这样的形态出现在我面前。

这条发自句容仑山，以洛阳河为主要源流，流经丹阳、丹徒、金坛三县区，注入洮西、滆湖的人工河道。历史上这条河常常雨季泛滥，可是偏偏到了直溪街镇，一下子变温顺，成了柔美平静的景象。新中国成立后，金坛有一所最早的农村中学在这条河的东岸拔地而起，它就是直溪中学。学校临水而建，这在金坛是极少有的。特别是面临这段有着悠久历史的水域，多多少少让人有了风水极佳的联想。20世纪80年代曾经在这里读完初中、高中，从中国人民大学毕业后进入金融界拼搏，如今创办"秦水基金"的王小俊先生回忆："每天上学从河边走，都可以看到往来繁忙的运输船只。有一年夏天突发奇想，我能不能跳入河中游个来回？但真正跃入通济河，却心跳加速了。原来看似平静的河流，却是暗流涌动。"而1995年高中毕业于直溪中学的李芸，现在在金坛最早出口创汇的企业"常州市港华丝绸工艺制品有限公司"担任总经理。对这条河她有不一样的感觉。李芸告诉我：那时候家住河的西南角，每天上学都需要围着河堤绕一个大圈，走不少冤枉路。有时稍微耽搁,担心迟到,不得不气喘吁吁地奔跑。班上有位同学家里捕鱼,有一条小船,每天都由母亲摇着小船来回摆渡,十分便捷。李芸很羡慕。因此常常幻想能不能长一双翅膀飞过河。

无论怎样,这一条途经直溪中学的河流已经留给莘莘学子非常深刻的印象,并且见证了学校70年(1952—2022年)的历史过往。

1952年10月,直溪初中在原来的巫家庙地段正式创办,动迁31户居民、迁移100多座坟穴。据镇上老人回忆,办中学是当时直溪比较大的工程,没有任何阻力,进展相当顺利。每天都有人主动加入填沟塘、改道路的劳动行列。参与施工的义务民工上千人,没有谁要一分钱报酬。首批四个初一班202名学生(女生35名)入学,年龄最大的20岁(已婚青年),最小的只有12岁。农家子弟占70%以上。学校即将开学,时年27岁的赵若琴(江苏睢宁人,1948年毕业于中央大学教育系。)奉苏南行署之令到直溪中学任副校长并主持工作。1962年9月,宋文英(直溪直里村人,1948年9月毕业于南京大学师范学院幼教专科,回乡投身教育事业。金坛民盟组织的奠基人,担任过华罗庚中学校长、金坛政协副主席。)从金坛二中调入直溪中学任学校第四任校长。是年下半年他通过金坛籍著名数学家华罗庚转请中国科学院院长郭沫若为学校题名:金坛县直溪中学。这块极其珍贵的校牌一直沿用至今。

今年86岁的范登兰是直溪初中第一届毕业生,她自豪地回忆道:"当年学生学习的刻苦程度让现在的孩子们难以想象,老师们的教学水平虽然说不上特别高,但就是'认真'两个字。学生们的知识基础都打得很扎实,教与学都堪称废寝忘食。"因此那些年直溪初中进入高中然后考取大学的学生比例高达80%左右,畅飞清华、北大、中国科技大、中国医科大校园的学生,那真的比比皆是。至今直溪中学校友们仍在津津乐道,一箩筐一箩筐的精彩故事讲述出来,常常让人兴奋不已、满脸红光。

2022年12月7日,又是一个农历节气——大雪。下午我开车沿着通济河的堤坝,驰往直溪初中,王胜校长接待了我。

曾在原教育局教研室主任陈文老师的陪同下,于2019年12月中旬我走访过学校，当年的王卫平校长已调离（副校长陈国强在任）。

非常有缘，王胜校长2004年至2011年在直溪中学担任过副校长。他风趣地解嘲："如今又回来，算是与茅山老区再次结缘。不过，今日的直溪中学，无论是历史地位，还是文化底蕴，都属于金坛乃至常州市教育界的翘楚。对我而言，激励多于压力。"

王胜的老家在西岗，本身就是老区的人，从苏州大学毕业后到了涑渎中学、西岗中学任教，之后在茅麓中学、岸头九年一贯制实验学校做校长，可以说他的教育事业的灵魂一直围绕着茅山老区。

据了解，教物理的王胜，曾获得过金坛区优秀教育工作者的称号，记常州市三等功一次。提起再次回归直溪中学后，最大的感受是什么？他回答我："一是教师队伍实力有了提升。虽然九年前一起共事的老师们大都还在学校，仅有两名老师是新同事，但无论学历还是教学成果都是今非昔比。40多名教师，大学本科学历100%，研究生学历2人（2021年调离一名）。中级以上职称占70%（高级教师职称11人）。二是这几年，各位校长打下了良好基础，使直溪中学目前在农村中学排第一方阵。比如：袁国平、余春庆老师获常州市'优秀共产党员称号'，房中华老师获江苏省'科技先进个人'称号，汤海峰老师获常州市'德育先进个人'，以及英语老师刁莉花被评为'骨干教师'，数学老师蒋雨濛被评为'教坛新秀'等。三是教学理念新、学科涵盖广。当然学校也处于变化中，最大的特点是290多名学生中有近60%是外来务工人员子女。我现在是任职起步的第三个年头，总体感觉直溪中学的教学团队有四个特别：特别能吃苦、特别能战斗、特别能出成绩、特别能创新。当然，直溪中学作为一方热土，这几年为城区新学校输送了20多位中青年骨干教师，也算是为金坛教育作出了一点绵薄贡献。"

告别蓄藏丰岁的壬寅虎年，癸卯兔年倏然间跃至眼前。继续直溪中学的采访，时间已经到了立春之后。老天吐出最后的寒气，山河间渐渐回暖。2023年2月9日上午，在蒙蒙雨雾中我走进分别了近两个月的直溪中学。

到底经过了雨水的彻底洗刷，校园一片清净，明亮的阳光蔓延于树间、廊道，赏心悦目的景象顿时在我脑海产生出摇曳的波澜。

曾获得过常州市"优秀教育工作者"称号的侯雪华老师正课间休息，于是，她成为我的第一个采访对象。

侯雪华辅导的学生先后在常州市、江苏省的作文大赛中屡屡获奖，是一名教有所得的老师。早在 2017 年，在"七彩语文杯"江苏省第十六届"中学生与社会"作文大赛中，她辅导的学生陈悦荣获初中组二等奖（常州市一等奖）。因为这成绩出现在农村学校的学生身上，所以在同行间引起了不小的轰动。虽然目前陈悦已经从华罗庚高中毕业，跨入大学校门。如今聊起陈悦，侯老师依旧神采飞扬。

我坦言告诉侯老师："有学生家长向我反映过，写作文难。无论是选择题材、确定立意，还是把握结构，都是一件令人头疼的事，老师苦口婆心，学生们就是摸不着边。"

"其实，我是初三才教陈悦这个班。接手后，在全班 30 多名学生中，我发现语文课代表陈悦的作文文字、表达方式和文本结构，经常出乎我的意料，于是常常有意和她交流并以陈悦每一次的作文为范文，进行典型点评，提高全班学生的作文兴趣。"侯老师很谦虚地解释道，同时也透露出她辅导作文的有效方式和方法。

2020 年王雨馨同学就是在侯老师的指导下，获得常州市八年级"传统诗词创作"一等奖。

自 1994 年镇江师专毕业分配到直溪完中（初、高中），侯雪华老师担任了 11 个年头的班主任。11 年间，她咀嚼过艰难的苦涩，也品尝过成功的甘甜。今天她依然清晰地记得与学生第一次见面的激动和欣喜，更难忘与学生分别时的那份牵挂和依恋。每经历过一次这样的心路历程，她便对自己所从事的教师工作更多了一份深爱和执着，对做好班主任工作更多了一份信心和热情。

班主任工作的实践，无形中也告诉了她：热爱学生既是班主任工作的出发点，又是班主任工作的最后归宿。尤其是对后进学生，更要倾注自己的满腔热情，时时刻刻关心他们、鼓励他们，使他们在知识的海洋中扬起自尊、自强、自信的风帆。

在侯雪华老师的记忆深处，时常会闪现出一位同学的身影：矮矮瘦瘦的个子，带着几分稚气；黑黑的皮肤，透着些许憨厚；微微眯起的眼睛，流露出一丝倔强和戒备。他叫刘伟，是一名外来务工人员子女。

　　记得那是开学报到的第一天，教导主任把刘伟同学带到侯老师的办公室，说是学校领导已经研究决定，安排他到侯老师的初三（4）班学习。当时，侯老师既手足无措，又有些莫名的恼怒。因为有关刘伟同学留级不求上进、学习成绩差、常常顶撞老师、不服管教的点点滴滴，不仅在老师圈有议论，就是班内的同学也早有耳闻。班干部们在一次班会上曾议论过这件事，大家对他的印象极差，都不希望他到班上来。其他班主任也都明确表示不愿意接受他。她不由得仔细地打量起站在面前的刘伟来。只见刘伟低垂着头，显出一种无奈和沮丧，抿紧的嘴角，露出深深的自卑。然而，看到他不经意地向老师瞥来的眼神，侯雪华的内心不禁为之一颤。这是希望的火花。如果把这仅有的一点火花也给无情地扑灭，那么，这名学生的心灵之窗将会永远关闭。她作为一名教育工作者，被人们誉为春蚕、红烛、园丁和人类灵魂工程师，能轻易将这样的学生拒之门外吗？

　　于是，侯老师把他领到教室，在同学们诧异的目光中为他安排座位。然后，向全班同学介绍说："这是一位新同学，他叫刘伟。从今天起，就是我们这个集体中的一员。他对我们这个集体充满了热切的期盼，希望大家热情地关心他，真诚地帮助他。让他在新的环境中愉快地学习，健康地成长。"侯老师还建议同学们用热烈的掌声对新同学的到来表示欢迎。她只字未提关于他的留级，更没有用那种威胁的口吻去告诫他。因为她知道，像这样的学生心里是最敏感、最脆弱的，如果伤害了他的自尊，那无疑是把他推到对立面，后果不言而喻。

　　放学后，侯老师再一次单独和刘伟语重心长地交流了一个多小时，认真地倾听他对过去学习生活的回顾。从话语间捕捉到一些他都不以为然的闪光点，及时给予肯定，不时地提醒他对自己的表现应该有一个客观公正的评价，同时热情地鼓励他："在人生的道路上难免会有些曲折和坎坷，只要我们不失去前进的勇气，在哪里跌倒，就在哪里爬起，一定能走出自己辉煌的人生之路。再说，自己的学习也要对得起在外辛勤务工的父母。"这一席长谈，消除了他对老师的畏惧和戒备心理，减轻了他因为留级而背上的沉重思想包袱。从他走出办公室那轻快的步履中，侯雪华老师看到了他对新的学习生活已燃起了信心。

在第二天的周记本上，刘伟同学发自肺腑地写下："侯老师，我真的没有想到你会这么爽快地接受我，并在全班同学面前把我当作集体的新成员来看待，没有歧视我这个留级生。我真的从内心感谢你。我一定好好珍惜这个机会，决不辜负你对我的期望……"

为了增强刘伟同学的上进意识，侯老师又和班委们沟通，推荐他当卫生委员。这事让刘伟十分意外。因为自他来金坛上学，还是第一次当班干部，内心激动的情绪可想而知。不过，很多同学对老师的这个决定抱有怀疑。实践了一段时间，刘伟用行动证明了自己的进步。卫生委员的工作干得非常出色，同学们渐渐对他刮目相看。因为热心班级的事取得了成绩，他逐渐克服了自卑心理，学习的自信心也有了增强。那次期末考试他第一次摆脱了不及格。当他拿到成绩报告单时，脸上终于漾起了胜利和自豪的喜悦。看到刘伟同学能取得这样大的进步，作为他的新班主任，侯老师感到了莫大的欣慰。特别令人惊喜的是，之后刘伟参加初三毕业升学考试时，竟和班长一起考进了一所省属中专，开始了他人生旅程的新跋涉。

教育刘伟同学的经历，只不过是侯雪华担任班主任 10 多年时间里，无数事例中的一个。侯老师这样对我说："作为一名教育工作者，当看到学生在成长的道路上迷惘徘徊时，千万不能往他们稚嫩的心灵上撒盐，而应该真诚而热情地拉他们一把，使他们尽快勇敢地抬起头来。"

这样的责任与态度，恐怕是每一位有教育工作经历的老师们所共同具有的。我想起几天前读到一位近 80 岁的老教育工作者，也是我高中时期老师的日记。老师曾经这样感叹："当我们垂垂老矣的身影再一次走进充满青春朝气的校园时，苍老的背影是否会有遗憾？每天站在三尺讲台上，老师们不仅要为迷茫的孩子们指点迷津，更要为他们多增添一点欢乐与自信！"

与侯雪华老师一样，耿忠良老师也是语文老师，也担任过十一年班主任。1995 年从常州教育学院毕业后，耿老师回到了故乡登冠中学任教，2005 年登冠中学撤销，并入直溪中学。

已经在农村教育战线上辛劳了整整 28 个春秋的耿忠良，曾 3 次获得过区人民政府表彰的"金坛区优秀班主任"荣誉称号。任教以来，他一直以"做一名好老师"为目标，勤勤恳恳，踏踏实实，始终以"精彩的教育是传递精神正能量"为座右铭。他撰写的《"双减"背景下优化语文作业设计的策略》被区教育局评为 2022 年优秀实践案例一等奖。这一路走来，他的身后留下了一串串坚实的脚印，写满正直、执着、勤奋、求实。耿老师认为，只有这样才能胜任太阳底下最光辉的职业。他用自己的细心、耐心、用心和真诚的关心、理解，帮助每一位学生，从中，自己也感受到走近学生灵魂的幸福与光荣。

学生费雅婷是八年级（1）班的学生。由于父母离异，家庭重组，以致性格内向、自卑，所以平时在班上很少说话。疫情期间，因常常线上上课，她缺乏自制力，过于迷恋电子产品，便产生了辍学的念头。班主任梁老师多次登门家访劝说，她也听不进去。耿忠良作为教务主任，得知这一情况后，主动和梁老师一起多次登门家访做工作，和费雅婷同学谈人生、谈理想、谈社会、谈读书改变命运的道理。晓之以理，动之以情。在耿忠良与老师们掏心掏肺努力反复地劝说下，她终于打消了辍学的念头，重新返回学校。如今她像变了一个人，学习很努力，成绩也由原来的中下等上升为班级中上等。

为提高学生的语文表达能力与作文水平，耿老师积极鼓励学生向刊物投稿。自 2008 年以来，他所辅导的严凉静、刘叶、陈晔、芮蒙蒙、李金仙、耿亚慧等同学的多篇优秀习作发表在《常州教育报》上。其中，严凉静同学 2010 年 12 月在江苏省第十届中学生作文大赛中荣获一等奖，耿亚慧同学 2018 年 12 月在江苏省"中学生与社会"（金坛赛区）竞赛中荣获一等奖。他所带班级也多次被评为校文明班级、市先进班集体，其中 2004 年初二（2）班和 2009 年初三（4）班荣获金坛市先进班集体，2002 年初一（3）班荣获常州市先进班集体。

前年 5 月，耿老师的父亲被查出了胃癌晚期，需住院治疗。可是他面临着两难：一面是自己病重的父亲需要照顾，走不开；一面是班级 40 多个学生就要迎接期末复习考试，丢不下。从父亲住院到去世的一个多月，白天他匆匆赶到学校上课，下班后又赶回常州照顾病危的父亲，有时连晚饭也来不及吃。就这样来回奔波在学校和医院之间。学校的 5 月份正大忙，耿老师既要忙于语文教学，又要忙于教务处工作。上课、辅导、教师会、招生会、志愿会、家长会、学生会、质量会，耿老师硬是没请人代一节课，没缺一次会。学校领导提出为他做一些调整，他婉言谢绝了。因为学校老师一个萝卜一个坑，调整谁都会打乱教学秩序，影响学生学习状态。就这样，耿老师硬抗了一个多月，等办完父亲丧事，瘦了 10 多斤。

像耿忠良这样为了学校大家，委屈个人小家的事例在老区学校有许许多多。从这些老师的身上，我真真切切看到了教育工作者"为党育人，为国育才"的一颗丹心红到底、一股韧劲干到底、一身担当拼到底的衷心。

2020 年 11 月，金坛区经过统一选拔，有 10 多名学生被推荐参加了常州市第 21 届中小学作文比赛，薛和琴老师辅导的学生杨晓彤在这次比赛中获一等奖。薛和琴获作文优秀辅导员老师荣誉。

出生在金坛东面水北圣堂村的薛和琴，1995 年于常熟高专毕业后在水北中学任教，2018 年来到直溪中学。

我很好奇地问："从东面调到西北角，地域跨度这么大？"

旁边的一位老师笑着解释道："薛老师是随丈夫来直溪中学。"

"你丈夫也在这个学校？"

"她丈夫就是我们的陈国强副校长（2004 年获常州市首届教学能手）。"

我一下子明白了。不过，事后我才听说，薛和琴与陈国强是高中同学、师范同学。

时任校长的王卫平为了照顾他们夫妇在一起，同时也是通过人才引进把薛和琴"挖"来直溪中学。

剪着齐耳短发，干练而不失威严；步履永远匆匆，繁忙却透着坚定。这是学校同事对薛和琴的形容。更多的评价是：她多年来的教学案例、论文、教育故事，一篇篇获奖，一篇篇发表。她所带的班级，分别于 2015 年、2018 年、2019 年、2022 年被评为常州市优秀班集体；所带的班级团支部，分别于 2015 年、2019 年、2020 年被评为"金坛区教育系统五四红旗团支部"。薛和琴 2007 年在水北中学任教时就被评为金坛市第四批骨干教师、2012 年获"金坛市德育先进工作者"荣誉，2018 年获"金坛区直溪镇优秀教育工作者"荣誉，2021 年获"金坛区优秀班主任"荣誉。2022 年与数学老师巍群（任课初二年级，他的班级在秋学期数学考试中位列全区第 3 名）一起被评为"茅山老区优秀教师"。

真的是一路花香一路歌。

这学期薛和琴任教九年级（二）班语文。这个班有 35 名学生，有一半来自云南、贵州、河南、安徽。说起曾经的学生杨晓彤，薛老师用赞赏的口吻夸道："当时我带初三，她是一个十分热爱写作的女孩子，也是语文课代表。性格活泼开朗，阅读的知识面很宽泛，家庭教育氛围很好。有一个姐姐在南京师范大学读研究生。现在杨晓彤已经在金坛一中读高二。"

我还与有着 20 年班主任工作经历的薛和琴老师聊教学面临的一些现象，也是一件很有意义的事。

学生早恋，尤其是懵懵懂懂的初中生早恋，虽然是极个别现象，但却是校园里一个绕不开的话题。在我接触老师们的过程中，感觉到他们对这一现象还是有比较多的担忧。以薛老师为例，既是教师，又是母亲，而且她对如何处理校园学生早恋曾做过一些分析研究。

学生早恋，不可否认，校园里存在。薛老师告诉我：早恋，是一个敏感而又羞涩的字眼。不管你承认不承认，它都如墙角背阴处的小花，在班主任和家长的眼皮底下，悄悄地绽放。早恋低龄化，早恋学生偷尝禁果，早恋学生辍学、离家出走，甚至跳楼殉情。这些，似乎都曾在我们身边发生过。初中学生乃至小学生出现早恋现象，应该如何应对，一直都是班主任和家长颇感头疼的一件事。

有一天周日晚上，在学校担任行政工作的丈夫一回到家，就神秘地递给我一个笔记本。接过来一瞟字迹，我就倒吸一口凉气——这是我班最优秀的男生小艾的字迹。灯下，我迫不及待地读起来。这是一本书信集，确切地说是我班小艾同学写给另一位女生的信的汇编。笔记本很厚，粗略估算一下不少于10万字，时间跨度从2018年9月直到今年11月。笔记本中的一封封信，开头称呼均为老婆，末尾署名均为老公，其中的叙述内容连我这个做母亲的都感到脸红。信中详细叙述了他们之间一步步接近的过程，令人震惊。

我把这个笔记本从头看到尾，内心极其难受。因为小艾是我一手从初一带到初三的。在我眼中，他一直是一个优秀的男孩，虽然父亲遭遇事故，家境贫寒，但他刻苦勤奋，学习成绩突出，对人也很有礼貌，见人总是腼腆地笑。今年中考，我将他列为班级冲击省四星高中的"男一号"。没想到丈夫晚自习巡检教室发现的一个笔记本，将我的计划冲得零七八碎。作为班主任，我该怎么办？我不禁陷入了深深的困惑。

灯下，我苦苦思索，再次翻看这个如"潘多拉盒子"的笔记本，发现了一些蛛丝马迹，再结合网上远程培训所学的内容，我得出解决问题的方案。

第二天，小艾站在我的面前。我就像母亲对待犯错的孩子一样，跟他进行了长谈，人生、理想、中考、现实、责任，话题很多，但就是不涉及那个笔记本。小艾终于耐不住了，"老师，我错了，别告诉我妈妈，她会伤心的。好不好？"我答应了他的请求，并且和他签订了一个小小的协议，如果他能够妥善处理这件事，并在中考中取得优异成绩，届时我们将击掌相庆。

故事讲述结束，薛老师心情沉重地叹息一声："当然，这类问题仅仅靠一两次谈心是不可能解决根本的。由于身体发育的原因，以及当前大众新闻媒介，如报纸、电视、网络对性的不适当渲染和暴露（特别是大量的影视作品没有分级），致使现在的中学生普遍早熟。所以在初中阶段出现早恋，也很正常。家长和老师不必将之视作洪水猛兽。作为班主任想在班级中坚壁清野，粗暴杜绝早恋现象，恐怕不现实、不理智。关键是当学生出现这类蛛丝马迹的时候，班主任如何深入细致地妥善化解，如何在不伤及学生自尊的同时，让当事学生悬崖勒马。"

孩子的早恋，说到底是缺乏安全感，渴望通过异性的安慰和鼓励，来获取自我价值的肯定和满足。小艾同学由于父亲开车遭遇车祸，丧失劳动能力，母亲以瘦弱身躯撑起全家重担，无法顾及他，因此他的内心极为孤独。但从本质上说，还没有到无可救药的地步。尽管和小艾签订了"盟约"，但薛老师还是违背约定，和他妈妈悄悄进行沟通。因为她知道，这类问题单靠班主任一方，无法圆满地让他彻底走出感情的泥淖。果不其然，小艾的妈妈听了薛老师的介绍，大吃一惊，忍不住潸然泪下。于是，薛老师和他的妈妈又有了一个新的约定，那就是家校携手，共同监督。表面上，大家都若无其事，维护着孩子的自尊。不过，老师对孩子的爸爸妈妈，有了一个新的要求，那就是一定要让孩子感受到家庭的和睦温暖。

渐渐地，薛老师发现，小艾同学又变成原来那个开朗、活泼、阳光的少年。

现在，小艾同学早已进入理想中的四星级高中就读。这个故事也成为薛和琴班主任生涯中的一段秘密小插曲。

时间会消弭旧事物，会让人遗忘过往，良知与宽容却能够延续。这几年的校园采访间隙，我常常会叹息，总有一些孩子像走错车道的车子。老师们除了教学，还需要花费大量的课余时间、精力，处理孩子们这一类思想变化和偏差。

如果说天空是蓝色海洋的倒影，白云是路过的羊群，那么孩子们就是从大地起飞的雄鹰。孩子们飞翔时的沉重翅膀，全靠一个好老师的助力，才能展翼翱翔，抵达那象征希望的辽阔远方！

当面容青春的杨青老师坐在我面前，我才知道，她原来是一位43岁的物理女教师。

2020年，杨青老师获得"常州市优秀教育工作者"荣誉称号。

"父母怎么会给你一个女生起这样的名字？"我问杨老师。

"关于这个名字，我也是长大后才觉察，疑惑不解。后来问了父亲，父亲回答说，这个名字好啊！你看，这个'青'加上'女'偏旁就是'婧'，

女子有才能的意思；加上三点水就是'清'，清清白白；加上'争'就是
'静'，安安静静；加上'见'就是'靓'，女生漂漂亮亮。所以这个字加
什么偏旁都好。"

听完，我赞赏说："你父亲真是有文化！一般父母给孩子起名字，不会
往这方面联想。"

或许是父母的文化观影响了杨青，之后杨青一直梦想做一名光荣的人
民教师。2004 年从电子信息专业毕业后，杨青考了初中物理教师岗位证，
来到直溪中学，工作后她又考了初中物理教师资格证。

对于物理教学，杨青用了这样一个比较形象的比喻：猫妈妈养了两只
小猫，她给了一只小猫一条大鱼，却教给另一只小猫捕鱼的方法。几天之
后，得到大鱼的小猫吃完了鱼，饿得喵喵直叫；学会捕鱼的小猫却得到了
一条又一条的鱼。

初中物理教学大纲明确指出："自学能力对每个人都是终身有用的，阅
读是提高自学能力的重要途径。培养学生的自学能力，应从指导阅读教科
书入手，使他们能提出问题并设法解决，还应鼓励学生进行课外阅读以拓
宽知识面。"

受生活环境的局限性，农村的孩子对于物理的概念、原理可能需要一
个认知过渡期，物理教学的优劣肯定会影响孩子一辈子。但是，毕竟时代
在进步，农村的生活质量也在不断提高。多媒体介入、信息量扩大，尤其
城市与农村的差距逐渐缩小，学生们有信心和有条件学好物理。

杨老师曾经这样教育一批又一批的农村学生：对于未来，我们从来不
缺乏想象。不久的将来，蓝牙等无线技术将被广泛应用，生活中不再有烦
人的电线了，却能方便地将手表、电视、冰箱、炊具甚至还有咖啡杯连接
成一个家庭智能网络；环球旅行时，你也不用再带地图了，卫星定位导航
系统将应用于汽车、手表，也许还会植入你的皮肤；而环球旅行也不会时
髦多久，穿越火星上的高山峡谷才是时尚……但对于未来，我们不仅仅只
能想象，而能将美好的憧憬化作对教育的期待，期待教育培养出大量知识
技能和创造能力兼备的人才去开拓未来。

可以看出，自学能力是一个人获得知识和更新知识的重要能力，也是一种基本素质。教师不但要向学生传授知识，更要教给学生学习的方法，以及研究问题和解决问题的方法途径，培养学生自我获取知识的能力，即授之以渔。当然，由于学生年龄小，自学还是应该结合课程，并在老师的指导下进行。

除了课堂教学，课余时间杨老师还组织开展物理兴趣活动。启发学生在生活中寻找物理模型，如紧急刹车时，人为什么会往前倾？人跑步到终点时为什么不能马上停下来？引导学生在课余时间以及在平时的生活中关注一些物理现象，将所学知识联系实际，对所学概念和规律展开积极思考，在生活中构建一些模型进行推敲，在反复探索中培养出积极化思维能力，同时也培养了理解能力、综合分析能力、判断推理能力。

因教学成果突出，杨青与语文老师黄艳（金坛区优秀教育工作者、2005年教坛新秀）一起被评为2021年度"茅山老区优秀教师"。

采访间隙，我路过教师办公室，看见七八名学生围在里面。我进去一问，原来是生物老师徐新星在检查他们的作业。

近年来，金坛教育系统吸纳了一批研究生学历的老师。来自连云港灌南县的徐新星便是其中的一位。

2018年，徐新星从首都师范大学硕士毕业后加入直溪中学教师队伍。用她的话说：辛辛苦苦读了19年书，现在终于体会到教书育人的幸福感、成就感！

第一年到学校，领导就给她压担子，让她担任初一班主任，并教初一、初二的课程。今年34岁的徐老师对初中教学还是很有感触。她说，孩子们很听话，对生物知识兴趣很浓，如同海绵吸水。

根据教材《精卵结合孕育新的生命》的内容，新年开学第一堂生物课她就给七（一）班学生布置课后作业"采访父母，了解自己出生的过程"。列了4个问题：1.当母亲知道怀孕，是什么心情？2.母亲怀孕，最难忘的一件事是什么？3.母亲怀孕，父亲做了什么？4.母亲怀孕后期，都有什么感受？

第二天学生们带来了各种各样的答案，都非常有趣。

"母亲怀孕时，父亲做了什么?"李家欣同学这样回答——给妈妈煲汤。夏海龙同学这样回答——父亲不喝酒也不抽烟了。……

徐老师告诉我："4个问题，孩子们回答得都很可爱，可以看出大部分家庭都是和睦相处。但也有个别离异家庭，或者父母在外打工的，无法回答。今天把他们请到办公室，一个一个进行辅导过堂、沟通疏导。"

我感觉出，徐老师不仅是在教生物课，更是通过生物知识给学生们传授人间亲情之爱的道理。从学生们的答案中，我看到了父母与孩子们之间流淌着的暖意。

副校长陈国强1995年从师范毕业后在水北中学任教时，梁亚萍老师还在水北中学读初三。今年45岁的英语男教师梁亚萍和我面对面聊天，我能感觉到他有一股勃发的英气。

我开玩笑："看书面材料，以为你是女教师。"

梁老师很坦率："我家在五叶湖头桥长荡湖边的后巷村，家庭经济条件一般，生活比较困难，父母可能认为男孩难养，便起了个女孩的名字。艰苦的日子里，我是靠着不断地借钱，才断断续续地把书读下来。"

2003年梁亚萍毕业于江苏理工学院。

"爱人的工作性质需要起早摸黑，女儿一直带在身边，从直溪小学到直溪中学，现在上华罗庚中学的高中。"梁亚萍告诉我。

即便如此辛苦，梁老师仍然认真潜心教学。20多年来他获得过诸多的奖项，2022年获"常州市中小学优秀班主任"荣誉称号。

英语阅读作为语言技能的重要组成部分，作为语言输入的主要环节之一，在英语教学中占有重要地位。梁老师一直注重通过英语阅读来激发学生的兴趣。他结合日常教学创造性地加强了这方面的综合研究。他认为，培养学生的阅读能力，应立足课堂，利用初中英语课标教材，不放松课外阅读的指导与反馈，全面落实阅读教学成果。教师可适时点拨，补充说明，做到有针对性。应结合语言教学材料如日常生活词语、常识、典故，结合英语文学原著、原声影视作品等，让学生了解中西方思维方式的差异，创设语境，学生在体验中循序渐进地深化对英语文化的理解。

教学方法是一方面，教学对象又是一方面，梁老师的教学形式并非一成不变地死搬教条，而是根据每一届学生的学习状况、接受能力，针对每一位学生的个体差异适时进行调整。多途径、多层次地引导学生参与、体验英语阅读的快乐，激发学生阅读的兴趣，培养学生良好的学习习惯，形成积极的学习态度和有效的学习策略。

学校领导和同事们很用心，推荐我采访语文老师李瑞兰。

常州市优秀教育工作者、2020 年金坛区学科带头人、语文教研组长李瑞兰老师，任教以来获得的各种类型的荣誉和奖项有一大堆，其中 2021 年至 2022 年就有金坛区班主任基本功竞赛金坛区一等奖、主题班会金坛区一等奖、论文（班主任故事）评比一等奖。由于生长在中国著名的孝道文化发源地——金坛登冠董永村，她还担任了社会民间团体组织"金坛孝文化协会"副秘书长。

只要付出爱心，要求严格，每个孩子都能还你一片清爽的蓝天。有一天，李瑞兰站在夕阳下，望着飞过乡村、校园屋舍的一群群燕雀，她沉醉了。每一群飞翔的燕雀都有不同的故事、都有不一样的归途，作为乡村教师，她们总想着为这群翱翔的学生们涂上一抹明丽的亮彩！

遇上周攀，是我的一件幸事。不仅因为他和我同姓，更关键的原因是，行走茅山老区，我也是第一次认识一位教地理的老师。

初中地理是初中教育教学体系之中的重点学科，在其教学过程中蕴含着大量的自然知识以及人文知识，对于学生综合能力、综合素质的培养都有重要帮助。地球上，每天的气候变化、环境变化以及各种地形因素，时时刻刻都在影响着我们的生活。用什么样的方法使农村的初中学生掌握地理概念、环境概念，地理课老师怎么教？这是我迫切关心的问题。

周攀老师有一个观点，我认为比较有特点，就是"融入乡土元素教学地理"。因为乡土元素体现出当地人文内涵和人文精神。乡土元素是指当地天然生成的自然环境，比如：气候、地貌、土壤、生物等；也包括了反映乡土文化特征的人文环境以及蕴含着的文化意义和地方精神。比如：为什么茅山可以栽茶树，而圩区就不行？为什么中国最好的枇杷在云南蒙自？江南为什么会是水乡？安徽为什么会出产著名的砀山梨？山西的醋与镇江的醋有什么区别？金坛红香芋为什么离开了建昌土壤口感就不行？等等。通过挖掘乡土元素，激发学生的学习兴趣；利用乡土元素，组织实践活动。然后合理制定地理教学计划，让学生在具体化、生活化的乡土中感悟到可持续发展观念，提高学生的地理素养和综合能力，促进学生的全面发展。在教学"旅游资源和旅游业"这一节课时，周老师让学生以小组为单位，讨论自己家乡有哪些可以旅游的地方，分享自己家乡的典型民俗。来自贵州的孩子们可以思考：为什么贵州地势是"地无三尺平，天无三日晴，一山有四季，十里不同天？"来自湖北的孩子们可以说说：为什么湖北被称为"千湖之省？"等。这样，在交流活动中学生们丰富了知识，从地理的视角发现家乡的地理现象，运用所学地理规律和地理原理去理解、分析身边的地理问题，进而帮助学生认识学校所在地区生活的环境，培养学生爱国爱家乡的情感。

在初中地理教学中融入乡土元素，可以让学生在具体化、生活化的乡土中感悟到可持续发展观念，激发学生的使命感，从而认识到乡土印痕中有通向家国情怀的德育路径与机制。周攀老师认为：学生虽然可以感受到家乡的变化，但对家乡的地理环境缺少全面的认识。因此在地理教学中融入乡土元素，让学生了解家乡的自然环境和人文环境，认识到人地协调对家乡发展的重要性。比如在上"中国的地理差异"一课时，他让相同地区的学生成为一组，共同探讨自己所在地区有哪些特色的风土人情，这样既培养了学生对家乡的热爱之情与自豪之感，还可以让学生在交流互动过程中感受到愉悦的初中地理学习氛围。

我得知周攀老师正在和李瑞兰、蔡鸿俊、刁莉花、窦利云、缪火琴（2013年金坛区教学能手）、缪新华、佘春庆、景黎明、韩晶等老师们一起参与由王胜、房中华主持的《影响教学目标达成因素及对策的课例研究》常州市级课题。这是学校主动作为，为完成2021年提出的三年发展规划：建立"提高自己，服务他人"的办学理念；确立"优质、高效、均衡、和谐"的办学目标。

农村学校怎样践行办学理念，把办学目标落到实处？迫切需要我们改革课堂教学形态，进行"课堂变革"，使"优质""高效"落地生根，让中老年教师整体教学水平有所提高，青年教师有较大提升，有特长的教师较快发展，努力打造一支高素质，有凝聚力、战斗力的教师队伍。直溪中学希望通过对任课老师们常态教学的剖析与研究，发现影响其课堂教学目标达成的主、次要因素，帮他们合理纠偏，不断调整、改善教育教学方式，归纳、总结和提炼。力求形成适合直溪初中的校情、学情的各学科高效课堂范式。全面提高学生文化素养，全面推进素质教育，让学生个性发展较鲜明，特长发展较丰富，让每个学生都成为以诚待人、文化基础扎实，能主动开展、积极参与各项社会活动的人。

我仿佛清晰地看见他们前进的足迹，每一步都沉稳而有力。

雨后，安静的通济河边空寂无人，泛着蓝绿色的河水，有时像一块翡翠，有时像一块明镜，没有喧嚣，充满慈祥爱意，渗入深处，如叶脉状静静地灌注丰盈的大地。两岸尚未露芽的柳枝在偶尔吹来的风里，摇曳几下柔嫩的腰肢。有一束亮光透过云层从空中高高落下，射向恬静的校园，飘散于悠悠的天空。

瞬间，有一群大雁有力地张开翅膀，滑过河岸、飞越校园，飞往遥远的地平线。

哦，是春天来了！

第十八章　春天里，一片霞光一声喝彩

朝霞铺满天际，阳光又一次流淌，春风再一次抚摸大地。2023 年的 3 月中旬的一天清晨，我迈步茅山，发现丘陵之间形成浩浩荡荡的雾峦。轻柔的风一吹，顿时沉默的雾气消散，山峦露出了娇艳的面容。路径间零散的植物中，有一种马兰，出其不意地开出淡紫色的花，小喇叭状；田埂两边油油的小蒜，润盛舒展。我被春天装扮一新的茅山，再一次惊艳。

一场夹杂着暖意的雨，让寒气无处遁形，所有的事物都活过来了。它们返青、拔节，或长出籽芽，站成三月的队形。抑或一只虫，于松软的地面，绘制自己的曲线图。突然，不知是谁发出一声呼喊："在春天里行走，谁也不许掉队。"校园顿时就变得颜色艳丽，师生们瞄向下一个飞翔时刻。

"早春，白头翁叫了

它的叫声时远时近

从一个窗口，到另一个窗口

而我

总是想起曾经的那一只——

它在清晨叫醒了母亲

歇一会儿，又叫醒我

它在桃树上唱歌

每当我靠近，它的翅膀就扇动一阵小风

抖动一枝嫩芽……"

春天来了。

从诗友王一萍老师寄来的诗集《风怕晚》中，我读到了春天绽放的景象。

金坛县中（华罗庚中学）的老同学金人宪，如今是摄影爱好者。3月26日在微信朋友圈发了一组生机盎然的小花，学名夏无天、刻叶紫堇。这是他在茅山顶峰偶然看到的，于是扛着相机，沿一条崎岖山路攀爬行走许久，在两座山峰的谷底拍摄到了。由于灌木植被茂密，所经之处腐叶覆盖深厚，来回两个多小时才接近小花。发在朋友圈，算是与大家分享茅山深处的春天景色。

大自然在枝头上又一次被年轮碾压。很多时刻，特别是站在春天与冬季交叉的十字路口，我们走向大自然，会情不自禁地由衷感叹一番美好，俯瞰、品尝春的味道。

新市民子女（外来务工人员子女）作为我们教育对象的重要组成部分，他们也是祖国灿烂的花朵。已经步入新时代的今天，应该给予他们更多的关注，让他们能和大多数孩子一样茁壮成长。希望他们的父母能更科学、更有效地进行家庭教育，使这些花一样的孩子，能和金坛区的孩子们一样在同一片蓝天下健康成长。也许是巧合，同样是明媚的春天，我调研茅麓小学外来务工人员子女入学状况的那段日子。2017年的4月，江苏省作家协会会员、江苏省小学语文特级教师、中小学高级教师陈文（**先后被评为江苏省"红杉树"园丁奖金奖、江苏省教科研先进工作者，1993年经公开投票被评为金坛市"十佳新人"，2014年荣获金坛市人民政府"金沙英才奖"，2021年被评为江苏省关心下一代先进工作者。**）正变换视角。他通过问卷调查的方式对金坛区域内十二所学校的外来务工人员子女（新市民子女）家庭教育现状进行了调查与分析，并且提出相应的建议。

调查发现：新市民子女家庭教育的主体基本是健康的，但也存在不少问题。新市民子女家长的学历普遍不高，大多从事体力劳动相关职业。家长大多缺乏与孩子的交流，缺少对孩子正确的思想教育。有相当一部分家长不能配合教师对孩子进行教育。许多家长认为，他们的任务就是给孩提供吃穿，学习教育是学校和老师的事情。有一大半的家长很少检查孩子的作业，更不要说辅导孩子功课。许多家庭无法给孩子提供较好的学习环境，近半数的学生没有自己独立的学习空间。部分学生趴在床上、茶几上、小饭桌、小板凳上，甚至在麻将桌上完成作业。能拥有较多藏书和电脑等学习工具的学生更是少之又少。家长的学历普遍较低，家长所受的教育少，文化底蕴差，因而无法对子女进行有效的教育和指导。虽然大多数的家长重视对孩子的家庭教育，但是他们的表现却是：每天即使有一段相当长的业余时间，但很少用在孩子身上，或者即使在一起也没有多加引导。有的家长平时大部分业余时间搓麻将、打扑克，对孩子采取放任自流的方式。

在家庭教育观念上，虽然接受调查的所有父母都认识到家庭教育对孩子成长的重要性，但是在教育孩子的过程中，家长们缺乏与孩子和老师的沟通。家长对孩子的智力培养和身体健康比较关心，但不太重视对孩子心理健康的培养。家长已认识到自己的教育观念对孩子有很大影响，并且热切地希望改变自己现在的教育观念，更希望获取相关知识。家长的教育方式仍然比较陈旧，还停留在严厉批评教育这个层面上，教育效果不尽如人意。仅有很少一部分的家长意识到家庭教育中家长的示范作用对孩子终身的影响，这不能不说是家庭教育中的一大缺憾。

教育是一项非常复杂的工程，完美的教育必须由学校、社会、家庭共同来完成。三位一体才能形成强大的教育合力。学校教育需要家长的支持、关心和配合，而家长教育子女又需要学校给予一定的帮助与指导。在上述三者之间，最不容易落实的一环，就是家庭教育。因为家庭教育是分散在各家各户的，家长方方面面的素质存在差异，孩子的成长环境各不相同，因此家庭教育实施起来没有统一的计划和教材，家庭教育长期处于零散、无序、各自为政的状态。

学校是学生最重要的集体生活场所。教师应帮助新市民子女尽早地融入集体的怀抱，并从中吸取温暖和力量，班级应引导全体同学首先要从思想上改变认识，消除隔阂；其次要落实到行动上，从只关心自我的圈子里跳出来，真诚地向他们伸出友谊和温暖之手，让他感受到集体的温暖，进而唤起他们对集体的热爱之情，并把这种感情转化为上进心，在班级里多举行多种活动，根据新市民子女的兴趣爱好，多给他们施展特长的机会，使他们尝到成功的喜悦，树立自强的信心。

充分利用文化阵地教育孩子。文化宫、图书馆、科技馆、博物馆、纪念馆、烈士陵园等青少年教育的阵地，应尽可能地向新市民子女开放，避免这些孩子在节假日无处可去，出现放羊式的局面。鼓励更多的组织和机构来建立起关爱新市民子女的机制。一些有能力、有爱心的集体和个人可以通过相应的机制关心这些需要帮助的孩子们，让他们更快更好地融入这个社会，让他们获得更多的社会归属感，以积极健康的心态参与到学习和生活中去。学校、社会和家庭是教育的三大支柱，只有这三者互相配合，形成合力，才能使新市民子女的教育切实可行，有实效。

春天的故事在不断地延续。

一切都在流动，时间的河流负载着万物，在看得见的波光里悄然行进。人类的生命在无穷无尽地更迭。

或许是机缘，或许是情怀，2016年8月，一位有识之士，周志文先生曾走进茅山老区。

今年74岁的周志文，出生于金坛农村，小时候家里经济状况很拮据，如果不是哥哥姐姐的许多次帮衬扶持，他可能面临辍学。金坛东北方向河头集镇与丹阳搭界，那个叫作"九村"的乡村小学，一共有12名学生、3位老师。晴天一阵土、雨天一身泥，虽然是泥土路，好在学校就在家门口，下雨、下雪没受过影响。1968年他从金坛二中毕业后（55年过去了，他依然记得老校长的姓名：蔡志成。后任金坛副县长、金坛人大常委会副主任），选择了入伍当兵。16年后，1984年他以副团级干部的身份转业到著名的南京熊猫电子集团。胸怀理想，心有壮志的周志文，4年后的8月25日，他主动辞职，带着两千元现金南下广东创业。

那一年，他37岁，正是意气勃发干事业的年龄。终于在1992年创办志成电子器材厂。17名员工，设备简陋，租下东莞塘厦镇一个废弃的小学，靠生产收录机、电视机里的电子变压器积累了第一桶金。

周先生的夫人韩妹平回顾往事时说："创业年代万般艰辛，生活特别艰苦。广东热，厂里没有条件建浴室，大家每天就倚着墙角直接用自来水冲凉。"

真的是凭着年轻的一腔拼劲与热血。

又是一个 4 年后，依靠人才（院士团队）、依靠先进技术、依靠先进设备，生产高科技电子产品，渐渐取得了较为辉煌的、令人瞩目的成绩。成立了民营高科技企业——广东志成冠军集团有限公司，集科、工、贸、投资于一体。

2023 年 3 月 15 日上午，面对回金坛祭祖的周志文先生，我被他不服老的精神所感染。他告诉我："几天后我将奔赴法国，商谈新项目，企业今年还有投入，扩大生产。"

事业的成功触发了周志文投入慈善的念头。20 世纪 90 年代他便陆陆续续地为家乡做修桥铺路的公益事业。九村水泥路、刘庄桥、村小学等建造过程，都得到周先生的鼎力相助。有一年他得知金坛有个学生患白血病，手术需要 60 万元，他二话没说，立即一次性捐出 30 万元，后续又补充缺口资金。2008 年周先生在金坛慈善总会正式冠名，设立"周氏志成冠军扶贫助学基金"，基金规模达 1000 万元。积极参与公益活动，履行扶贫济困、救灾抗灾、助学助教、拥军爱军等社会责任，累计已发放助学助困金 640 余万元，圆了 904 名学生的大学梦。此外，他先后还在东莞市慈善基金会设立 200 万元的医疗救助基金，在北京航空航天大学交通科学与工程学院设立 200 万元的助学奖教基金。汶川特大地震后捐款 300 万元用于援建绵竹市齐天镇中心小学。……

有人替他算过一笔账，到 2022 年年底周志文善举捐资超过千万余元。

时间到了 2021 年，又是一个春天。在金坛区老区促进会的指导下，周先生夫妇又牵手江苏省扶贫基金会，成立"江苏省扶贫基金会·志成大爱基金"（3 年 120 万）。本冠名基金的善款使用范围如下：

（一）资助茅山老区（薛埠、朱林、直溪）三个镇辖区内，因病、因残致贫家庭的在校九年义务教育学生。

（二）资助因患重大疾病（白血病、癌症）的特困户。

（三）对教育教学成绩显著的优秀校长和教师予以鼓励。

（四）资助江苏省扶贫基金会的其他相关项目。

周志文先生想贫困之所想，急贫困之所急，扶贫济困献爱心，慷慨解囊捐善款。用他的话说，"回报社会才是我的责任"。他衷心希望，并积极倡导社会各界有识之士，与"志成大爱基金"一道团结协作，形成合力，以实际行动竭诚为贫困家庭和莘莘学子伸出援助之手，为致力营造"懂感恩，尚孝道"的良好社会氛围，构建和谐家庭、和谐社会作出积极有为的贡献。两年来（2021 年至 2022 年），这项基金已经奖励茅山老区优秀教师 50 名（全区优秀校长 34 名）、资助学生 141 名、接济贫困家庭 180 户。

2022 年 10 月 15 日下午我目睹了"江苏省社会帮扶基金会·志成大爱基金"助学助教捐赠发放仪式（同时进行的还有"江苏省社会帮扶基金会·金坛一建爱心基金会"助学助教捐赠）。江苏省、常州市老区促进会领导，金坛区委区政府领导亲临现场。默默无闻行善举许多年的周志文夫妇第一次出现在公众场合，师生们也是第一次认识了幕后的慈善家。

"在这个秋气畅爽，丰盈收获的季节，站在这里，我有点紧张，有点激动，有点感慨。我总觉得自己往茫茫人海中一站，沧海一粟，太普通，太平凡了。是的，普通，平凡的我从事着平凡的工作——茅山老区小学教师。"

这是练薇薇获得 2022 年度茅山老区优秀教师荣誉称号，作为教师代表的发言开场白。

练薇薇，中小学一级教师，曾获得过"常州市优秀教育工作者""常州市优秀班主任"等光荣称号。2007 年从师范学校毕业后来到茅山老区薛埠小学，一直担任语文老师兼班主任。在教育教学中她一直秉持着"教育是一种慢的艺术"。并将这一理念融于教育，付诸实践。十多年来，几千个日日夜夜，日复一日，年复一年，她品味着自己的教育幸福。当她面对老区孩子缺乏阅读兴趣、阅读氛围难以形成的局面，练老师做了大胆尝试，给自己带的一届孩子制定了六年阅读计划：低段"在绘本阅读中放飞想象"；中年级"在经典回顾中浸润心灵"；高段"在阅读展示中树立自信"。因为她知道，作为老区的孩子，他们所接触的世界是有局限的，读书不仅可以提升他们的文化修养，更能开阔眼界和格局，更好地认识世界。

……"回想自己的成长道路，在薛埠小学这个广阔的天地里，有领导的关怀，有名师的指引，有同事的帮助，让我倍感温暖。

其实我们平凡的坚守之路，离不开所有人的保驾护航。在这里，请允许我代表薛埠小学的所有教师感谢各位领导和社会的各界人士，对茅山老区教育的信赖和支持。"……

人间有大爱。在金坛有许许多多"乐善好施，爱心为魂"的社会贤达人士，特别是为了茅山老区，他们"慈善为怀，善举济世"，行大善之念，帮一人温众人心，助一家暖万户情。2019 年获常州市"五一劳动奖章"（同年获金坛区优秀企业家称号）的赵建平便是其中的一位佼佼者，他和周志文先生一样"慈善无私助人"，与老区的孩子们慈善手牵手、真情心连心。

江苏金坛第一建筑工程安装有限公司总经理赵建平，今年 56 岁，1987 年毕业于江苏省华罗庚中学。他曾于 2011 年、2018 年、2019 年，多次给母校提供奖学助教资金，传递温暖的赤诚之情。为了履行社会责任，2020 年 4 月在金坛区慈善总会冠名设立"金坛一建阳光爱心基金"，基金规模达 1600 万元，专项用于助学助教。2021 年 5 月，在金坛老区促进会的指导下，他又成立了"江苏省社会帮扶基金会·金坛一建爱心基金"，基金规模 195 万元，持续投身公益事业，奉献爱心。

金坛老区促进会会长谢锁生评价这一举动：这是赵建平先生为茅山老区教育奖学助教的干柴上，再添了一把旺火。

其实，早在 2017 年，赵建平就开始关注茅山老区教育教学，积极参与了茅山老区结对帮扶活动。他组织一建公司与罗村结对帮扶 3 年，之后又与西岗村结对帮扶 3 年。2019 年一次偶然，他得知花山村有一些困难家庭的孩子以及孤儿面临失学，便主动联系，每年拿出 10 万元，资助村里生活困难的家庭和入学困难的孩子。

花山村党支部书记袁建峰向我介绍说："由赵总他们资助的最早的一个孩子，已经从技校毕业，在苏州，走上工作岗位。家庭的困境由此得到根本转变。"

这么多年来，前前后后赵建平已经无偿捐出600多万元。2023年4月4日上午，在一建公司，我采访赵建平，询问是什么缘由促使他做公益、献爱心？

他这样回答我："我是来自尧塘谢桥农村的孩子，1981年9月考入金坛县中（华罗庚中学），当年整个县高中只招收一个班的农村学生，我很幸运，成为其中之一。那个年月家里生活困难，大冷天上课冻得直打哆嗦，是老师们资助我衣服。读书期间饭量大，是老师们悄悄地把学校饭票送给我。农村孩子读书压力大，后来我能够考入扬州大学，是老师们的爱心激励着我，好好读书。就是这些点点滴滴，促使我回报社会。"

一直到今天，40多年过去了，赵建平依然记得那个戴眼镜的刘琴芳老师、讲一口北方话的乔晓荷老师。在繁忙的工作之余，还时常回忆她们体贴关爱学生的音容笑貌。

20世纪前期，著名教育家陶行知先生曾说过"乡村教育是立国之本"，他把乡村教育放在理国支柱的重要位置。他还说过这样一句话："学校是乡村的中心，教师是学校和乡村的灵魂。"这个论断的价值，在今天看来，越来越凸显。乡村振兴、老区的发展需要一批又一批热爱乡村、愿意扎根教育的生力军，同时也期盼社会各界人士的关心关爱。现在的教育需要老师们"凭良心"教完规定的教材后，再去研究创新、提升教学质量。未来的路还很长，需要做的努力还有很多。但是我相信每一个老区教育工作者都会一路坚守一路热爱。乡村是社会的基础，乡村教育培养着一大批人才，现代化建设需要乡村教育的发展与进步，而茅山老区作为乡村振兴的主战场，教师的敬业精神是关键。他们肩负着千斤重担，责任重大，是乡村教育的脊梁。

世界那么大，课桌那么小，笔尖丰满着梦想羽翼，春风拂过的深浅不尽相同，春雨滴落的痕迹不尽相似，但，他们经历了同一个季节。

是的，学生们终有告别校园天空的时刻。或者只是一瞬间，喜欢在阳光下奔跑的少年，眼中有簇新的火苗，迎着霞光开怀大笑。

江苏省华罗庚中学高三（10）班学生徐子轩（父亲徐吉华，常州市作家协会会员，曾是涑渎小学的一名乡村语文教师）就是这样遐想的。2023年他将面临高考。

在一篇文章中，他形容校园的天空：总在朝霞时展现出她最柔美的一面。

因为课余他时常会轻倚着栏杆远望，发现西南面的天空如同一张画布，澄澈的粉色被细致地铺展、渗透、蔓延到了每个角落。那海棠花般的浅粉色由浓变淡，如同粉色的海洋，一波接一波地翻滚、递进、触碰广袤的地平线后，泛起白色的浪花。偌大的太阳乘坐在纤如长舟的云彩中，原本棉白的云朵被照得通体金黄，还露出点点羞涩的橙色。它们在人生的海洋中停泊，慵懒得如同一个微醉的人找到了灵魂的栖息地，一动不动，与这片橙色一起凝滞、永恒。……

高三，我们即将离开校园童话之地，离开为梦想奋力拼搏过的赛道，离开曾寄予万千幻想的霞光。也许会是黯然的、胆怯的、无奈的，离别成了永远的遗憾；也许会是灿烂的、明媚的、骄傲的，未来在凤凰涅槃后张开双臂。但这片霞光始终留在梦乡，依然期待与你相见。

读到了秀美的文字，我更读到一名学生恰如春草的蓬勃生命力，读到了一个少年的踌躇满志，仿佛他就是朝霞，只待日出时分奋力跃出地平线。

可爱的乡村校园，我与你们一起向前，从春天出发，去亲近信仰与烟火，不躲避曲折、不怠慢岁月，安顿好蹉跎，为培育一树一花而笑迎沧桑，为没虚度年华的师生们喝彩。

2017 年 7 月 1 日起笔

2023 年 6 月 26 日申时截稿

（注：由于涉及未成年人，本书中部分学生采用化名）